MF
MODERN FINANCE SERIES
现代金融译丛
实务类

银行系统的压力测试：方法与应用

Stress-testing the Banking System: Methodologies and Applications

主　编　马里奥·匡格里亚瑞安鲁
（Mario Quagliariello）
译　者　马　明

中国金融出版社

责任编辑：李　融
责任校对：李俊英
责任印制：丁淮宾

图书在版编目（CIP）数据

银行系统的压力测试：方法与应用（Yinhang Xitong de Yali Ceshi：Fangfa yu Yingyong）/［意］马里奥·匡格里亚瑞安鲁主编；马明译. —北京：中国金融出版社，2016.5
（现代金融译丛. 实务类）
书名原文：Stress-testing the Banking System：Methodologies and Applications
ISBN 978－7－5049－8513－2

Ⅰ.①银…　Ⅱ.①马…②马…　Ⅲ.①银行体系—风险管理—测试方法　Ⅳ.①F830.2

中国版本图书馆 CIP 数据核字（2016）第 087408 号

出版发行　中国金融出版社
社址　北京市丰台区益泽路 2 号
市场开发部　（010）63266347，63805472，63439533（传真）
网上书店　http：//www.chinafph.com
（010）63286832，63365686（传真）
读者服务部　（010）66070833，62568380
邮编　100071
经销　新华书店
印刷　北京市松源印刷有限公司
尺寸　169 毫米×239 毫米
印张　27.25
字数　335 千
版次　2016 年 5 月第 1 版
印次　2016 年 5 月第 1 次印刷
定价　62.00 元
ISBN 978－7－5049－8513－2/F.8073

Stress-testing the Banking System: Methodologies and Applications, (ISBN 978-0-521-76730-9) by Mario Quagliariello first published by Cambridge University Press 2009

This simplified Chinese edition for the People's Republic of China is published by arrangement with the Press Syndicate of the University of Cambridge, Cambridge, United Kingdom.

北京版权合同登记图字 01-2011-2446

撰稿人

主编

马里奥·匡格里亚瑞安鲁（Mario Quagliariello）是意大利银行[①]监管政策部的资深经济学家。他曾多次作为意大利银行的代表参加应对金融稳定问题的国际工作小组，在意大利以及国际上的各类期刊发表多篇文章。他的研究领域包括宏观分析和压力测试、《巴塞尔协议Ⅱ》下的资本条款和顺周期性、金融监管经济学。他获得了英国约克大学的经济学博士学位。

撰稿人

帕特里亚·鲍迪诺（Patrizia Baudino）在 2007 年加入金融稳定理事会（FSB），她是从欧洲央行临时调派到该组织的，她在普林斯顿大学获得博士学位后，于 2002 年进入欧洲中央银行就职。在金融稳定理事会，她致力于金融稳定问题的研究。

麦克尔·鲍斯（Michael Boss）是奥地利国家银行[②]金融稳定分

① 译者注：这里应指意大利中央银行。
② 译者注：这里应指奥地利的中央银行。

析部的成员，主要研究方向是金融稳定分析和压力测试。通过与奥地利国家银行研究部的其他同事合作，他牵头发起了系统“风险监督工程”，这在他的书中有详细介绍。他经常以金融稳定性分析专家的身份被国际货币基金组织派驻到东欧国家。在加入奥地利国家银行之前，他曾是维也纳高级研究所的研究助理。

弗朗西斯科·勘那塔（Francesco Cannata）意大利银行政策与监管部以及规制影响评估小组的主席。他在英国卡斯（Cass）商学院获得硕士学位，在罗马第二大学（Tor Vergata）获得博士学位。他的主要研究兴趣是金融监管经济学、《巴塞尔协议Ⅱ》和信用风险。

迈克·卡希尔（Mike Carhill）自从2003年以来一直是货币监察办公室风险分析部（RAD）主任。RAD针对十二种业务分别聘任专家帮助银行监管者、银行家和政策制定者了解风险管理的前沿理论。他在华盛顿大学获得了货币理论的博士学位。

奥利·卡斯特伦（Olli Castren）从1999年开始在欧洲央行工作。目前他是金融稳定部的专家，负责欧元区银行部门之间的协调，还负责为欧洲央行的执行董事会成员撰写报告。1999年至2004年间，他是银行的高级经济学家。在加入欧洲央行之前，他曾在芬兰银行与英格兰银行工作，1998年在英国华威大学（Warwick University）获得博士学位。

马蒂亚斯·德雷曼（Mathias Drehmann）是国际清算银行的经济学家。在德国波恩大学获得博士学位后，他曾在英格兰银行和欧洲央行工作。他的专攻领域是金融稳定性的测度、信用风险以及流动性风险的建模。

约翰·费尔（John Fell）是欧洲央行金融稳定部的主席，也是欧洲央行《金融稳定评论》（Finanacial Stability Review）的主编。他还是欧洲央行行业监管委员会宏观压力测试组的主席。在此之前，他曾在欧洲央行的货币政策理事会担任资本市场问题的顾问，还曾在欧洲货币机构和爱尔兰中央银行担任过顾问。他在柏林大学取得经济学硕士学位和金融博士学位。

亚当·格朗高斯基（Adam Glogowski）是波兰国家银行[①]的经济学家。他的主要研究领域包括波兰银行体系压力测试方法改进和编撰金融稳定性报告。他在华沙经济学院取得硕士学位。

矶贝隆（Takashi Isogai）是日本银行金融体系与银行检查司国际事务处副处长。他在日本信州大学获得信息工程硕士学位。他的主攻领域是信用和市场风险的建模分析、相关领域的软件开发和计算机科学。

杰拉德·克瑞恩（Gerald Krenn）在 1997 年加入奥地利国家银行，成为银行检查部的成员，主要负责市场内部风险建模。目前，也是一名金融稳定分析和压力测试数量方法的专家，就职于金融稳定分析部。他在维也纳科技大学获得计算机科学的博士学位，曾在该大学任研究助理。

乌尔里希·克吕格（Ulrich Kruger）在 1999 年加入德意志联邦银行，2002 年起就职于银行监管部。他是一名高级经济学家，曾做过多项关于《巴塞尔协议Ⅱ》和信用风险的研究。2001 年至 2006 年间，他是巴塞尔委员会成立的定量影响研究小组的成员。他是数学博士。

塞巴斯梯亚诺·拉维亚拉（Sebastiano Laviola）是意大利银行规则与政策监管部国际合作组的组长。他是欧洲央行银行监管委员会宏观分析工作小组的主席，还是欧洲银行监管委员会网络小组的主席。

弗兰卡·李多尔普（Franka Liedorp）是荷兰银行的政策顾问。她在风险定量管理部门工作，主要研究保险公司的新的偿债机制。

① 译者注：这里应指波兰中央银行。

此前，她在监督战略部参与了很多战略课题，包括银行间扩散分析、银行的国际化和风险再保险。

尤里·马尔库奇（Juri Marcucci）在加利福尼亚大学圣迭戈分校取得博士学位，2004年开始在意大利银行的研究部工作，从2003年起担任博洛尼亚大学的讲师。他的研究兴趣包括金融计量学、预测和应用计量经济学。他的成果在很多期刊上发表。

克莱门特·马丁（Clement Martin）于2006年进入法国银行，现任法国银行委员会银行研究部的经济学家。他本科就读于巴黎高科国立统计与经济管理研究生院（ENSAE），在巴黎第九大学获得经济学硕士文凭，在巴黎阿萨斯大学获得国际关系硕士学位。

玛瑞娜·莫雷蒂（Marina Moretti）是IMF货币和资本市场部金融政策组的副主任。现在临时被调派到巴塞尔的金融稳定理事会秘书处。在1999年加入IMF之前，她还曾担任世界银行和经合组织的金融经济学家。

马克·普若泊（Marc Propper）是荷兰银行的资深政策顾问。他的研究领域包括荷兰养老金的金融评估机制、保险公司未来清偿能力和监管标准以及压力测试。他从荷兰乌特列支大学获得物理学学士学位，在一家大型金融机构从事资产负债管理和风险管理工作若干年。他经常发表关于保险和养老金的文章。

克劳斯·普尔（Claus Puhr）曾是维也纳新城（Wiener Neustadt）应用科学大学的研究助理，于2005年加入奥地利国家银行的金融稳定性分析部门，推进本书中提及的系统风险监控项目的实施。他曾在英格兰银行工作，并开发了类似的系统风险管理模型。

斯特芬·索伦森（Steffen Sorensen）是巴里和希伯特有限公司（Barrie&Hibbert）的资深顾问。此前，他在约克大学获得金融计量学博士学位，并在欧洲银行和英格兰银行担任货币分析和金融稳定分析的经济学家。

斯蒂芬妮·斯托尔兹（Stephanie Stolz）是 IMF 货币和资本市场部门金融政策组的经济学家。在 2006 年加入 IMF 之前，她还曾担任过德意志银行宏微观稳健分析部门的经济学家和德国基尔世界经济研究所（Kiel Institute For The World Economy）的经济学家。

马科·斯林格（Marco Stringa）是英格兰银行货币分析司的资深经济学家。他的专业兴趣涵盖大部分金融市场。他曾在英国华威大学和意大利博洛尼亚大学学习，获得 CFA 证书。

马丁·萨默（Martin Summer）是奥地利国家银行[①]经济研究部的主任。在 2000 年加入奥地利国家银行之前，他曾在维也纳大学、伯明翰大学和雷根斯堡大学担任讲师。2004 年，他成为英格兰银行和伦敦经济学院金融市场组的客座研究员。他的研究兴趣包括银行监管、系统风险、金融稳定性和金融计量学。

马克·斯温伯恩（Mark Swinburne）是 IMF 货币和市场部的主任助理，金融行业政策处的负责人。目前负责监管金融部门评估项目的进展，包括像压力测试这样的定量评估方法。在 1994 年加入 IMF 之前，他在新西兰储备银行担任高级顾问和高级经理。

穆里尔·梯赛特（Muriel Tiesset）是法国银行委员会银行研究部的副主任，专门负责压力测试和风险评估团队的工作。从 ENSAE 毕业后，她于 1998 年加入法国银行，起初就职于经济部负责预测和货币政策分析。她在伦敦经济学院获得经济学硕士学位，并临时调任到英格兰银行的金融稳定部工作一年。

Vincenzo Tola 于 2005 年加入意大利银行的银行监管部。他在意大利的巴勒莫大学取得定量风险管理硕士学位，在安科纳 - 马尔凯理工大学获得经济学博士学位。他的主要兴趣在信用风险建模、金融市场、决策、博弈论。

---

① 译者注：这里应指奥地利的中央银行。

毛里齐奥·特拉普尼斯（Maurizio Trapanese）是意大利银行监管政策部的资深经济学家。他在华威大学获得经济学硕士学位，主要兴趣是金融稳定性、宏观分析和危机管理。他是欧洲银行监管委员会危机管理组的主席。

尼科·瓦尔西克斯（Nico Valckx）从2002年起就职于欧洲中央银行。他在金融稳定部的职责包括监督大型银行和分析金融稳定性问题。他在欧洲央行驻华盛顿办公室担任了两年的顾问，曾是欧洲中央银行系统（ESCB）银行发展工作小组的秘书长。在加入欧洲央行之前，他曾在芬兰银行、荷兰银行工作，还为比利时科学研究基金担任过研究助理。2000年在比利时安德卫普大学获得博士学位。

伊曼·万·莱利维尔德（Iman van Lelyveld）是荷兰银行的资深政策顾问，是巴塞尔委员会压力测试研究组主席。另外，他还在荷兰奈梅亨拉德邦大学（Radboud University）担任副教授。他的著作涉及风险管理的多个领域，既有从单个机构的角度也有从系统的角度进行研究。

序　言

历史和正在发生的事实都已经证明了金融危机的破坏力。不管如何衡量，危机给金融系统带来的最直接的损失都会非常高；对于整个经济系统的间接影响也十分巨大而持久。

回首过去的一个世纪，我们吃惊地发现金融系统一直重复着同一件事情：花很多年抬高杠杆、积聚风险，然后突然在某个短时间内情况急剧逆转，不加区别地、剧烈地把所有风险消除。尽管不同阶段的市场、市场参与者和引发事件的导火索是不一样的，但是风险积累的周期却很相似。危机表明金融系统的脆弱性与风险并不只来源于其内源性发展，事实上更可能是宏观经济与金融环境的变迁引起的。

尽管历史的重演并没有使得金融危机变得容易预测，但是却促使监管当局开始探寻降低危机发生概率、降低危机影响的方法。从过去的危机应当吸取的一条重要经验就是：必须在完善对单个金融机构监管的同时，监控宏观经济系统的状况。

要降低金融不稳定性的影响，就要开发出一套综合的工具，这包括一套综合的制定防范政策的方法、有效管理方法以及解决问题的手段。第一条显然是要阻止危机的爆发。因此，对于风险源头的识别和对于潜在威胁的预测是金融稳定性分析工具中不可缺少的组成部分。

从这样的角度来看，宏观经济的压力测试已逐渐成为一种基础性的、不可替代的工具。压力测试本身并不新鲜，它只是之前“假设推演”的思维模式的一种发展，但是近些年，压力测试的方法已逐渐成熟化和结构化。为了维持金融稳定，监管当局的首要任务是测试金融体系在压力之下的恢复能力以及金融稳定性方案顺畅运作的程度。

基于金融监管机构和中央银行同事的经验，本书向读者系统地介绍了压力测试领域的最新进展。本书的第一部分介绍了压力测试的主要方法，解释了不同工具的理论基础。第二部分全面介绍了压力测试方法在不同国家的最新发展。

识别出下一次危机是非常困难的，所以对于一种极端而可能的压力情形进行测试是很有价值的：如果被正确地理解并使用，压力测试可以使政策制定者了解新的风险因素以及主要金融机构、市场和基础设施在压力下的恢复能力。尽管这种模拟的可信性与实用性必须靠技术保障，但是正如很多章节中所指出的那样，人的主观判断也是压力测试的组成部分。所以，不同国家专家之间进行经验交流，有助于方法的改进，有助于就不同方法的稳健性检测达成共识，还有助于对于模拟结果的解读。

尽管方法和应用上已经有了很大的发展，但是客观地说一个稳定的分析框架还未形成。几乎所有的撰稿人都认为压力测试面临的挑战很大，存在很大的改进空间。

正如欧洲中央银行行长德拉吉（Draghi）在次贷危机后所说：“每一次危机都让政策制定者为自己糟糕的预见能力感到震惊。尽管有时可以清楚地发现风险因素，但还是不能够精确预测市场触发危机的时间，也无法预测危机发生的具体形式和重要的扩散环节。”事实上对当局者而言，每一次危机的发生都是教训，激励他们完善自己的分析工具。压力测试方法的任何一点突破都是在这一领域迈出的坚实一步。

乔瓦尼·卡罗西欧

（Giovanni Carosio）

意大利中央银行副理事长

致　谢

几年前，我还是意大利银行里一名年轻的经济学者时，恰逢要为意大利金融部门评估项目开发新的压力测试方法，我加入到了技术团队中去，也是在那时，我萌生了编写本书的想法。给予过我帮助的人多到让我无法一一感谢，但我还是希望向教给我宏观分析的毛里齐奥·特拉普尼斯（Maurizio Trapanese）和鼓励我从事压力测试研究的塞巴斯梯亚诺·拉维亚拉（Sebastiano Laviola）致以感谢。

这本关于宏观压力测试的书得以成型，还要归功于我的同事和朋友，他们有的来自意大利银行，有的来自其他优秀的金融机构，他们热情地为本书的撰写提供帮助。当然，我非常感激撰稿人，尤其是麦克尔·鲍斯（Michael Boss）、马蒂亚斯·德雷曼（Mathias Drehmann）、杰拉德·克瑞恩（Gerald Krenn）、塞巴斯梯亚诺·拉维亚拉（Sebastiano Laviola）、尤里·马尔库奇（Juri Marcucci）、克劳斯·普尔（Claus Puhr）、斯特芬·索伦森（ Steffen Sorensen）、马科·斯林格（Marco Stringa）、马丁·萨默（Martin Summer）毛里齐奥·特拉普尼斯和（Maurizio Trapanese），在本书截稿压力很大的时候，他们同意完成相关章节的写作。

我还特别要对弗朗西斯科·勘那塔（Francesco Cannata）和尤里·马尔库奇（Juri Marcucci）长期以来的鼓励、帮助和建议表示感谢。弗朗西斯科（Francesco）还阅读了初稿，他的建议极大地改善了本书的架构。

在工作进展的不同阶段，很多人就本书的结构和一些章节的内容提出了建议。我想感谢科拉多·兹亚瓦蒂尼（Corrado Ciavattini）、基娅拉荷兰·格尔佐尼（Chiara Guerzoni）、弗朗西斯卡·洛蒂（Francesca Lotti）、卢西亚娜·曼希纳利（Luciana Mancinelli）和两位匿名审稿人提出的意见。克劳迪奥·麦迪科（Claudio Medico）以其出色的查错能力帮助我完成最后的修订。

最后，我要感谢剑桥大学出版社社长克里斯·哈里森（Chris Harrison），他在整个编书过程中的宝贵建议最终促成此书，还要感谢菲利普·古得（Philip Good），乔安娜·布瑞斯（Joanna Breeze）和詹妮弗·迈尔斯·戴维瑟（Jennifer Miles Davisr）耐心的帮助和支持。

目　录

导　论

马里奥·匡格里亚瑞安鲁*

* 本章观点仅代表作者观点，并非意大利银行的观点。

“对不起！
女士们，先生们，
原谅我的单独出现。
我是序章”。

鲁给洛·列昂卡瓦洛 歌剧《丑角》，1892 年

压力测试是银行监管机构和中央银行在处于极端但仍然合理的冲击（宏观经济压力测试）时可能发生的事件中，对金融体系的稳健性进行评估所使用的量化数量型工具。它们也是银行的重要管理工具，因为它们为金融机构内控系统的可靠性提供了有用的指标，用以度量风险（微观的压力测试或审慎的压力测试）。根据《巴塞尔协议Ⅱ》对银行资本充足率的要求，全面的压力测试是量化最低资本要求的先决条件。

直到 2007 年上半年，对压力测试有兴趣的人们主要局限在金融从业者，即风险管理者，中央银行官员和金融监管者。自那时起，全球金融体系遭受深刻的动荡，主要经济体遭受金融市场的高度波动，资产价值的亏损，大范围的风险重估和严重的流动性枯竭。值得指出的是，这场危机的严重程度主要是由于其突发性。如果事先能更广泛和严格地使用压力测试，这将有助于减轻金融危机的强度和影响。在这种情况下，压力测试已成为政策讨论的关键问题和报纸专栏作家们的经常性话题。

只需一些例子就可以说明这个问题的重要性。

压力测试可有效地监测和评估风险，因为它们可以量化冲击造成的影响，这有助于根据风险的重要性对风险排序，并且使得评估和监控更加有针对性。此外，压力测试可以帮助提供早期预警信号，从而有助于提前得出具有前瞻性的财务稳定性监测和评估。（“金融不稳定性的模拟：压力测试和金融危机模拟演习”会议，欧洲中央

银行，法兰克福，2007）。

监管者需要提高受监管机构的激励水平以改善风险管理和改进压力测试的实践，提高资本充足率，为资金流动性提供缓冲。他们需要更多地关注尾部风险，健全压力测试的制度，以识别和减轻不断积聚的过度的风险敞口和风险集中度。（金融市场稳定论坛，向七国集团财政部长和中央银行行长提交的中期报告，2008）。

监管机构应该对可能产生系统性风险的各种情景进行系统性压力测试——如房价下降40%。在全球金融危机发生前，对房价崩溃的担忧并不罕见。这些压力测试可能低估了溢出效应，但是从测试中收集的信息可以帮助监管机构估计这些影响，并考虑纾困行动。（J. Eatwell 和 A. Persaud，英国金融时报，2008 年 8 月 25 日）。

事实上，在 2009 年美国监管机构已经开展了综合的压力测试来检验主要银行的金融稳健程度，并界定它们的资本需求。尽管压力测试这个话题得到人们的重视，但涵盖宏观经济压力测试各个角度的书籍资料至今仍处于缺失状态。虽然有一些已发表的论文涉及到压力测试这个专题，一些已出版的教科书中也涵盖了审慎性压力测试的相关内容，但是目前还没有一本书籍对宏观压力测试的方法和应用进行系统性研究。本书旨在填补这一空白。通过向金融实务界和学术界提供全面和最新的内容，为现实问题提供理论基础，为压力测试的实施提供实践指导。本书并没有对银行实施过的审慎性压力测试进行分析，有时很难将它与宏观经济压力测试区分开来。

该书的写作，建立在许多国家和国际金融监管机构的经济学家日复一日的真实监管经历的基础上。所有撰稿人，都在金融稳定性问题和压力测试方法方面拥有丰富的专业知识。由于本书篇幅有限，省略了一些潜在的应用实例。然而，本书虽然不详尽，但范围较宽，包括介绍本领域最重要的研究方法，以及详尽描述该领域目前发展情况。

虽然本书读者定位于该领域的专家，但其语言平实、释义清晰、案例贴近实际，所以普通读者也可以理解本书的内容。读者可以阅读书中感兴趣的章节，或者随着进度由简及繁。

全书共分为两部分。第一部分（1～7 章）介绍宏观经济压力测试的基础知识。第二部分（8～16 章）论述压力测试中一些重要的应用和经验。

第 1 章介绍了金融稳定性的概念，为理解本书的内容奠定了基础。第 2 章界定基本定义，并论述了压力测试实践的主要组成部分。第 3 章回顾了重要的统计学和计量经济学知识。可以用这些知识对银行业风险进行压力测试，同时还可以解决实证研究中遇到的问题。第 4 章和第 5 章总结了压力测试的方法，讨论了压力情景设定的标准以及风险集成。

第 6 章说明了宏观经济压力测试所需的信息。在对运行压力测试所需的数据进行综述后，将聚焦于信用风险。在本书的第一部分结束时，对压力测试用途进行讨论（第 7 章），并专门介绍了如何与公众交流压力测试的结果，揭示了当局平日里强调的金融体系的弱点，同时还提供了金融体系面临压力时的政策回应。

本书第二部分说明了压力测试的几个具体应用。第 8、第 9 和第 11 章选定几个国家对特定银行风险的压力测试的应用，如意大利如何对信用风险进行压力测试，美国如何对市场风险进行压力测试，荷兰如何对银行同业风险进行压力测试。而第 10 章和第 12 章分别介绍英国和奥地利如何对不同类型的风险集合做压力测试。第 13 章分析了法国开发的压力测试方法，介绍了如何将宏观经济压力测试与微观审慎监管联系起来。

第 14 章介绍了欧盟新成员国家的经验，分析这些国家金融体系的独特性，而且强调了当数据不够充分时在开发合适的压力测试方法将面临挑战。

第 15 章转到对跨国（境）情形下的压力测试，研究欧盟在建立模型策略、数据可获得性等方面面临的挑战。

最后，第 16 章着重讨论本领域的权威机构——国际货币基金组织的金融部门评估规划（Financial Sector Assessment Programs，FSAPs）在进行压力测试方面取得的经验。

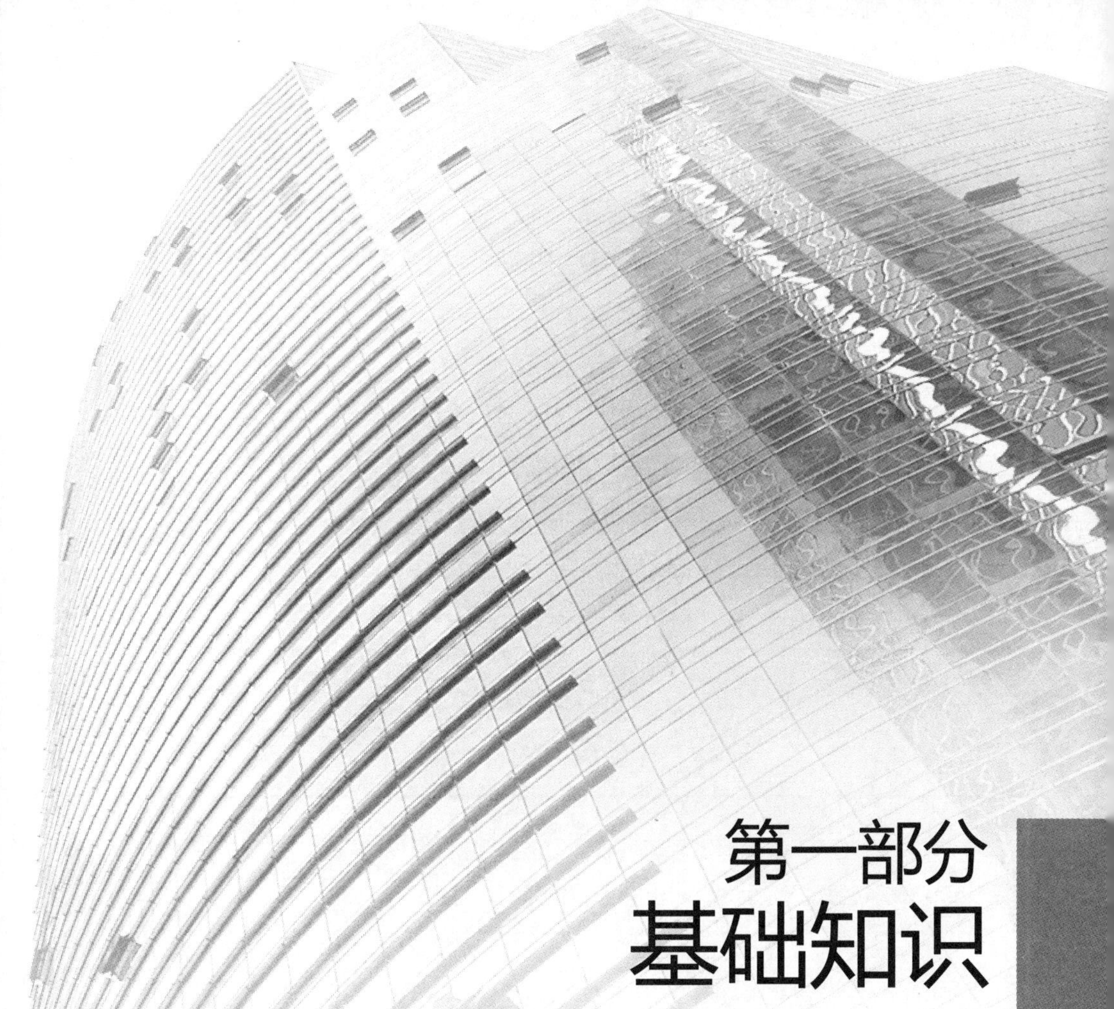

第一部分 基础知识

第 1 章 评估金融稳定性的框架

毛里齐奥·特拉普尼斯
(Maurizio Trapanese)*

* 意大利银行。这些观点仅是作者的观点，而不一定是意大利银行的观点。

1.1　导论

近年来，政策制定者和银行监管当局加强了在维持金融稳定性方面的努力，他们将金融稳定作为一个独立于货币稳定和微观经济稳定之外的一个相关政策目标（Schinasi，2005）。许多中央银行定期公布报告，披露他们对可能影响金融稳定的相关因素的评估，建立专门的小组以分析全球化、金融创新和宏观经济波动对金融稳定性的影响。主要金融机构也投入了大量的精力分析金融系统的脆弱性。

但是，如同 Schinasi（2005）指出，“相对于对货币和宏观经济稳定性的研究，金融稳定性分析还处于起步阶段。因为任何一个试图定义金融稳定性的人都知道，目前还没有一个被广为接受的评估或测度金融稳定型的模型或分析框架”。

金融稳定性本身就难以确切定义。Padoa Schioppa（2003）认为金融稳定性是一种状态，在此状态下，金融体系可以抵御冲击而不是形成累积过程，后者将损害储蓄对投资机会的分配和经济中对货币支付的处理。金融稳定性并不一定意味着金融体系的每一部分都处于或者接近于峰值运行，它意味着一个稳定的金融体系有能力控制失衡并恢复均衡（Schinasi，2005）①。

金融不稳定有可能会破坏金融体系内部一个或多个部门的正常运行，这将对实体经济产生重大影响，并对金融体系造成“二次影响”。影响的程度主要取决于金融体系的脆弱性以及金融体系有多大可能性承受冲击并继续履行其主要职能。另一个有可能对当局行为

① 请参考 Houben 等（2004），其中有定义。

产生影响的关键因素，是金融体系内部不稳定性的传播速度（Hoggarth 和 Saporta，2001）。

由于金融稳定本身的复杂性，政策制定者面临的一个主要问题是如何定义一个有效的框架用以评估金融系统的健康状态。这种评估是一个复合过程，并且在一定程度上是一个迭代过程；它是定量和定性两种方法结合的产物。它既依赖于事先明确的制度也依赖于一定程度的相机判断。

值得指出的是，评估的目标并不是为了阻止问题的发生，相反，它是为了保护金融系统的稳定性，同时将危机可能带来的负面影响降到最低。换言之，金融体系的有效运行，并不要求一个无失误的政府，但需要政府尽量防止潜在缺陷变成系统性问题。

从本章来看，一个系统危机可以被定义为导致一定数量的金融机构崩溃，或者对金融市场和金融结构的运行产生了实质影响进而损害金融系统的主要功能，并危害到实体经济的事件。系统风险暗含两个关键元素：冲击和传导渠道。冲击既可以是个体的，也可以是系统的，这取决于它是否影响到某一金融机构，某一资产的价格，或金融系统中的某一相关部门。传导机制指的是冲击从一个金融机构或市场传递到其他机构或市场的机制。

政府机构的目标是建立一个可以尽早识别系统危机的发生概率以及它对实体经济影响程度的框架。任何评估金融稳定性的分析框架，都不会事先决定识别金融不稳定的量化指标，它事先假定政府机构已经知晓系统危机可能的传导渠道。从那方面来看，压力测试提供了一个电子化的有效工具执行这样一种评估。

本章简要回顾了上述问题，并且为本书的余下章节设定了出发点。它的主要安排如下：1.2 节介绍现代经济中金融稳定性的构件；1.3 节介绍了用以实行评估的工具；1.4 节从政策的角度分析了一些影响因素。

1.2 建立框架

金融稳定性分析旨在了解金融体系是否受到冲击影响，并且对冲击发生后的影响进行量化。因此，任何评估金融稳定性的框架都应集中于以下三个主要元素上：使得金融系统变得脆弱的因素、引发脆弱性的冲击和将危机影响放大的传导机制。

这要求对金融系统各部门和实体经济（家庭、企业和公共部门）进行系统性监控。这种分析同时应当考虑跨部门之间和跨国（境）之间的联系，因为失衡通常是由上述不同的起因联合造成的。

虽然引发危机的冲击以及在中介和市场中传导危机的传导渠道对于决定金融不稳定性有重要影响，然而对它们之间的重要程度却存在争议。例如，在对金融不稳定时期的范式研究中，Davis（1999）区分了作为金融脆弱性传导机制的首要冲击，或称为断层性冲击（displacement），以及实际引发金融不稳定期的次生冲击。评估金融稳定性可以使人们尽早监测到危机的到来，重点在于通过先行指标掌握危机的传导机制。Bario（2003）曾指出“这种引发冲击实际上是最没有意思的部分”，而且它被探测到时已经晚了，以至于不能作为一个主要指标。

因此，定义金融稳定框架并使得这一框架可行的关键是对潜在的脆弱性来源分析。这一分析应当尽可能全面，尽量包含所有对系统功能有影响的基本因素。最理想的评估应当根据强度、范围和对金融稳定性的潜在威胁，对现存的脆弱性做出归类，并明确什么是足够的政策反应。

设计这样一个框架的有利之处在于，它可以根据对金融体系的主要成分，即金融机构、金融市场和金融基础结构的影响区分金融脆弱性。特别要关注国家之间和部门之间的传导机制。实际上，随着全球金融体系的整合，这些元素之间的相关性越来越强。另外，2007—2008 年的国际金融危机让我们意识到，当资产组合的流动性弱、无对冲交易或者分散化程度差时，金融系统更易受到损害；另外，不同风险之间的交互作用将放大冲击的影响。因此，在对不同风险进行排序时应当考虑所有这些因素。

在评估中，我们需要区分金融体系内部的风险以及来自于实体经济并影响金融体系运行的外部风险。这些风险的不同来源对选择更充分的政策有重要影响：内生脆弱性可以用规范和监督预防性措施加以消除，也可以通过适当的危机管理手段减弱；反之，金融体系的外部失衡只能通过政府的政策措施得到缓解。

只要考虑到诱发事件，决定最可能的冲击以及这些冲击对金融机构的影响就取决于分析师了。余下章节表明这并不是一项简单的工作，需要根据判断和统计手段做出评估。

最后，市场和中介之间的相互联系增加了冲击在金融系统主要组成部分之间传导的概率，并加重危机的影响。由于上述传导机制的存在，当一家或几家银行受到冲击时，会使许多与其密切联系的机构或市场受到牵连。

使这种传导风险存在的两个主要渠道，即暴露渠道和信息渠道。前者指通过实际暴露（通过批发支付系统或银行间市场）对其他机构和市场的冲击作用。后者指对金融体系冲击不知情的储户和投资者（通过存款，资产买卖）的传导行为。因此，银行挤兑和系统性危机的风险是与公众对金融体系稳定的信心联系在一起的。

1.3 利用宏观审慎分析，评估金融稳定性

宏观审慎分析是政府机构为评估金融稳定性所使用的工具。国

际货币基金组织（2001）指出，宏观审慎分析是“一种方法论的工具，有助于量化和评价金融体系的稳健性和脆弱性”。宏观审慎分析的视角主要是集中于金融体系整体的稳定，（传统）微观审慎分析则集中于单一金融机构。事实上，这种工具的主要目标是减少金融体系重要部分失败的可能性以及与此相关的成本；如果对金融市场没有产生系统性影响，则单个金融机构的失败则是无关紧要的。

Andrew Crockett（2000）在第十一届国际银行监管会议之前的讲话见证了宏观审慎分析在评估金融稳定的重要性。“这一旅程将带我们去向何方？我们在21世纪将面临哪些挑战？这正适合今天的主题，我想与大家分享一些个人的看法。我认为，为了追求金融稳定性，我们应该在微观审慎和宏观审慎两个维度之间建立更好的联系。换言之，我们应该巩固目前正在改变的观念，用逐渐被关注的宏观审慎的观点补充微观审慎的观点。”

宏观审慎分析，明确要求系统运用一个巨大的信息集捕获整个金融体系脆弱性的早期信号①。微观和宏观经济信息综合运用，使得压力测试的发展、结构性和体制框架的分析已日益被视为确定金融不稳定因素的有用工具。

因此，分析是基于对金融系统主要威胁信息的收集、技术分析和持续监测过程进行的。政府机构可以从对金融体系抵御不利因素冲击评估所需信息的及时收集中获利，他们也会尽力在早期阶段弄清要应对的漏洞源。

初期的信息一般来源于统计指标。包括金融体系的不同组成部分。其他信息可能来源于支付系统和基础结构的运行情况。金融脆弱性指标在评估家庭和企业的金融状况方面具有洞察力。最后，宏观经济变量可以提供补充信息并强调金融体系之外可能存在的失衡。

---

① Evans等人（2000）。

换个更具前瞻性的角度来看，早期预警系统在评估不同变量对金融稳定影响的重要性方面发挥着重要作用，并在预测金融机构的单一部门和多部门以及单一市场和多市场之间的金融稳定性也发挥着重要作用。压力测试是早期预警系统的自然延伸，因为它们从总体上描述了极端情况下的某些部门的经济恢复能力。

该框架全面且极具分析性。随着对机构、市场和金融基础结构的经济和金融情况的了解，也应当考虑相关的监管、监督和监测机制。

1.4 寻找不稳定性

最直观的识别不稳定性可能来源的方法是按照金融系统的主要功能对其进行划分：（1）对国际收支执行机制的促进作用；（2）协调经济个体储蓄和投资决策方面的贡献；（3）市场参与者之间金融风险的管理和有效配置。

金融系统的每个组成部分都有助于其职能的行使。因此，它们也受特定风险的影响。

家庭通常是贷款人，企业和公共部门则往往通过借入金融资源为它们的投资和采购融资。近年来，由于债务杠杆水平日益上升，投资组合中风险资产的权重加大以及对金融市场的进一步利用，导致了非金融部门对风险的暴露也上升了（Ferguson 等，2007）。

金融资源可以直接或间接地从贷款人流向借款人。在直接融资中，金融工具市场是资金的交换手段，在间接融资中，资金交易则通过金融中介机构完成。在任何金融交易中，基础结构保证资金渠道畅通和金融工具的有效交换。

金融一体化和在银行部门的巩固过程是深化金融市场和提高风

险管理水平的主要因素。这种方式可以提高金融市场系统性风险的应变能力。

然而，复杂金融工具的发展以及金融机构和市场间的密切联系，增加了冲击发生时产生的影响。

1.4.1　金融机构

金融稳定意味着金融系统能够承受实体经济的不利发展，甚至能承受内部发生的冲击，并在正常条件下履行它的主要职能。由于金融机构在金融稳定职能中处于核心位置，本节主要讨论这些机构稳定的条件。

危机事件可能以不同的形式出现在金融机构中。在某些情况下，问题可能最初出现在某个机构，随后蔓延到金融系统的其他部分；在其他情况下，一些机构可能会因为有相似的风险暴露而同时受到影响。

如前所述，危机取决于冲击和传导机制。就冲击而言，如果它与其他金融机构有系统性的关联，那么危机被视为是系统性的。从理论角度看，一些金融机构的失败可能会影响经济系统的平稳运行，并可能进一步对其他金融机构或市场产生影响。

对于传导机制，一个关键因素是跨境层面上的评估。在这方面，需要区分两种传导类型：（1）特有冲击可能会通过（跨境）中介机构资产负债表之间的联系而导致直接传导，（2）广泛或系统冲击可能会通过（跨境）的共同风险暴露而导致间接传导（欧洲中央银行，2004）。

直接跨境传导主要依靠货币市场上跨境银行间的联系以及跨境所有权的联系。对外国经济和全球金融市场的共同冲击可以影响到银行的风险暴露，这种影响通过改变信贷质量、市场估值和融资成本产生作用。

间接跨境传导是在多种风险因素的共同作用下产生的：跨境的信贷风险（贷款给非货币性金融机构，国际银团贷款和信贷风险转移风险），市场风险（持有证券及表外头寸），共同跨境融资（通过市场工具融资），跨境结算风险和使用普通结算系统带来的风险（操作风险）。

跨境关联性的大小取决于它们的绝对规模（以总资产值计银行业跨境风险暴露）或者是它们的相对规模（即一个特定的资产负债表项目跨境组成部分）。

金融稳定性评估应该包括对这些因素的分析。所以，首先是对指标的检验，如部门间资产负债表数据，交易对手风险的测度，流动性和资产质量的测度，外汇头寸和对某个部门的风险暴露，要特别注意的是对风险集中程度的测度。

1.4.2 金融市场和金融基础结构

金融市场是内生性风险的第二个来源，因为它们不仅向非金融部门提供了额外的融资渠道，还系统地将金融机构、储蓄者与投资者联系在一起。金融市场同样易受到传导的影响。金融基础设施是内生性风险的第三个重要来源，因为它们将市场参与者联系在一起，同时为金融机构和市场提供运行框架。

金融市场在现代金融体系中起着重要作用，它们有助于提高价格形成机制的有效性，并有助于风险在参与者之间的重新分配。银行和金融公司参与到市场中以满足其资金需求，并管理它们资产负债结构中暗含的风险；非金融公司和政府机构同样也会参与金融市场的运行。对于那些提供长期储蓄的家庭部门，它们也是这些市场的间接使用者。

金融市场可能面临多种不同的困难：（1）基础设施的混乱可能导致市场不能再履行其核心职能；（2）信心的丧失可能会减少金融中介参与程度并影响价格形成；（3）主要市场参与者的失败或市场参与者风险承受能力的突然改变可能产生广泛影响，并将减少市场的流动性。

金融市场混乱可能对经济造成直接和间接的影响。市场的混乱可能会降低经济主体筹措资金的能力，改变它们的储蓄和投资决定。价格形成过程的变化会影响实体经济中的资源分配。至于间接影响，市场混乱也可能影响金融机构并减少中介机构从交易活动中获得的收入。由此产生的较低利润和资本水平可能最终破坏金融体系抵御不利冲击的能力。

一个需要考虑的重要因素是冲击市场中的传播速度。短期融资市场比长期融资市场更重要，因为市场混乱可能迅速导致银行流动性不足。另一个关键因素是这两个市场和产品的可替代程度。市场之间的互联也需要加以考虑。许多市场是通过套利/对冲活动相互联系的，一个市场的混乱会迅速影响其他市场的运行。

1.4.3　对实体经济的影响

金融稳定性框架最终应当包括危机对实体经济直接或间接影响的评估。有些人认为，真正重要的是金融不稳定对消费和投资的影响。但普遍认为，对这种影响的识别是非常困难的。

正如下面的章节将指出的，评估和估计低频高损事件的可能性存在理论和实践上的挑战。研究危机可能产生的实际影响可采用模拟测试，敏感性分析或压力测试。当危机发生，时间紧迫且可得数据不完整和不确定的情况下，这些困难可能会变得至关重要。

然而，有两个重要的因素需要加以明确：经济主体的金融损失及其获得金融服务的有限途径。在金融机构受到冲击的情况下，债权人、股东和交易对手会遭受损失；由于直接持有或间接持有金融工具，金融市场、家庭和非金融企业也将遭受损失。

无法使用的金融服务可能对经济主体的储蓄、投资和消费选择产生不利的影响，也会导致巨大的福利损失。尽管会涌现出其他供应商，但往往需要支付更高的成本。金融基础设施零售部门的扰动将限制非金融企业和家庭进行交易的可能性。

1.5 结论

金融稳定性分析旨在给政府提供一个对金融体系运行的一般认识，以及一个使它们能够事前识别潜在脆弱性的分析工具，并在事后评估危机的系统性特征。这是制定减少潜在冲击不利影响的恰当政策的先决条件，并可以阻止溢出效应。

因此，要发展一个能够充分评估金融稳定性的框架，使政府机构及时对可能存在的漏洞进行预警，识别它们对金融体系的危害，并迅速做出政策反应。这样一种基于统计数据、定量方法和人为判断的评估方法考虑了金融体系的功能与组成部分。最终目标是建立有效的预防措施和在危机发生时迅速做出政策反应。

金融稳定工具中一个越来越重要的组成部分是各国政府之间的合作。事实上，金融体系的全球化和一体化要求各国政府共同合作进行评估和做出反应。应当促进信息共享：各国监管当局和中央银行之间建立良好的沟通网络，确保它们之间可以进行日常对话，并推动一个通用的金融稳定性评估方法的发展。在这方面，沟通网络的任务之一是进行压力测试以比较不同方法的优劣和分享模拟结果，并对金融体系可能存在的弱点形成一致的认识。

参考文献

[1] Beck, T., A. Demirguc – Kunt and R. Levine (2002), 'Bank Concentration and Crises', *NBER Working Paper*, 9, 921.

[2] Borio, C. (2003), 'Towards a Macroprudential Framework for Financial Supervision and Regulation', *BIS Working Paper*, 128.

[3] Borio, C. and P. Lowe (2002), 'Asset Prices, Financial and Monetary Stability: Exploring the Nexus', *BIS Working Paper*, 114.

[4] Crockett, A. (2000), Welcoming Address, 11th International Conference of Banking Supervisors, Basel.

[5] Davis E. P. (1999), 'Financial Data Needs for Macroprudential Surveillance – What are the Key Indicators of Risks to Domestic Financial Stability?', in Bank of England – Centre for Central Banking Studies, *Handbooks in Central Banking*, Lecture Series, 2.

[6] European Central Bank (2004), 'Cross – border Bank Contagion Risk in Europe', *Financial Stability Review*, December.

[7] Evans, O., A. M. Leone, M. Gill and P. Hilbers (2000), 'Macroprudential Indicators of Financial System Soundness', *IMF Occasional Papers*, 192.

[8] Ferguson, R. W., P. Hartmann, F. Panetta and R. Portes (2007), *International Financial Stability*, CEPR.

[9] Hoggarth, G. and V. Saporta (2001), 'Costs of Banking System Instability: Some Empirical Evidence', *Bank of England Financial Stability Review*, June.

[10] Houben, A., J. Kakes and G. J. Schinasi (2004), 'A Framework for Safeguarding Financial Stability', *IMF Working Paper*, 101.

[11] International Monetary Fund (2001), Macroprudential Analysis:

Selected Aspects Background Paper, Washington DC.

[12] Padoa – Schioppa, T. (2003), Central Bank and Financial Stability, *Remarks at the Bank of Indonesia*, Jakarta.

[13] Schinasi, G. J. (2003), 'Responsibility of Central Banks for Stability in Financial Markets', *IMF Working Paper*, 121.

(2005), 'Preserving Financial Stability', *International Monetary Fund Economic Issues*, 36.

(2006), *Safeguarding Financial Stability. Theory and Practice*, International Monetary Fund.

第2章 宏观经济压力测试：定义与主要组成部分

马里奥·匡格里亚瑞安鲁

(Mario Quagliariello)*

* 意大利银行。这些观点仅是作者的观点，而不一定是意大利银行的观点。作者对在对草稿版本中提出些有价值的评论的帕特里亚·鲍迪诺、弗朗西斯科·勘那塔、卢西亚娜·曼希纳利和玛瑞娜·莫雷蒂表示感谢。

2.1 导论

正如第 1 章所描述，金融部门易受其本身的脆弱性和传导性影响，从而受系统性危机的影响。在一般情况下，不稳定的时期是由其本身的缺陷造成的，外部冲击只是危机发生的导火索。金融体系越脆弱，危机影响就越严重。

因此，评估宏观经济状况和金融体系稳定性二者之间的联系是很重要的。这种评估第一步要做的便是对金融系统健康状况评价。这通常要求同时使用汇总的微观数据和宏观经济指标，从业人员称其为金融稳健性（或宏观审慎）指标。第二个步骤是评估系统的恢复能力，即应对潜在外来冲击的能力。这种分析通常是通过压力进行的。由于在大多数国家，信贷机构是金融系统的支柱，所以审查的重点往往集中在银行部门。

本章提供了压力测试的一般概述，介绍了主要概念和最相关的组成部分。第 3 章将分析对银行主要风险进行压力测试的定量分析方法。

2.2 压力测试的目标：微观视角和宏观视角

20 世纪 90 年代初以来，压力测试技术逐渐被大型的国际性银行使用。它主要被运用在银行风险管理方面，以补充内部模型得出的估计数。与标准的在险价值（VaR）技术相比，压力测试可以评估随机极端事件的影响。

审慎监管为发展这种技术提供了强而有力的动机。自 1996 年以来，银行和投资公司必须使用压力测试作为内部模型的组成部分，用以计算市场风险的资本要求。

最近，《巴塞尔协议Ⅱ》与《欧盟资本规定指令》（CRD）已要求中介机构对其他类别的风险进行压力测试，评估它们在压力情景下是否能够保持足够的资本。在新的审慎监管制度下，压力测试解决两种不同的需求。首先，它们允许银行决定风险参数估计是否以及在何种程度上，受估计年限内经济条件的影响。换言之，它们可用于评估隐含的资本要求的周期性。周期性资本要求那些更大的银行应当保有更多资本缓冲。其次，它们可以量化银行在可能发生的极端市场条件下需要的额外资本金额（见专栏 2.1）。

专栏 2.1 《巴塞尔协议Ⅱ》中的压力测试

《巴塞尔协议Ⅱ》要求银行对信用风险、与抵押品价值有关的流动性风险和市场风险进行压力测试。同时还要求监管方确保机构实施了“严格的和前瞻性的压力测试”以识别“可能对银行造成不良影响”的因子。

计划对信用风险采取基于内部评级方法的银行，必须发展一套完善的压力测试方法。事实上，这一方法是有效监管的先决条件。此外，协议的第二部分要求在评估机构内部的经济资本充足程度时，所有的中介机构都必须进行包括信用风险在内的压力测试（内部资本充足评估程序，ICAAP）。

更确切地说，这要求：“一个信用机构应当建立健全压力测试程序以对其资本充足程度进行评估。压力测试应当识别可能对信用机构的信用暴露造成不利影响的事件及经济条件的变化，并评估机构承受这种变化的能力。”（2006/48/EC 指令）。它要求银行定期进行信用风险的压力测试以评估特定事件对总的信用风险资本要求的影响。所用的测试应当由信用机构选取，并接受监管方审查。

最后，根据该协议第二部分涉及的监督审查和评估过程（SREP）的要求，新框架要求主管当局必须对银行利用内部评级方法进行压力测试得出的结果进行分析。

除了被应用在个体金融机构的投资组合上（微观层面），压力测试技术最近更多地应用在公共机构的金融稳定性分析中（宏观层面）。

在金融部门评估规划（FSAP）中，国际货币基金组织和世界银行（2005）已经越来越多地运用宏观经济的压力测试，同样，工业化国家的中央银行和监管当局最近建立了结合微观和宏观数据的计量经济模型以评估对系统稳定性的威胁。自2001年几乎所有的G10国家已经采用这些大规模模拟技术，以评估其金融系统的健全性。在欧元区，大多数国家的中央银行已将压力测试作为评估其金融系统稳健性的一种工具（欧洲中央银行，2006）。

宏观经济的压力测试已在国际货币基金组织和世界银行的金融部门评估规划中实施，这无疑促进了评估金融体系稳定性综合框架的发展。此外，压力测试影响当局的间接利益；特别是它引发了对正在进行的金融稳定性监察所需数据的数量和性质的评估，从而促进了能力建设（Cihák，2004）。

宏观经济压力测试的主要目的是识别金融体系中的结构性弱点，并评估其抵御冲击的能力。在这方面，综合的压力测试可以有效地评估金融稳定性，这主要是因为它们提供极端事件潜在影响的前瞻性信息。此外，这种模拟技术还考虑到各经济部门的相互联系，找到中介机构的主要风险源，分解不同的风险之间的相互作用。

图2.1提供了一个冲击在经济系统中传播的典型例子（霍尔丹

等，2007）。最初的冲击可以是真实冲击也可以是金融冲击，这取决于它发生在哪一个经济部门，它将导致经济系统中的潜在易损部分脆弱化。在一些情况下，冲击产生于某些特定公司的问题（个体冲击）；在另一些情况下，冲击来源于宏观经济失衡或影响到整个金融体系的一些难题（系统冲击）。

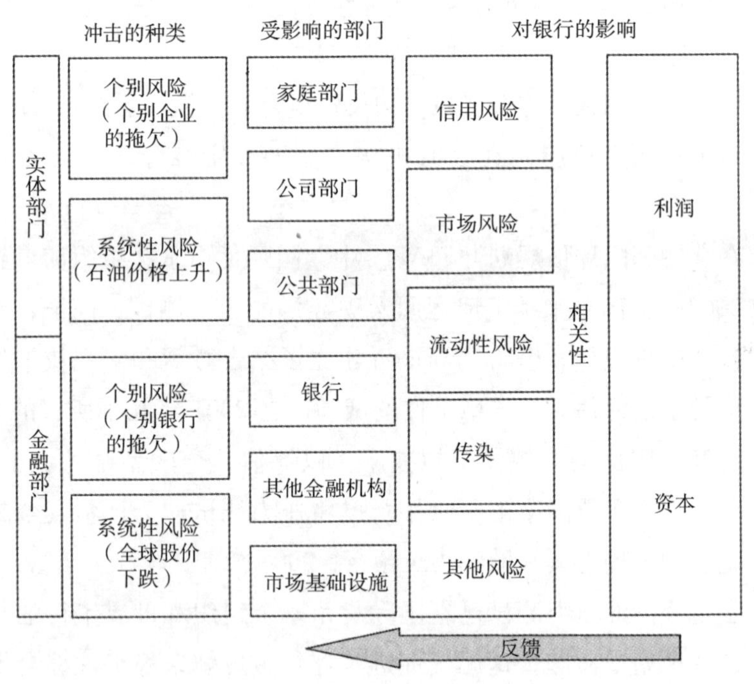

图 2.1　宏观经济压力测试概览

无论是什么性质的冲击，它都将直接或间接地影响到金融部门。虽然在遭受冲击时，信用、市场和流动性风险最易造成损失，但危机的后果不仅仅只有这三种风险；事实上，危机在机构之间的传导可能在金融系统中诱发多米诺骨牌效应，使得原本没有立即遭受冲击的那些金融机构最终也受到影响。此外，不同类别的风险之间的相关性可能进一步地给中介机构造成压力，扩大总损失，进而恶化利润和资本水平。同时，如果金融中介在不利经济形势下受到实质性损害，并减少对其他经济部门的信用供给，那么金融体系对实体经济的反馈效应也可能出现。

2.3　压力测试：定义

压力测试的不同定义反映了这一工具的不同目标。全球金融体系委员会（2005）对压力测试作出如下定义：

“压力测试是一种风险管理工具，用于评估一个特定事件的发生和/或金融变量的变动对一个公司的潜在影响。因此，压力测试是诸如在险价值等统计模型的辅助工具，并日益作为这些统计方法的一种完善，而不是一个额外的补充。”

这里的重点显然是在微观的角度。

相反，国际货币基金组织（Sundararajan 等，2002）则从宏观经济视角看待压力测试，并定义它为：

“压力测试是有助于监测和预测金融系统潜在漏洞的宏观审慎分析的一个关键因素。它给金融稳健性指标的分析增加了一个动态元素，即金融稳健性指标对（宏观经济）的冲击的灵敏度或概率分布。”

压力测试有助于公共当局预测金融系统的演变，有助于政策制定，并促进与市场参与者之间的沟通。事实上，“通过预测特定事件对金融稳健指性标可能造成的影响，压力测试也有利于将注意力集中在由特定的银行系统冲击、宏观经济冲击和部门冲击所引发的金融系统漏洞上。”

采取后一视角从量上来看，宏观经济（或系统范围）的压力测试可以定义为，衡量一系列相关机构对压力事件的风险暴露。

实际上，压力测试旨在量化一个投资组合对一类“极端但有可能发生”事件的敏感性。换言之，假设金融变量（或风险因素）有很大变化时，投资组合价值变动的估计值正是压力测试的结果。在某些情况下，这种估计可能是对压力情景下风险暴露变化的一种相对准确的预测；更多的时候，压力测试的结果，只不过是在不利的条件下投资组合变动的粗略近似。正如 Jones 等人（2004）指出，压力测试并不是一个能达到科学的准确度，相反，它是一门艺术，其中定量方法、人的判断和一系列主观假设都是不可缺少的。

当设置了压力测试执行框架后，就有必要识别相关类型的风险，以及确定将要考虑的因素的范围。首先，压力测试既可以用来分析单一的风险因子变化的影响（例如，股票价格的下降）；也可以分析多元变化的情形，在这些情形下，多个风险因子将同时变化（例如，在国内生产总值下降，并伴随着股票价格的下降和利率的上升）。这些不同的模拟类型分别被定义为敏感性分析和情景分析（图 2. 2）。

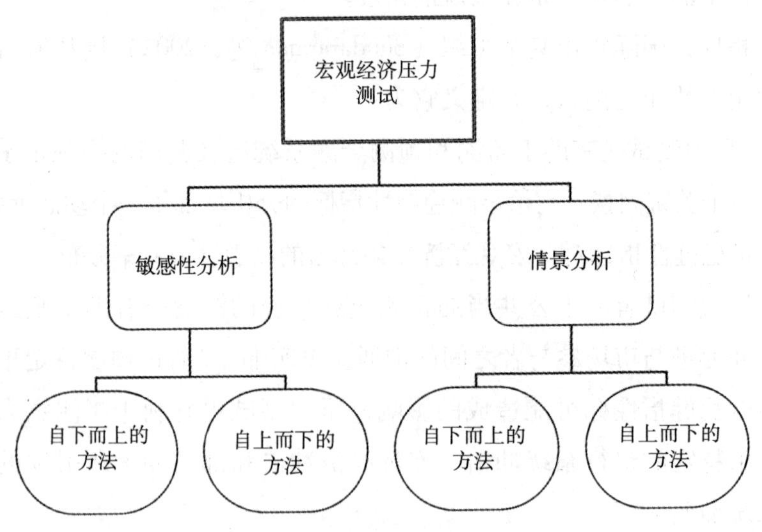

图 2. 2　宏观经济压力测试方法

宏观经济压力测试是从微观经济模拟演化而来的，并涉及一些特定的方法论问题。宏观经济压力测试遇到的最大挑战是寻找到一个合适的方法量化冲击对中介机构投资组合的总影响。有两种解决方案：第一种是由当局规定宏观经济冲击（或一组冲击），中介机构评估冲击对其资产负债表的影响，然后汇总银行级别的结果并得出总体影响。这种压力测试的方法通常被称为自下而上式。第二种系统性的压力测试方法是自上而下式的，这种方法下，当局本身（通常是中央银行或监管机构），无论是对个别银行的数据，还是加总的银行系统组合，施以冲击，并分析其对整个银行体系的作用。

自下而上的方法往往更合适，因为它能更加准确地反映对各家银行投资组合的冲击。此外，在模拟中使用的数据集一般更加丰富，同时也使得分解一个给定冲击更加可行。由于单一机构在获取数据方面有比较优势，他们可以利用自己的数据和内部模型优化信息流，同时提高结果的可信度（国际货币基金组织和世界银行，2005）。然而，自下而上的压力测试可能严重影响横截面上的比较，因为每个中介机构可能会采用不同的方法和建模假设，使得汇总的结果失去意义。另外，个体结果的完全加总可能忽视了机构之间可能存在的关联性。从一个更实际的角度看，银行直接参与这种模拟的成本是相当高的，特别对于中介机构而言，这就使得机构不会频繁地进行压力测试模拟。此外，虽然可以很容易修改银行的内部模型以进行敏感性测试，但这通常不适用于情景分析。

相反，自上而下的方法提高了结果的可比性，但它往往是不准确的，尤其是当汇总全系统的数据时。当局的确可能采用自上而下的办法，并加工机构层面的数据，以避免信息汇总而造成的潜在损失，并分析处理结果在平均值周围的离散程度（Čihák，2004）。

自上而下的压力测试追求的细节程度关键取决于当局数据的可获取程度。反之，依赖于详细的非现场监管数据使得更复杂的建模方法得以运用。

综上所述，定义压力测试最适当的框架，需要在简单但模式化的方法和复杂但更贴近现实的方法中做一个平衡。敏感性分析和加总的自上而下的技术相对更简单，但其准确性往往要低一些。相比之下，情景模拟和银行间的操作则更复杂，成本也更高，但它们却可以对银行业的健康程度做出更可靠的估计。

第二部分将显示，这些不同的方法并不是互相排斥的，相反，它们是相辅相成的。事实上，将它们的优缺点考虑进来的话，采用更多类型的工具和更普遍的假设就很自然了。交叉检查，校准过程和不同方法结果之间的比较对于获取一致性的结果和制定可靠的政策而言是至关重要的。恰当的成本效益分析应有助于当局设计更合适的压力测试方法。

2.4 宏观经济压力测试的构建

宏观经济压力测试是一个复杂的多步骤过程，可以视为多种不同技术相互作用的结果：它“一部分是调查性的，一部分是诊断性的，一部分是数值分析的，一部分是解释性的” （Jones 等人，2004）。因此，这个过程需要多个组成部分（图 2.3）。

首先，要选择和金融稳定性最相关的那些金融机构，并需要确认数据。其次，要确定金融系统的主要风险和潜在的漏洞从而将注意力集中在真正的压力因素上。此外，需要对冲击的严重性和可能性做出一些假设，考虑到情景分析还需要对冲击如何在情景中实现做出假设。另一个相关的步骤是选择和发展反映宏观经济变化对银行投资组合影响的统计方法。最后，评估模拟的结果对可能的政策反应给予指导。这些成分的可获取性和质量保证了整个压力测试的成功。

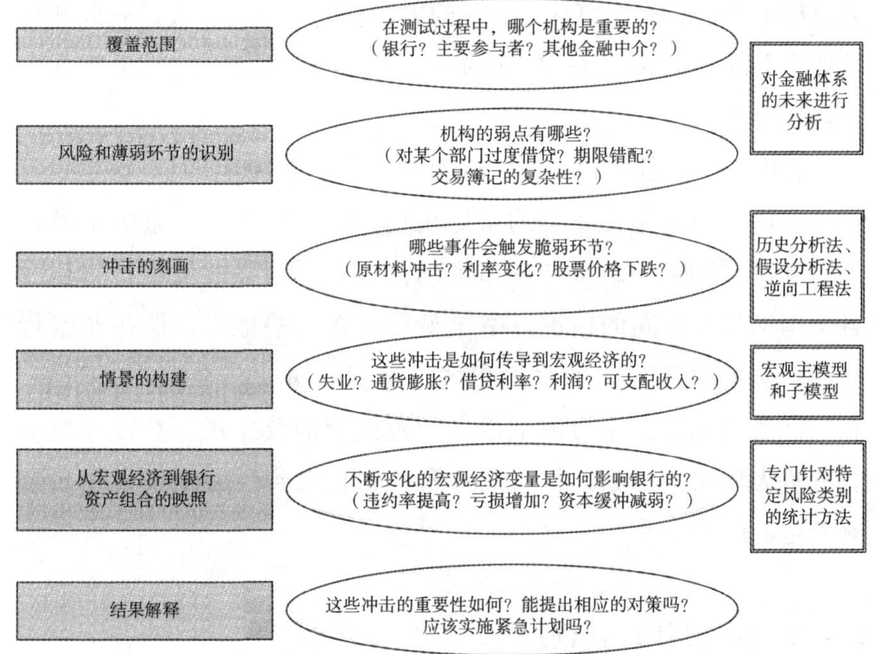

图 2.3　宏观经济压力测试的构件

2.4.1　覆盖范围

压力测试过程首先需要选择中介机构。对压力测试情景的全面模拟需要考虑整个国家的金融体系，这样的做法将会非常复杂。在大多数国家，最明智的办法是选择一些对稳定金融体系起重要作用并受普通风险因子影响的核心机构。作为一个经验法则，模拟涵盖的范围应大到足够代表金融体系的主要部分，但它不应该大到模拟无法进行（见第 16 章）。因此，可以利用机构的数量和机构的市场份额辅助选择那些需要进行压力测试的机构（Čihák，2004）。

最理想的覆盖范围还取决于当局想使用的方法：虽然大量的中

介机构可能采取加总的自上而下的方法，因为它们在数据获取和计算能力上没有困难，银行层面的自下而上的压力测试应该限制在少数机构上。

就中介机构的类别而言，压力测试往往集中于银行，这是因为银行在许多国家是最重要的金融机构，同时在支付体系中是潜在的传导源（2007—2008 年的市场动荡是一个明显的例子）。但是，各个国家具有不同的情况。举个例子，在一些地区，那些非银行机构，例如保险公司和金融集团，发挥着重要的金融中介职能，在这样的情况下，压力测试涵盖的范围则需要拓展。在外资机构发挥重大作用的国家，将这些外资机构包含到压力测试中还会带来其他的问题。

2.4.2 主要风险的识别

压力测试过程的下一步骤是讨论如何确定可能危及金融体系的潜在风险以及对这些风险的暴露。和对中介机构的选取一样，压力测试的这一步也允许根据特定国家的具体情况对模拟方法作出修改，确定其银行体系的最薄弱环节，并选取最有效的方法，避免时间和资源的浪费（Jones 等人，2004）。

了解了银行系统的特点、中介机构的各种业务以及金融监管和宏观经济环境的特点后，就可以将模拟集中于更有可能危害银行或是整个金融体系稳定的那些特定风险上。最好能将所有可能影响所测试的加总资产组合的风险因子都考虑进去。虽然选取更多的风险源可以增强模拟测试的解释力和结果的准确性，但同样也会带来更多的设计、计算和报告成本（Sorge，2004）。

举例说，当银行活跃在国内贷款市场时，分析师应侧重分析信用风险和对该业务产生负面影响的因素，如利率、失业率、房地产价格等；对大型国际银行而言，分析国外风险因素更为重要，如石油和其他原材料价格上涨、汇率等；而对小型开放银行体系而言，应当充分考虑它国蔓延而来的风险。

但在某些情况下，其他风险来源也有可能是十分重要的。举例来说，在较小的国家，汇率风险更加重要，而在那些汇率与美元挂钩的国家，信用风险则更加重要。如果一国有大量的海外批发融资或缺乏本国的存款保险，则流动性风险就很重要。对于大型中介机构而言，流动性风险和传导风险是主要的风险。因为危机潜在的传导途径的数量可能会非常多，因此压力测试的可行性会受到限制（ECB，2006）。

2.4.3　冲击的校准

一旦确定了主要风险，就要研究诱发冲击的事件，并决定冲击达到何种程度可能产生实质性影响的风险，即压力情景的形成。事实上，“设置过低或过高的阈值，都可能使整个测试失去意义”（Sorge，2004）。虽然通常没有必要给出情景发生概率的确切数字，但它们至少是看起来比较可能发生的（Breuer 和 Krenn，1999）。

对有可能发生的极端事件的选择往往是基于分析师的主观评估，然而当局和银行对此存在争议。宏观经济和金融数据当然可以为极端事件的选择提供帮助，但分析师具有对外生冲击选择范围的最终决定权。事实上，压力测试的目的是要了解在极端情况会对金融体系产生何种影响，因此设计的场景也应尽可能超出正常范围的水平（Jones 等人，2004）。

对于所有的压力测试而言，最好选取那些能够严重到造成系统动荡并且影响到很大一部分机构投资组合的那些冲击。当冲击很严重，但造成的损失不大时，对金融体系的影响也将微乎其微，因此需要重新进行风险评估。出于这一原因，压力测试的实施可能会是一个迭代过程，“因为最初确定的风险可能具有相对较小的影响，而最初认为不大的风险却由于有很大风险暴露而造成了很大的影响”（Čihák，2004）。

粗略地说，压力情景仅仅是对未来经济发展的一种猜想。因此在设计压力测试时，必须确定这种猜想是否需要基于历史事件——假设过去的冲击可能再次发生，或基于假设，即不考虑历史经验，而仅考虑外部环境可能发生的极端情况。

虽然历史情景更容易运用，但在金融体系存在结构性断点时，比如放松或加强管制、通货的变化等，历史数据的信息将不再有价值，假设情景则变成唯一的选择。实际上，如果100年才对冲击进行一次校准，则要求外部环境在同样的时间里也保持稳定（Oyama，2007）。然而，历史事件往往有助于决定虚构冲击的程度。因此，通常采用综合的解决方案，即通过市场波动的历史数据设定假设情景，但这些情景不一定与一个特定事件相联系（Committee on the Global Financial System，2005）。此外，同类金融体系中已经采取的方法也可作为一个校准冲击的参考。

表2.1　　　　关于历史情景和危机触发的一些例子

1973	第一次石油危机——欧佩克提高了石油价格
1979	第二次石油危机——伊朗削减石油供应
1987	黑色星期一——美国股票市场崩盘
1991	海湾战争——石油价格上涨
1992	欧洲货币体系危机——对弱势货币的投机
1995	龙舌兰危机——墨西哥经济账户赤字
1997	东亚危机——切断对美元的盯住
1998	长期资本管理公司——长期资本公管理司垮台
2001	“9·11”——对美国的恐怖袭击
2007—2008	美国次贷危机——房屋法拍的增加

这个确定可能发生的不利情况的方法也被称为最坏情况选择。另一个并不常见的进行冲击校准的方法是阈值法，主要是确定使得系统的利润或资本处于一定阈值水平之上的最大冲击，或耗尽银行利润或资本的冲击（Van den End 等人，2006）。这种“灾难情景”方法在确定基准时是有用的，并且不应事先从金融稳定性监督的工具箱中剔除。

一个情景提供了一组风险因子同时变化时的影响。这涉及到冲击发生的可能性问题，即风险因子共同运动的联合概率。如果压力测试情景发生的概率很小，则其结果有可能被决策者忽视（Breuer 和 Krenn，2000）。

当有足够长的时间序列数据（例如市场风险数据），且建模技术相对简单（例如单因素敏感性分析）时，则可以通过研究过去波动率和相关性的模式得出情景的概率。举例说，可以估计选定变量在过去对趋势偏离度的联合经验分布，并评估尾部偏差的概率。但是，在其他情况下，特别是在多因素压力测试的情况下，对经验分布建模将更加困难，同时假设的真实性则再一次取决于分析师的主观判断。历史情景和假设情景的结合是一个实用方法，其使得评估不同冲击的可能性更加简单，也使得对结果的解释更加直观。举例说，历史事件可以作为虚构情景的基本假设的基准。

最后，在压力测试的情景校准中，时间范围也是至关重要的。在定义时间范围时，应当考虑所涉风险的类别以及所涉投资组合的期限和流动性。更具体地说，如何选择合适的时间范围，既取决于投资组合发生变化所需要的时间长短，也取决于假设其他条件不变的情况下，市场参与者和当局在受压情况下的行为。比如，市场风险需要在一个较短的时间范围内（如日、周）监测，因为冲击导致它变化十分迅速，信用风险的监测则可以用一个较长的时间范围（如一年或一年以上），因为冲击传导到银行账户的速度较慢，且中介机构无法像调整交易活动一样迅速调整他们的信贷政策。这点对于需要考虑不同风险源的宏观测试而言，意义重大；事实上，在这种情况下，选择一个适当的时间范围并不简单。

2.4.4 情景的实施

虽然压力情景从设计上说，是经济运行的一种简化，其仍有必要确保关键变量和风险因子变动的一致性（Haldane 等，2007）。

当冲击发生时，结构性宏观经济计量模型能更好地反映经济系统发生的变化。事实上，这些模型通常是为预测主要宏观经济指标的演变而发展起来的，并揭示了金融和非金融部门的内在联系。一旦确定了风险因子且确定了影响这些因子的冲击，这些模型就会将这些信息作为输入变量，同时将在受压情况下宏观经济变量的值输出为结果。

由于金融稳定性的评估是基于对多种风险因子的分析，理想的模型应该能够刻画金融系统中相关的传导机制。在实务中，宏观经济计量模型很少考虑这些特点，而且单凭一个模型也不可能解决全部问题（Bardsen 等，2006）。很多时候，在宏观经济压力测试中，将风险因子简单加总并不合适，因为分析师关注的一些部门（如家庭）或变量（如公司违约率）常常被那些模型忽视。

在这些情况下，额外的补充内容有助于更全面地理解冲击产生的后果。这种情况下会使用到卫星模型（图 2.4），它能更详细刻画某一特定部门（或其相关部门）的简化型计量方程。举例说，他们可能会用一组方程整合主要的模型，以简化对公司和家庭资产负债表以及模型中所考虑的金融风险暴露的估计和分析（Benito 等人，2001）。在缺少十分成熟的宏观计量模型的情况下，也可以使用更简化的模型，不过这要以牺牲一定程度的内部一致性为代价。

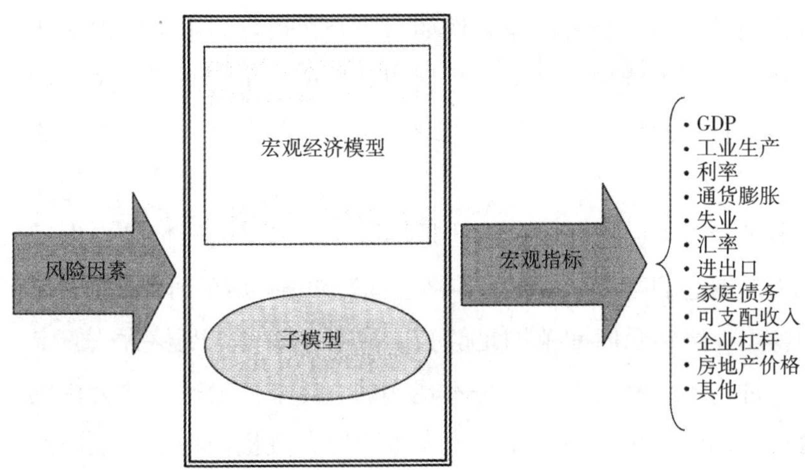

图 2.4　从风险因素到宏观经济关键变量的传导

然而，宏观经济计量模型的存在并不会减少对专家判断的需求。事实上，压力场景的设计需要一系列的判断，这些对工作的有效性和结果的可靠性都有至关重要的作用。首先，对受冲击变量的解释依赖于基准情景的假设。这可能是基于之前可获得的或前瞻性数据得出的一个简单的没有变化的情景。此外，还需要评估假设条件是否永久成立，还要考虑是否还有其他的变量会对冲击做出反应。

从更技术的角度来看，大多数宏观经济模型都是预测经济在正常情况下的演化的有效工具；实际上它们都依基于宏观经济和金融变量之间存在线性关系的假设，而这在极端市场条件下是不成立的，此时非线性关系将有实质性影响。此外，这种模式一般假设无论是在过去或将来宏观经济结构都不会发生变化（Oyama，2007）。

此外，还需要考虑反馈效应。“反馈效应”通常用于描述可以影响到压力测试结果的不同现象。

首先，它们可以构成第二轮影响，例如机构间的多米诺效应，即那些直接受到冲击的中介机构会将影响传递给其他中介机构、市场基础设施甚至整个金融体系。例如，一个在银行间市场特别活跃的银行违约，就可能导致其他银行倒闭。从这个角度来看，这个过程可以被解释为传导现象（2007—2008 年的国际金融危机是很好的例证）。

在其他情况下，这一表达指的是不同参与人对受压情景作出反应，继而改变它们行为，并因此加剧或减轻冲击影响的可能性。

事实上，当情景时间范围足够长，冲击的幅度也足够大，假定参与人对冲击不会有行为反应是不现实的。例如，银行通常会在危机时修改它们的信用政策，而且中央银行等金融机构将采取干预的手段减轻受压情景产生的影响。

最后，反馈效应可以理解为顺周期循环效应，通过这一机制，金融系统不稳定将传导到非金融部门，并加深了影响，反过来又影响到金融部门。一个说明问题的例子是金融危机后通常伴随着信贷紧缩。

所有这些因素都对压力测试十分重要的。忽略这些反应可能给分析师带来信息的损失，使得对结果的解释不够全面。另外，由于缺乏相关数据，市场参与者对极端冲击的反应可能难以建模和预测。

2.4.5 情景分析与银行损失的映射关系

一旦确定了压力测试的情景，冲击对银行的影响就可以用关键宏观经济变量的值反映。这通常需要专门的统计方法帮助量化宏观经济变量和银行变量之间的联系，一般包括各种违约指标，损失或价值调整。

最适合方法的选取主要依赖于所分析的风险、模拟的主要目标以及数据的可获得性。

举例来说，简化型回归方法普遍用于刻画信用风险，而市场风险则通常使用与 VaR 相关的方法。

原则上，建模时还应考虑不同风险在危机时刻是如何相互影响的，因为风险之间具有相关性。但是，将不同风险加总起来的方法尚不成熟，这也是未来的主要挑战之一。第 5 章将涉及这些问题。

2.4.6　结果的解释

压力测试的最后一步是将受压条件下银行损失的数据与一些代表金融稳健性的指标相比较，进而评估银行系统抵御冲击的能力。

为了达到这一目的，通常需要将损失的额度和银行的税前利润（即可用于吸收其受压情景产生的额外损失的那部分收入），以及最低水平的监管资本金要求（即对超出银行收入的损失进行缓冲的部分）相比较。即使宏观经济压力测试旨在评估冲击的加总影响，对于结果的解读需要对损失的实际分布具有明确的认识。事实上，无论是看总体或平均数字都有可能忽略某些关于冲击事件后果的重要信息。如 Drehmann（2008 年）指出，“即使在一种情况下，所有银行都有能力偿债，而另一种情况下，主要金融机构都不能满足最低资本要求，这两种不同的情景可能会得到相同的平均资本充足率”。

在图 2.5 所示的例子中，两个不同的冲击导致了相同的平均偿债比率，但在银行间的分布不同，特别是，虽然所有银行在冲击 A 下都满足了最低监管资本水平，但在冲击 B 下银行 4 的偿债比率跌到了 8% 以下。

因此，受影响机构的损失规模加权平均得出的数值，如损失的最大/小值或分位数，提供了最完整的银行体系稳健性信息。不幸的是，这只能在银行间层面进行；当处理加总数据时，分散测度是不可用的。

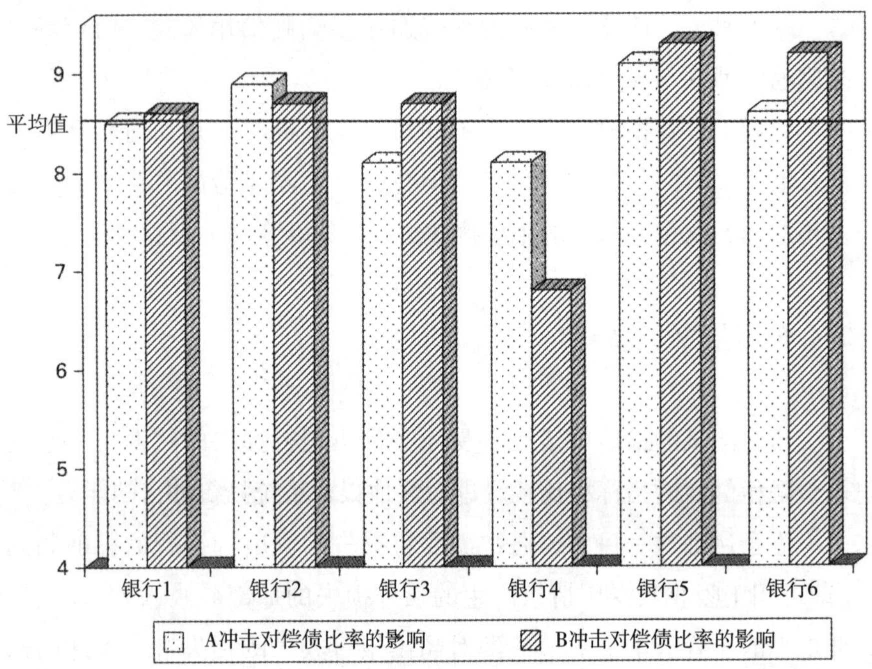

图 2.5　不同的冲击对偿债比率的影响

对压力测试结果的解释，尤其是它们在政策制定中的运用将在第 7 章详细讨论。

参考文献

[1] Bardsen, G., K. G. Lindquist and D. P. Tsomocos (2006), 'Evaluation of Macroeconomic Models for Financial Stability Analysis', *Norwegian University of Science and Technology Working Paper*, 4.

[2] Basel Committee on Banking Supervision (2006), *International Convergence of Capital Measurement and Capital Standards: a Revised Framework*, Basel.

[3] Benito, A., J. Whitley and G. Young (2001), 'Analysing Corporate

and Household Sector Balance Sheets', *Bank of England Financial Stability Review*, December.

[4] Berkowitz, J. (2000), 'A Coherent Framework for Stress Testing', *Journal of Risk*, 2, 2.

[5] Blaschke, W., M. T. Jones, G. Majnoni and S. Martinez Peria (2001), 'Stress Testing of Financial Systems: an Overview of Issues, Methodologies, and FSAP Experiences', *IMF Working Paper*, 88.

[6] Breuer, T. and G. Krenn (1999), *Guidelines on Market Risk. Stress Testing*, 5, OeNB. (2000), *Identifying Stress Test Scenarios*, OeNB.

[7] Bunn, P., A. Cunningham and M. Drehmann (2005), 'Stress Testing as a Tool for Assessing Systemic Risk', *Bank of England Financial Stability Review*, June.

[8] Čihák, M. (2004), 'Stress Testing: a Review of Key Concepts', *CNB International Research and Policy Note*, 2.

[9] Committee on the Global Financial System (2000), *Stress Testing by Large Financial Institutions: Current Practice and Aggregation Issues*, Basel.

[10] Committee on the Global Financial System (2005), *Stress Testing at Major Financial Institutions: Survey Results and Practice*, Basel.

[11] Drehmann, M. (2008), *Stress Tests: Objectives, Reality, Limitations and Possibilities*, ECB.

[12] European Central Bank (2006), 'Country – level Macro Stress – testing Practices', *Financial Stability Review*, June.

[13] Haldane, A., S. Hall and S. Pezzini (2007), 'A New Approach to Assessing Risks to Financial Stability', *Bank of England Financial Stability Paper*, 2.

[14] International Monetary Fund (2006), *Financial Soundness Indicators Compilation Guide*, Washington DC.

[15] International Monetary Fund and the World Bank (2005), *Financial Sector Assessment: A Handbook*, Washington DC.

[16] Jones, M. T., P. Hilbers and G. Slack (2004), 'Stress Testing Financial Systems: What to Do When the Governor Calls', *IMF Working Papers*, 127.

[17] Matz, L. (2007), 'Scenario Analysis and Stress Testing', in Matz, L. and Neu, P. (eds.), *Liquidity Risk: Measurement and Management*, Wiley Finance.

[18] Oyama, T. (2007), 'Plausibility of Stress Scenarios', *IMF – DNB 2nd Expert Forum on Advanced Techniques on Stress Testing: Applications for Supervisors*, Amsterdam, 23 – 4 October.

[19] Sorge, M. (2004), 'Stress – testing Financial Systems: an Overview of Current Methodologies', *BIS Working Paper*, 165.

[20] Sundararajan, V., C. Enoch, A. San José, P. Hilbers, R. Krueger, M. Moretti and G. Slack (2002), 'Financial Soundness Indicators: Analytical Aspects and Country Practices', *IMF Occasional Paper*, 212.

[21] Van den End, J. W., M. Hoeberichts and M. Tabbae (2006), *Modelling Scenario Analysis and Macro Stress – testing*, DNB mimeo.

第3章 银行的宏观经济压力测试：方法论综述

马蒂亚斯·德雷曼

（Mathias Drehmann）*

* 本章观点仅代表作者观点，并非国际清算银行（BIS）的观点。

3.1　导论

如上一章讨论过的一样，宏观经济压力测试已成为金融当局分析金融稳定性的重要组成部分。本章回顾了当前银行自上而下的宏观经济压力测试方法。图 3.1 总结归纳了宏观经济压力测试的模型结构。

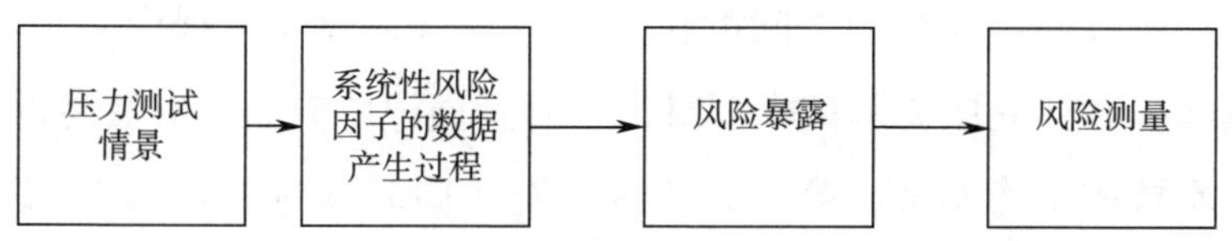

图 3.1　宏观经济压力测试的结构示意图

正如 Summer（2007）指出，这种结构本质上用于量化风险管理框架，它也支持银行风险管理模型（McNeil 等，2005）。

从模型角度来看，量化风险管理的出发点是风险暴露。在宏观经济压力测试的背景下，一国银行系统的风险暴露是指整体的风险暴露。它假定未来时点 T 的风险暴露是由一系列外源系统性风险因子驱动的，如利率或者国内生产总值（GDP）。压力测试模型的主要部分体现了数据产生的过程，这个过程捕捉到了不同风险因子之间和不同时点之间的相互依赖性。最后，通过刻画系统性风险因子对 T 时刻风险暴露的影响，模型可以计算出风险暴露，如在险价值（VaR）或者盈利能力。一旦模型确定，不同的压力测试情景就可以运行。

在讨论压力测试模型结构的细节前，需要注意的是，如同其他模型一样，压力测试只能以一种典型的方法捕捉现实。因此，模型的构建者们必须决定哪些是重要的，哪些是可以简化的，以及哪些是可以被忽略的。要做到这一点，就必须了解模型的最终目标。

Drehmann（2008）认为不同的目标会导致不同的模型要求。如果主要的目的是进行决策，那么模型精度和预测性能是至关重要的。尽管这些特性是重要的，但它们不是沟通的最优选择，这常常是中央银行最主要的目标。这个目标首先要求模型是透明的，适于沟通交流。不幸的是，透明性、适用性、模型精度、预测性能和其他特性不可能在同一模型中得到满足。比如，就预测性能而言，自回归这样的简单模型对真实模型的作用更加有效（Clements and Hendry，1998）。但是对于政策评估或沟通来说，自回归模型没有足够的数据。很难权衡不同模型之间的优劣，尽管这是建模过程中必须考虑的问题。在建立压力测试模型时，要时刻谨记压力测试的最终目标。

本章的结构如下。第 3. 2 节首先对风险暴露进行简要介绍，继而研究如何针对不同的系统性风险因子建模；第 3. 3 节探讨了如何度量风险；第 3. 4 节讲述数据产生过程；第 3. 5 节讨论了风险建模的外在挑战；第 3. 6 节描述了对构建完整的金融系统模型所做的努力，并对本章进行总结。

3. 2 风险暴露

哪一类风险暴露值得注意，是每一位模型构建者都要考虑的问题。原则上，宏观压力测试旨在捕捉金融体系的完整性。但是，从实践上看，大多数从业人员把精力集中于银行和信用风险。因此下面主要讨论这种风险。一些压力测试也考虑到了市场风险——尤其是银行账户上的利率风险和银行间市场上的交易对手信用风险。

在这一章中，首先讨论信用风险模型，它可以分为不同的模型，使用整体数据和会计数据，市场数据或者公司家庭的违约率。然后简单描述市场和交易对手的信用风险。

在展开讨论之前，有必要提到两个基本问题。第一，大多数监管机构和中央银行把重心放在国内的而非国际的风险暴露上。这是由数据的可得性导致的。但是，建立国内和国际风险联合模型的难点是，这增加了数据产生过程的复杂性。第二，宏观经济压力测试不考虑表外的风险暴露。即使资产负债表外业务对系统性风险的重要程度已体现在这次危机中，但由于数据难以获取，使得人们不得不放弃研究表外资产对系统性风险的影响。但是，即使是在正常的情况下，作为资产负债表表外业务重要部分的信用额度的下降也会增加公司的违约率（Jimenez 等，2007）。尽管它们很重要，但是本章只考虑当前宏观压力测试实践下的表内的风险暴露（另有规定除外）。

3.2.1　信用风险

一、基于综合数据和会计数据的模型

早期的模型采用时间序列的总体水平评估宏观因子对信用风险的影响。例如，Blaschke 等（2001）建议把不良贷款率、名义利率、通货膨胀率、GDP 和贸易条款的变化联系起来。Kalirai 和 Schleicher（2002）为奥地利进行了一项这样的测试。同样，Bunn 等（2005）估计了整体违约率的影响，并测量了英国公司坏账抵销，抵押贷款和未担保贷款的既定违约损失率。整体违约率又反过来受到标准宏观因子如 GDP、失业率或利率的驱动，同样也受到一些不属于宏观模型变量的影响，如收入杠杆或贷款价值比率。Pesola（2007）认为贷款损失将受到未预期冲击的影响，当系统脆弱的时候这种影响可能会更加恶劣。因此，通过整体负债率衡量的金融系统脆弱性和不确定性冲击对收入和利率的影响将会共同作用于模型。Pesola 通过欧洲十国的贷款损失数据发现了支持这种说法的强有力的证据。

使用整体时间序列的一个关键问题是，这种方式隐含的假设是，信用暴露的质量在所有的银行系统中是一样的，即使有些银行可能追求更高的风险策略或是有更好的风险管理方法。①因此，其他基于计量经济学面板数据的模型把银行会计变量和宏观经济因子联系起来。这方面一项早期的研究是 Pain（2003），他发现英格兰银行的贷款损失准备金受到实际 GDP 增长率、利率和集合贷款的影响。银行投资组合的构成也是一个重要的解释性的因素。Van den End 等（2006）采用了两阶段的方法。首先，他们评估了实际 GDP 和期限利差对整体贷款违约率的影响。其次，通过使用荷兰银行的面板数据，他们评估了违约率和宏观经济因子（利率、荷兰和欧盟的 GDP）对总资产的贷款损失准备金的影响。② 银行特性没有得到明确识别，但是解释了固定的效应。Quagliariello（2007a）使用了意大利银行的面板数据。他发现，银行特性（如成本与收入、总资产、信贷增长和资本资产的比率）和宏观因子（如 GDP、股票市场、利率和差价）对贷款损失准备金和新债流量都有着很大的影响。在经济衰退的情况下，这种影响更加深入持久。有趣的是，Quagliariello 估计了动态和静态模型。动态模型通常运行良好。但是有这么一个问题，它们是否关注了宏观压力测试的传播机制。如果滞后的因变量对结果存在重大影响，那么这种模型不能反映出冲击及其造成影响的传导机制，而这一点正是我们需要了解的。实际上，Quagliariello 把他的结论作为对收入平滑的支撑，但这更多地关系到会计方面，而非信用风险损失。

集合违约序列的数据通常很有限，这意味着使用计量参数时存

① 银行间可能会不同，因为集合时间序列可能只适用于特定的次优投资组合（如公司和家庭），这些部门在银行的风险敞口也是已知的。

② Van den End 等（2006）也是通过识别荷兰和其他国家的信用暴露观察次优组合。后者的违约率以债券的价格为基础。

在大的估计误差。因此，Segoviano 和 Padilla（2007）提出了一个基于最小方差的压力测试模型。它可以用条件违约概率估计不同部门和不同风险评级的贷款群体的稳健性。假定它使用非参数、非线性的估计方法。此外，Segoviano 和 Padilla 仅使用不良贷款这样的集合时间序列恢复该组合损失分布。这个方法是基于最小方差，不依赖于贷款违约相关性方面的任何假设。他们用该模型为丹麦进行测试，结果表明 GDP 的不同滞后度、利率、汇率以及私人部门信贷对 GDP 的比率都对违约率有很大的影响。第二个步骤是模拟和预测组合的损失分布，通过三个压力测试情景也可以计算出非预期损失。

二、基于市场数据的模型

早期的宏观压力测试使用加总的一国时间序列数据，而银行的信用风险模型使用的是特定公司的数据。这种经典方法是基于 Merton's（1974）的开创性想法，即股权是一个以基础资产为标的物的看涨期权，负债是其执行价格。利用变型后的期权价格公式，可以通过可观测信息的随机过程计算出资产价值和参数，因此可以计算出超过某一特定值以上的违约概率（见专栏 3.1）。

专栏 3.1 一个简单的默顿（Merton）信用风险模型

在早期的研究中，默顿（Merton）（1974）假设公司的资产价值是一个随机过程。他同样假设公司通过股权和债权进行融资。后者是一个简单的零息债券，公司的违约只可能发生在债券到期的 T 时刻。Merton 的洞察力在于，他把股权看做一个以基础资产为标的物的看涨期权，债券的面值为其执行价格。正如看涨期权，如果公司违约，股东的回报就为 0；否则，股东的回报是偿还债务后的剩余资产（图 3.2）。

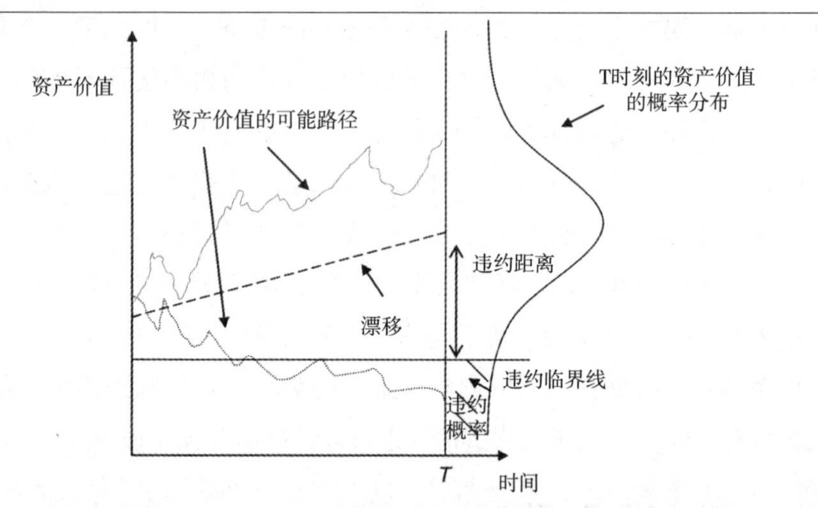

图 3.2 默顿模型的图形表示

从实证的角度来看，不幸的是，资产价值的流动性和波动性不易被观察到。但是，通过使用著名的期权定价公式，就有可能从观察值中得到这些变量，即可以通过最大似然函数（Duan, 2000）或利用理论约束模型（Hull, 2000）。一旦知道这些信息，T 时刻资产价值的分布就可以很容易的计算出来。因此，它也可能用于计算违约率，即 T 时刻资产价值低于违约边界的可能性。有时违约率也被解释为违约距离（DD）。违约距离衡量了资产价值高于违约边界标准差的数量。图 3.2 解释了简单 Merton 信用风险模型。

有一些宏观经济压力测试用过这种方法。Drehmann（2005）建立了一个简单的 Merton 模型衡量公司信用风险，他使用宏观经济因素作为系统风险的驱动因素。他发现宏观经济因子对信用风险有着显著的非线性影响。在这个领域一篇重要的论文是 Pesaran 等（2006）发表的，他为一个全球性的公司建立了信用风险模型。作者刻画出信用等级（包括违约类别）的变化是如何影响到权益价格的变化。然后他们使用面板数据的计量经济学方法获取股权收益的系统性风险因子。[①] 最重要的几个风险因子包括通货膨胀、利率、股票指数和汇率。有趣的是，GDP 的影响并不显著。论文的创新之处在于模型中建立的系统性风险在国家间互相传染的路径，在 3.4.1 节会提到这一点。这样他们就可以评估国外的风险因子对于本国市场的影响，这一点非常重要。Castren 等（2008）采用 Pesaran 生成系统性风险因子数据的方法，进行了欧元区压力测试。他们没有使用特定公司的数据，而是将 Moody 的 KMV 模型估计的部门违约率的中值和宏观经济变量联系了起来。[②]

Gupton 等（1997）建议采用另一类市场数据替代股权收益数据。他们使用信用等级转移矩阵推导信用资产组合的损失分布。这种方法不仅考虑到了违约事件，也考虑到了信用质量的变化。但是 Gupton 等（1997）没有明确识别导致借贷者违约相关性的可观测因素。De Bandt 和 Oung（2004）使用法国贷款登记的数据，将信用等级转移概率与可观测的宏观因素关联起来。这使得作者可以用此模型进行宏观经济压力测试。

三、基于公司和家庭违约数据的模型

Merton 模型的一个重要缺陷是它依赖于市场价格。这样没有上市的公司和家庭的数据就观察不到，而这部分群体恰恰是银行投资组合的重要组成部分。

一些实证研究方面的问题使模型的稳健性存在争议。例如在建立一个简单 Merton 模型时，我们通常会假设利率不变，将负债视为期限相同的零息债券。虽然文献提出了解决这类问题的方法，Jarrow

---

① 他们运用的是组内均值估计值，允许不同的公司具有异质性的斜率系数。

② 见第6章。

等（2003）得到的实证结论已经推翻了 Merton 模型。因此，一种替代方法是使用一种所谓的简化方法。早期的文章遵循了 Beaver（1966）和 Altman（1968）的观点，仅使用杠杆率这类会计科目作为违约的解释变量。Wilson（1997a, b）使用了一个概率单位模型不仅识别了特定公司因子，也识别了作为系统性风险驱动因素的宏观经济因子。有几篇论文在压力测试背景（Boss, 2002; Sorge and Virolainen, 2006）中使用了他的模型。

通常来说，压力测试的文献集中在预测违约率。但是，人们发现预测基准的选择可以反映实证基础。比如，即使预测变量不变，第二年的违约概率可能和第一年的不同。认识到这一点，Duffie 等（2007）对风险利率的期限结构进行了估计。另外，Campbell 等（2008）直接对不同期限的违约概率进行了估计。

Drehmann 等（2006）在英国使用大量的公司违约数据进行了一项类似的研究。但是，他们更关注于非线性的重要性。在 Jordà（2005）研究的基础上，他们认为使用计量经济设定的标准线性模型可以看做是真实模型的一阶泰勒展开。如果研究平衡过程周围小冲击的影响，那么即使违约率的影响是非线性的，使用标准模型也可以达到很好的预测效果。但是，压力测试不考虑小的冲击，而且真实的影响远远不是线性的。在论文中，他们认为在恶劣的宏观经济情景下，非线性模型导致了投资组合损失的不同结果。①

最近的文献表明，仅凭观察到的因子不能充分解释违约相关性。因此，Das 等（2007）加入了一个不易观察的因子，导致了贷款损失分布的厚尾效应。Jimenez 和 Mencia（2007）在西班牙的十个公司和两个家庭部门的违约频率中加入了特定贷款的违约率。他们认为违约频率表现出了很强的序列相关性，受到四阶滞后的利率和 GDP

---

① 作者们也同样给出了一个方法，用年度违约率来推导季度违约率。

的影响。[①] 潜在因子在损失分布中产生了厚尾效应，这是因为它们是跨部门传染效应的重要驱动因素。

四、既定损失违约率

信用风险压力测试模型没有明确坏账或不良贷款，因此不得不对既定损失违约率（LGD）做出假设以评估违约率对银行资产负债表的影响。LGD 认为是不变的。一些更复杂的方法假定 LGD 服从 β 分布。这会导致损失分布的厚尾效应，但是不能捕捉到宏观经济变量和 LGD 的关系。强有力的证据显示，在衰退时期，恢复率低于繁荣时期。[②]另外，Altman 等发现更高的集合违约率也会压低年平均恢复率。但是，Acharya 等（2007）认为，一旦考虑到特定行业的情况，这些省略变量和意义就会消失。上述研究结论能较好地支持 Schleifer 和 Vishny（1992）的减价出售理论，例如当行业处于危机、这个行业中的非违约公司现金不足以及特定行业的资产充足时，恢复率较低。Bruche 和 Gonzalez - Aguado（2008）用一个潜在的因子模型去捕捉美国违约率和恢复率的动态联合概率分布。从预测性能方面看，他们发现这个模型的效果比可观察宏观因子模型的效果要好。

五、小结

讨论了这么多不同的方法，但是回避了一个问题：哪种方法是最好的？这没有一个明确的答案，因为这依赖于数据的可得性和压力测试的客观性。但是，一些问题仍然值得思考。集合数据使得模型相对简化，且更加透明。如果强调结果的客观性，后者会非常有用。但是，它们的预测性会非常有限。而且，基于集合时间序列或一般会计核算的信用风险分析模型专注于预期损失，即使非预期损

---

① 模型的修正同样考虑到了利差、各部门总价值之和以及失业率的影响。

② 恢复率 = 1 - LGD。

失对评估损失分布的厚尾效应非常重要。[①] 也就是说，如果非预期损失由随机误差驱动，结果可能也会不理想。

很多信用风险模型利用上面提到的公司特定违约数据鉴别宏观和特定公司的系统风险因素。宏观经济指标可以带来更多的信息，而微观风险因子可能更好的预测跨部门违约风险分布（Carling 等，2007）。因此，最好是两方面都要考虑。但是在压力测试时，微观风险因子如何变动仍不明确。它们中间的一部分因素可能不受影响，比如规模；但是其他的因素就可能改变，例如利润或杠杆。虽然如此，使用信用风险模型的压力测试假设微观风险因子不变，这看来是唯一的方法，但是造成了难题。

模型能够识别潜在的系统性风险因子，这似乎能够改善模型的质量。从风险管理角度看，这些模型是有用的，但是因子的不可观测性限制了它们对从冲击到影响的转化过程的解释。关于违约损失率的文献也向压力测试者提出了更多的问题，通常信用风险模型有一定的代表性。一些文章（如 Acharya 等，2007；Carey 和 Gordy，2007）认为，大量具体的合同和特定公司的性质可能是既定违约率最重要的决定因素。一个完善的模型应该把这些问题都加以考虑。但是，如果考虑到每一个细节，那么模型会非常复杂，需要数以万计的数据和几百个公式。这样一个模型可能会限制预测能力，这也相当棘手。

3.2.2 市场风险

一、银行账户的利率风险

在信用风险之后，利率风险是商业银行的第二大重要的风险

---

① 见第6章。

（IFRI－CRO，2007）。[①] 但是，很少有压力测试的模型把这种风险加入到它们的分析中。Bunn 等（2005）利用英国加总的时间序列数据，用一个简化的方法捕捉到了净利息收入。他们只发现了实际 GDP 是一个很重要的因素。在 Flannery 和 James（1984）研究的基础上，De Bandt 和 Oung（2004）使用了动态数据，发现贷款名义增长率、价差和利率波动对净利息收入有显著影响。然而，其他一些使用会计数据的研究发现，很少有证据表明宏观经济指标是重要的（English，2002）。

捕捉利率风险的最简单的一个方法是缺口分析。这种方法中，资产、负债和表外业务根据时间期限进行重新定价。根据收益率曲线可以重新估计净头寸。迄今为止，文献通过更复杂的缺口分析发现了几个问题（Staikouras，2006）。从整个风险管理的角度看，一个关键的问题是这些利率风险模型没有明确假设对无风险收益率曲线的冲击不会对资产的信用质量产生影响，尽管在 3.2.1 节中提到，它们是违约率的关键驱动因素。这在 Boss 等（2006）的论文中不是问题，因为他在模型中同时考虑了违约率和利率风险。尽管如此，他们这种方法的思想也是进行敞口分析，因为他们在压力情景下对利率敏感性资产和负债进行了重新定价。[②] 由于这个网状的程序，他们可能仍然没有考虑非线性，最终低估了利率风险的影响。[③]

Drehmann 等（2008）集合信用风险和利率风险建立了一个自下而上的模型。他们的分析强调对银行证书建模，包括资产、负债和利率敏感性的表外业务。利率和违约概率的互相作用会产生非线性

---

① 见第 9 章和第 10 章。

② 在他们的论文中，他们考虑到了四种期限六种货币的资产、负债和表外业务。

③ 由于提前偿还风险，这导致非线性的产生。而且，一些短期的客户存款率等于无风险利率加上溢价。因此，当无风险利率大幅下降后，由于存款率接近于 0，银行不可能再跟着降低存款利率。

效应，这种效应在经济风险的综合模型外很难捕捉到。[①]

二、交易账户的市场风险

金融公司经常用压力测试以更好地管理交易账户的风险。比如在“9·11”事件或者长期资本管理公司（LTCM）危机中频繁使用压力测试情景（CGFS，2005）。[②] 对于这样的历史压力测试，它可能是这样一种情况，所有的市场风险因子在压力测试期间随着观察到的价格变化而变化。[③] 另外，假想的压力测试是通过假定一些风险因子变化构建的。投资组合中的资产受到的影响由简单相关性、copulas 函数或者因子模型决定。

交易账户的压力测试与投资组合有着紧密的联系。物价的大幅度下跌对具有空头的银行是有利的，对具有多头的银行是不利的。投资组合特性信息是不断变化的，公共机关一般很难捕捉到这样的信息。因此，交易账户的市场风险很难测定。唯一的例外就是奥地利中央银行，虽然他们观察整个投资组合的信息比私人银行的要粗略。[④] 但是，他们不仅对利率风险建模，也对汇率风险、本国以及外国的股价风险进行了建模。在本质上，他们跟随标准风险管理办法（McNeil 等，2005），模拟市场风险因子改变后的投资组合损益的改变（见 3.4.2 节）。

3.2.3 交易对手的信用风险

一旦银行由于信用额度或市场风险暴露破产，银行同业市场间

---

① 这个模型在第 4 章有详细的介绍。

② 见第 12 章的其他情景。

③ 历史性的压力测试同样需要处理。比如，模型建立者必须考虑是使用系统性风险因子的相对变化还是绝对变化。而且，它们也必须适用于新的金融产品。

④ 见第 12 章。

的信用风险就会明确[16]。Elsinger 等（2006）建立过这种模型。他们的研究有个出人意料的结果，即交易对手的信用风险对金融稳定性是二阶重要的。传染模型的结果似乎支持这种观点（Upper，2007）。对于模型建立者来说，这些结果表明如果是模型只要求实现一阶近似值，那就没有必要建立交易对手信用风险模型。这样就可以将注意力集中在其他方面。也就是说，可将交易对手信用模型与其他风险模型同时加以考虑。一旦知道银行同业间的风险暴露矩阵，就可以执行一个明确的机制。

3.3 风险测度

公共机构测算金融部门的脆弱性是通过模型捕捉其处于风险中的损失，资本充足率或盈利能力来实现的。其他测算方法有违约数量，以及给银行系统重新注资的最后贷款人的数量（不同方法的概述，见 Čihák，2007）①。在此背景下，许多问题值得注意。

首先，是使用盯住市场的风险测度，还是使用会计方法的风险测度。盯市方法提供一个基于经济基本面的银行健康的长期观点，而会计方法估计了在未来是否会存在监管或流动性限制（例如，银行在短期有重大损失而在长期有足够的利润时，为了保持银行运行良好，资本充足率在未来一年内可能不足）②。应该根据一国的会计标准选择风险测度的方法。这对私有银行是显而易见的。宏观压力测试应达到加强交流以及保证国有和私有企业之间测试结果可比性的目的。

① 从福利角度看，我们最终感兴趣的变量是实体经济，即 GDP。压力测试没有成功处理这一问题，因为技术上存在很大困难。在 3.5.3 节中清楚表明了，目前捕捉从金融部门到实体经济的反馈信息的模型是高度简化的形式。

② 关于此问题详细的讨论见 Drehmann et al.（2008）。

其次，一个关键的问题是压力测试中测试时间范围的选取。一些由规则框架给出的指导性原则认为度量市场风险的时间跨度为十天，信贷风险为一年。早期的宏观压力测试也用的是一年时间，但目前已经认识到出现严重风险损失时通过系统处理是需要花费一定时间的。目前，中央银行经常用的是三年的时间范围。然而，Drehmann 等人（2008）指出，对于一个压力测试情景，虽然信贷风险需花三年时间完全影响银行的资产负债表，但如果对利率风险和净利息收入建立合适模型，最大的损失在不到两年后就会发生。

正如第 2 章中所述，时间范围的选择综合考虑了系统脆弱的因素形成所需时间，以及市场参与者与政策制定者在压力期间的行为反应。这一问题与风险的内生性相联系，这在 3.5 节中会有讨论。但时间范围也对评估关键系统风险因素非常重要。例如，很明显十天的时间里宏观经济因素不会在压力测试中起到重要作用，因为其处于很低波动频率。总的来说，在压力测试中没有一个最优时间范围选择的黄金定律。另外，这一问题需要由压力测试的最终目标决定。

再次，宏观压力测试经常使资本损失常态化，以估计银行系统是否稳健。问题的产生有以下两方面原因。一方面，银行一般会产生正的利润，这可以作为应对损失的第一个缓冲剂。因此，如果不对利润进行压力测试（很少有对其进行压力测试的情况），压力情景的风险可能被高估了。另一方面，银行为所有风险设定了相应的风险资本，包括市场、信贷、操作、经营和名誉风险。所有这些风险都会影响利润和损失，但一般都没有进行压力测试，即使它们在严重的情景中可能发生。因此，资本缓冲量可能太大了。

最后，宏观压力测试的一个关键问题是用综合变量代表金融系统可能引起误导。例如银行系统的平均资本充足率。像前面章节所述，两种不同的压力测试可能导致平均充足率远高于最小需求，即使在一种情况下所有银行都有偿付能力，而在另一种情况下一家主要银行违约。从金融稳定性角度看，这些情景明显不同。另外，就算说明所有的单个结果，也不一定有多大用处。其一，这可能因为保密协议而被拒绝。其二，即使知道分位数或极小/极大值，可能也会使信息扭曲。对于整体金融稳定性，不仅是资本充足率，受影响机构的规模大小也很关键。一家很小的机构破产一般不会对金融系统造成影响，而一家大的机构破产就能造成金融不稳定，并导致实体经济的严重损失。

3.4　数据生成过程

风险测度和时间域是选择合适的数据生成过程模型的重要决定因素。但最重要的是第一阶段识别的潜在系统风险因素。在3.2节，我们看到一些模型仅能识别宏观经济风险因素和（或）公司特有因素、某些市场风险因素和两者兼有的因素。本节的讨论将按照这一分类展开。本节未讨论公司特有风险因素的数据生成过程，因为模型一般假定这些因素在压力期间保持不变①。

3.4.1　宏观经济风险因素

对宏观经济因素的数据生成过程建模的最简单的方法是对每一个因素使用独立自回归过程（例如，Wilson，1997a，b；Duffie等，2007）。从压力测试的角度，这是不理想的。事实上，这样的方法不能捕捉到系统风险因素之间的相互依赖关系。这对执行假设压力测试情景是很重要的。另一个方法是使用向量自回归（VAR）宏观模

① 不可观测到的因素也没有确切地讨论。它们要么用自回归（AR）过程建模，要么包括在向量自回归模型（VAR）中。

型（Boss 等，2006）。VARs 使用一个没有多少理论结构的简化形式来捕捉数据生成过程[①]。

由于其广泛的使用，VARs 可以在计算机上使用标准计量经济工具包很简便地执行。只要在第一阶段没有识别出太多的系统风险因素，使用 VAR 方法对数据生成过程建模就非常容易。如果系统宏观风险因素比标准变量多，如 GDP，通货膨胀和利率，也可以用 VAR 建模。

VAR 模型也能用于捕捉国家和国际宏观经济变量间的相互依赖关系。然而，标准方法在这种情况下不适用，因为缺乏自由度。Pesaran 等（2004）通过一个全局向量自回归模型（GVAR）解决了这个问题。在一个 GVAR 模型中，每个国家用一个标准的 VAR 模型建模，并用一组同期和滞后的“国外”因素扩充，构建其他国家变量的加权平均。在一般条件下，国外变量在每个国家的具体 VAR 中是弱外生性的。因此，VARs 可以单个地估计，然后联合产生一组国家或整个全球经济相互一致的预测。因为这一模型综合了国内和国际的宏观经济风险因素，所以在压力测试中非常流行。例如，Pesaran 等人（2006）用它为一个全球性公司投资组合的信贷风险做过压力测试。Castren 等人（2008）使用了一个 GVAR 模型为欧洲公司的信贷风险做压力测试。

虽然荷兰中央银行也考虑了国内和国际宏观经济风险因素，而它使用的是一个结构宏观经济模型（Vanden End 等人，2006）[②]。然而，大多数中央银行的结构宏观模型只捕捉其各自的国内经济状况。现代动态随机一般均衡模型（DSGE）是由第一条原则开始的，即模

---

① 宏观经济 VARs 是由 Sim（1980）提出的。在单因素设置中，自回归是一个单一线性等式模型，其中每一个变量是由其自身的滞后值和其他变量的滞后值和当前值解释。VARs 不对模型强加任何结构。后面的“结构”VARs 对残差的分布加入了限制条件，以识别冲击和更好地理解冲击在系统中的传导。

② 他们使用 NIGEM 模型，这是商业中一个著名的国际宏观模型。

型是基于最优代理人、竞争市场和理性预期假设上的。模型参数是通过与参数或贝叶斯计量经济一致的方式估计的。Jokivuolle（2007）用这一模型对芬兰银行部门进行了压力测试[①]。DSGE 模型日益取代第一代宏观模型。第一代宏观模型使用经济理论产生一个联立方程，进行分段式估计。随着在英国对通货膨胀预测方法的改变，Haldane 等人（2007）使用了一个 DSGE 模型，Bunn 等人（2005）则使第一代宏观模型。

其余关于两种压力测试的模型结构是一样的。最终的利差都抵消了。在中间步骤中，这些文章使用英格兰银行早期工作分析宏观经济变量和综合违约之间的关系，并显示综合违约率不仅由标准的宏观经济因素造成，也由一组没有包含在英格兰银行主要宏观模型的变量造成。（例如收支比，负债水平或贷款价值比）。其他压力测试模型也存在类似的问题（见 Norges Bank，2007）。因而这些方法需要附加的宏观模型捕捉一般宏观因素和这些系统风险因素之间的相互影响。虽然这可以提高信贷风险模块的解释能力，但增加的复杂性可能会降低整个模型的稳健性，因为估计误差会随着模型链的增加而增加。

不同的宏观模型在预测能力、计算简便性和速率、可处理性和产生有意义结果方面有不同的优势。这意味着模型建立者必须找到合适的折中选择[②]。如果交流信息是压力测试的主要目标，那么使用结构宏观经济模型预测有关信贷风险冲击的影响会有非常好的效果，因为模型解释了关键的宏观经济传导渠道。然而，DSGE 模型在计算上非常繁琐。例如，它可能不能直接执行如房价下降 40% 这样简单的压力测试，因为模型只能对重要参数（例如，偏好或生产率）受

---

① 有趣的是，Jokivuolle 等人（2007）能够随机模拟 DSGE 模型，而其他作者如 Haldane 等人（2007）发现这很困难。这使得他们得到未来贷款损失的整个概率分布。

② 进一步涉及金融稳定性宏观模型和折中选择的讨论见 Bardsen 等人（2006）。

到的冲击进行压力测试。这可能得到灵活、计算简便并容易执行的简化 VAR 模型。然而，因为其简化的形式，在理解和解释情景压力测试期间宏观经济因素路径背后的机理时的作用会降低。

3.4.2 市场风险因素

市场因素的数据生成过程模型总是简化的形式。可能最简单的方法就是采用所有系统性市场风险因素的收益率序列估计协方差矩阵，并通过假设收益率服从多变量正态分布或 t 分布模拟模型。但是这些分布假设是随意制定的，并不能完全表现市场收益率分布的特征。

依存结构可以由相关性获得，但实际上它以更加复杂的形式存在。因而 Boss 等人（2006）使用了一个分组 t－copula 获得系统性市场风险因素的相互依赖关系[①]。在第一阶段，他们估计了许多不同的模型描述单个因素变化的边际分布[②]。然后所有边际模型对分布预测的恰当性进行统计检验。根据这些检验，作者发现了一个最优的描述 30 日收益率变化的边际分布的模型，这一模型中的大部分分布是由核函数估计的，极端的 10% 分布是通过极值方法估计的（后一种估计见 McNeil 等，2005）。

3.4.3 宏观经济和市场风险因素

如果模型把市场和宏观因素都识别成系统风险因素，模型建立

---

① 详见第 5 章。

② 所分析的模型在两方面不同。第一，是否是正态分布，t 分布，带有正态和 t 分布偏差的 Garch（1，1）模型以及 kernel 和极值分布中对对数收益率的变化有像正文中那样的描述。第二，它们评估是否用 60 日收益率预测 60 天最佳或反复使用 1，5，10，20 或 30 日收益率最佳。他们共评估了市场因素 DGP 的 30 个模型。

者处理这一问题的办法通常是在不同频率下观察这些因素。在分开建模时，市场风险因素的数据生成过程常常是以日或周为频率，而宏观经济因素以季度为频率。对两种因素同时建模时，则需要选择一段连续的时间范围。经常使用的一个简单方法是通过对时间取平方根以放大市场因素的变化（例如从每日数据得到季度收益率）。Boss 等人（2006）使用季度宏观经济时间序列，反复预测 30 日收益率对市场因素变动，发现 60 日收益率是作为市场因素的最好的预测。Rosenberg 和 Schuermann（2006）综合了市场、信贷和操作风险。为了得到年度经济资本，他们模拟了市场因素 252 天的变动路径和信贷风险 12 个月的变动路径。然后通过自上而下的方式得到综合结果。与简单添加单个 VARs 值的方法相比，将它们整合起来然后使用方差—协方差或连接的方法会得到更好的结果。

Rosenberg 和 Schuermann 的方法只有在影响市场风险和信贷风险的系统因素可以分离的情况下，可以得到综合市场和信贷风险的正确结果。然而，在实际中系统风险是与市场和信贷因素都有关系的[①]。在这种情况下，Breuer 等人（2007）从理论和经验上显示，通过联合测算市场和信贷风险得出的经济资本水平可能比分开考虑各因素的经济资本之和或高或低。这是一个重要的结论，因为它与人们总以为银行账户（无风险投资）和交易账户（风险投资）间存在分散化好处的直觉相悖。这也强调了系统风险因素在综合且一致方式下的数据生成过程建模的重要性。

最重要的市场风险因素，利率（也有股票收益率或汇率）通常用结构和简化形式的宏观模型获得其变动情况（见 3.4.1）。这些模

① Breuer 等人（2007）之后的看法可以用一个简单的例子说明，尽管这个例子是关于期权的。以一个简单的欧式看涨期权为例，并假定历史价格数据序列不存在。同时假定波动率不变。如果相互影响是非线性的，那么很明显，利率和股票价格同时模拟时的期望差额不一定和下面两种方式的期望差额相同：a. 利率保持不变而对股票价格进行模拟；b. 对利率进行模拟而股票价格不变。

型能很好地分析信用和利率风险（Drehmann 等人，2008；Alessandri 和 Drehmann，2009）。Boss 等人（2006）得到了一个一致的自下而上的模型，这一模型使用了一个分组 t - copula 方法综合了信贷和市场因素的数据生成过程，它可以获得市场因素变动的相互依赖关系（见 3.4.2）和代表宏观信贷风险因素数据生成过程的简化宏观 VaR 模型中因素变动的相互依赖关系。

在宏观经济预测文献之后，Fiori 和 Iannotti（2008）提出了一个因素扩展向量自回归方法（FAVaR）。这使我们能理解多组因素的动态相互影响以及其对风险的影响。例如 Fiori 和 Iannotti 分析了意大利一百个时间序列。其中一些是经典市场风险因素，例如，不同子行业的股票价格，Fama 和 French 因子，波动率测度或利率。但它们也包括宏观因素。通过额外考虑八个工业部门的综合违约率，他们已经合并了信用风险的测度。于是 FAVAR 方法减少了这一大组数据集的一个主要成分的分析，使数据集成为易控制的没有观察到的因素的集合。在分析中，作者识别了四种因素，大致是股票、信贷、波动率和宏观经济风险。在第二阶段，作者对一个 VAR 模型进行估计，这可以获得未被观察到的因素自身以及其与一个观察到的货币政策变量之间的相互影响[①]。这可以进行一个经典脉冲响应分析。

3.5 方法论的挑战

任何压力测试建模者都会面临巨大挑战。由于模型的复杂性，压力测试建模的进展很缓慢，但这是可以理解的。图 3.3 扩展了图 3.1 的压力测试流程图，以表明建立模型链的困难之处。

① 在概念上，其他可观察的变量如石油价格也可以包含进来。

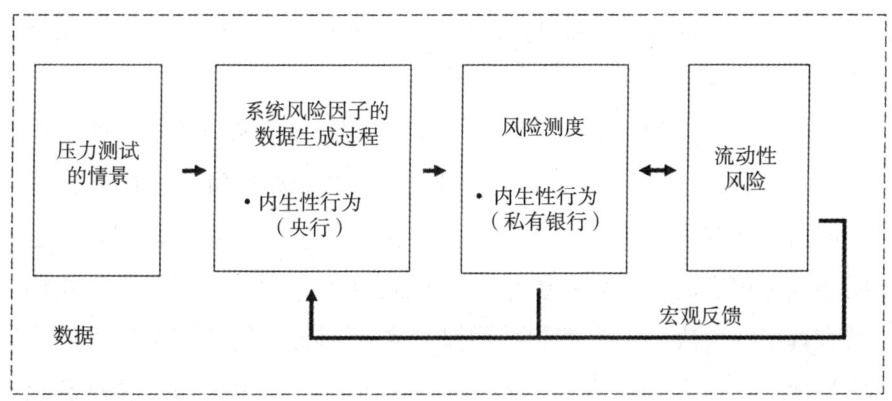

图 3.3　压力测试模型面临的挑战

正如将要在第 6 章讨论的，数据问题是一个综合性的问题。从建模角度，第二个大问题是获取风险的内生性，因为众所周知，一旦风险是内生性的，那么标准的风险管理模型就不适用了（例如，Danielsson，2002）。内生风险本质上是由经济中包括政策制定者在内的各机构的行为反应决定的。宏观反馈和流动性风险也是如此。开发出能获取风险内生性的模型是压力测试目前面临的最重大的挑战。

宏观压力测试中，建立一个合适的衡量内生性风险的模型将带来很多益处。在目前监管框架下的所有模型都是基于量化风险管理框架之上的。因此，这些模型很可能不可用，因为它们不能捕捉内生的风险。这一问题在压力情形下最尖锐，它也是监管者的主要注意对象。发展宏观压力测试有助于加强银行压力测试的能力和跨时间（over time）风险管理的实施。宏观压力测试的潜在好处在一定程度上加强了由国家中央银行执行的自下而上的压力测试应用，这是国际货币基金组织金融部门评估项目的一部分。

3.5.1　内生行为

如图 3.1 所示，压力测试是外生冲击通过数据生成过程模型对银行的资产负债表产生影响的一条链。外生行为反应在很多阶段都非常重要（见图3.3）。

在标准压力测试中，风险只会因为违约和/或市场价值的改变而改变。无疑，银行在压力事件期间会保持其初始投资组合配置而不会试图对冲损失或重新分配其组合。在一个1至3年的范围内，这明显是不现实的。大多数建模者意识到这个问题，但到目前为止还没有真正的解决。一个理想的模型会考虑到每一期的整个投资组合的最优化。这在运筹学（operations research）文献关于动态资产和负债管理的随机规划模型中已经解决。但即使最近的文献也只能把这一模型运用在简单现金账户的可交易资产（Jobst等人，2006）。因而在分析信贷和利率风险时，Drehmann等人（2008）使用了一个简单的拇指法则（rule of thumb）。他们假定银行和储蓄者是被动的，即他们连续投资和以前有相同风险性质的相同资产[①]。明显地，拇指法则是不理想的。然而，它是对内生行为建模的第一步，因为它迫使模型使用者考虑这个问题。

De Bandt和Oung（2004）使用了一个不同的策略。他们没有建立一个结构模型，而是为信贷的供给需求和经济状况之间建立了关联。因此，银行资产负债表的调整被考虑进了一个简化的形式。很多其他文献也采取了简化的形式。Jimenez和Mencia（2007）表示每个部门总的贷款数受到滞后观察值和可观察宏观因素以及一个潜在因素的影响。每笔贷款的风险大小独立地由逆高斯（Inverse Gaussian）或逆伽马（Inverse Gamma）分布决定，其中平均值受到与宏观VAR模型（VAR模型用做数据生成过程模型）相同宏观经济冲击的影响。作者提到，一旦风险是动态建模，那么压力情景中未预期到

---

① Drehmann et al.（2008）也必须对利润的再投资进行假设。模型框架一般要足够灵活，以便当资产负债表增加或投资再分配发生时可以参考拇指法则变动。Alessandri和Drehmann（2009）在同样的假设下对全部经济资本建立了模型。

的损失会显著上升。样本外测试表明此模型有好的预测效果。然而，大部分解释能力是滞后因变量和不可观察的潜在因素提供的。目前仍然不清楚这种特性在解释从冲击到影响的传导机制的交流信息目的上用处如何。

为了评估银行行为风险，Jimenez 等人（2007b）和 Ioannidou 等人（2007）分别为西班牙和玻利维亚考察了独特的数据集。特别地，他们表示在贷款发放之前紧缩的货币政策会导致贷款标准恶化以及更多的风险贷款。Quagliariello（2007b）用实证分析了意大利银行的投资决定。他发现贷款和无风险资产之间的配置很大程度上是由具体的公司和宏观因素决定。在强压力下，银行准确预测收益率的能力会受到限制，并且可能出现羊群效应。所有这些文献都表明了在压力情景下银行内生行为调整的重要性。

当讨论内生行为时，对政策制定者的考虑也同样重要。如果系统风险因素模型是简化形式，那么（历史平均）中央银行政策反应就已经考虑了数据生成过程。为了澄清这一点，我们可以假设2007—2008 年观察到的市场价格变动作为一个历史压力测试情景。而市场价格变动是压力事件和中央银行流动性干预的结果。因此，通过重新执行这一情景就可以确切假定一个类似中央银行的反应。如果一个类似的情景将再次出现，市场参与者就可能在未来合理预期到这一点。然而，如果一家中央银行执行这一压力测试是为了考察系统在有无政策干预时的稳健性，这明显是不可行的。

数据生成过程、宏观模型的简化形式也有类似的问题，因为数据生成过程考虑了过去利率。如果用一个结构化宏观模型是为了获取宏观因素的相关性，那么大多数压力测试没有对其进行精确建模，因为模型依赖于一个预测的泰勒规则，即他们假设中央银行把利率机械地设置成其在通货膨胀和产出里偏差最小。众所周知，这一假设在产生严重压力情景时会出现问题。例如，对住宅市场的一个严重冲击会导致利率的下降，这将阻碍初始冲击对银行资产负债表的影响，因为利率是企业和家庭违约的重要动因。因而在没有其他对通货膨胀的冲击时，就很难产生利率上升、房价下降的一致情景，即使是在19世纪90年代英国经济萧条时期，那就是银行的一个压力事件。

在对内生的行为建模时还没有很简单的方案。然而，意识到这一问题已经很重要了。一个简单的步骤是用拇指法则考察政策制定者和银行。简化模型的进一步研究对更好地理解经验规律也很重要。

3.5.2 流动性风险

流动性发生的原因是机构内生的行为反应。在 Diamond 和 Dybvig（1983）流动性风险的经典文献中，一些当事人去挤提银行是因为他们看到其他当事人在挤提银行。不仅资金流动性风险能影响整个金融系统的稳定性，市场流动性风险也能对此产生影响。市场可能因为信息摩擦而丧失流动性，就像经典的柠檬市场（Akerloff，1970）一样。市场流动性更可能因为当事人的行为反应而枯竭，例如当其从绩效不好的基金取钱时（Vayanos，2004）或在资金和市场流动性风险之间有一个负面的反馈环路时（见如 Gromb 和 Vayanos，2002，Brunnerneier 和 Pedersen，2009）①。

市场参与者会认为这样的螺旋已经发生了，例如在长期资本管理公司（LTCM）危机期间或更近的2007—2008年金融动荡期间所发生的。市场参与者不是将这些“螺旋”事件嵌入模型本身，而是

① 这些“螺旋”背后的看法如下：假设资产价格严重跳水，并引致更高的仓位。如果主要经纪商的资金流动性受到限制，那么更高的仓位只有通过出售资产来实现。如果许多主要经纪商需要筹集现金，资产价格会因为缺乏市场流动性而进一步降低。反过来这会增加仓位，导致资金流动性需求增加等。虽然这样的螺旋在理论上可以理解，但在实证上很难建立模型。对资产市场反馈的调查见 Shim 和 von Peter（2007）。

把它们作为历史压力测试。如果这些情景确实代表了市场流动性的枯竭，并且压力测试的主要目的是评估资本的稳健性，那么这可能是个有用的策略。换言之，这种方法不能揭示出许多潜在的传导机制，因此，不太适合于宏观压力测试。

由于银行在破产之前一般是流动性不足的，因此一些宏观压力测试中加入了流动性风险（Jenkinson，2007）。然而，在实证上对这一问题取得进展仍然困难。首先，为了测算流动性风险，不仅需要考虑资产、负债和表外业务，甚至各自到期日都要考虑在内。这在一定程度上扩大了所需数据的范围。银行自身的方法依赖于大量保密数据，特别是在压力期间，这些数据连续且迅速变动。这就限制了其在宏观压力测试下的使用。其次，储蓄者和银行间市场交易对手的行为反应数据不可得。所以，银行使用的流动性压力测试是基于拇指法则而不是经验关系。使用公开市场操作的投标数据，Drehmann 和 Nikolaou（2009）的研究文献是迄今为止唯一使用中央银行可获得的数据测算资金流动性风险的。作者能够捕捉到近期动荡，但数据的限制使他们只能测算一周内的流动性风险。现在仍不清楚如何将他们的方法应用于更长时间范围的模型。另外，还没有理清冲击和偿付能力之间的关系（通过当前压力测试建模），以及流动性。

3.5.3　宏观反馈

证据表明，银行系统范围的偿付能力和流动性危机会导致重大损失，如 GDP 的损失（Hoggarth 等人，2002）。但至目前，将实体和金融部门联系起来是很困难的。例如 Christiano 等（2007）在“金融加速器”文献（Bernanke 等人，1999）中，将一个综合的银行/金融部门考虑在 DSGE 宏观模型中。他们发现这一部门是冲击的一个源头，这一冲击可以解释商业周期波动。但这一部门也是一个重要的放大机制。

虽然这是一个有趣的宏观模型，但它对于宏观压力测试作用有限。正如 Goodhart 在很多刊物上激烈的辩论，以及从上文对风险测度的讨论也应明确，在金融系统中对异质性参与者的建模很重要。考虑一个综合的金融部门将隐藏许多重要的关系。例如，不同银行可能有不同的偏好。因此，它们可能采取不同的风险，最有风险的一方可能最先破产。另外，综合（资金）流动性条件是由中央银行设定的。只要中央银行不犯任何大的政策性错误，即使在危机中综合流动性的水平也不是太大的问题。但是各机构间流动性分布则不然，因为缺乏流动性的机构将破产。如果是银行间市场，这样的破产可能传染其他银行，这就产生了交易对手的信用风险。它对实体经济产生的影响程度要看有多少家以及哪些银行破产。

目前成功的方法仅是简化形式的模型，这与图 3.1 中建立的标准压力测试模型在本质上是不同的。

这些模型一般是 VARs，并把宏观因素标准设置与金融系统风险测度联系起来。对于英国，Hoggarth 等人（2005）开发出一个宏观 VAR 模型，模型将银行冲销作为一个风险测度。他们没有发现反馈信息。然而 Marcucci 和 Quagliariello（2008）使用 VAR 方法评估意大利违约率、产出缺口、通货膨胀、利率和汇率之间的相互依赖关系。为了测试反馈的重要性，他们也使用了一个包括银行资本和信贷供给代理变量的范式。其他文献使用了更大规模的 VAR 模型。Aspachs 等人（2006）使用了一个跨国方法并用银行违约和银行盈利性作为金融部门风险的代理变量。Jacobsen 等人（2005）没有对银行精确建模，而是建立了一个面板 VAR 模型，用以对宏观因素和瑞典公司违约的可能性建模。他们发现宏观反馈可能有重要的意义，并且有时候货币政策和金融稳定性目标之间会有冲突。De Graeve 等人（2007）沿用了Jacobson等人（2005）的方法，对德国银行直接使用了违约率（PDs）。他们指出一个负面的货币政策冲击对银行部门的稳健性有重大影响，但这仅当银行违约率反馈宏观经济时成立。

3.6　最新前沿：宏观经济压力测试的一个综合方法

迄今为止，除了用来捕捉对实体经济宏观反馈的高度简化形式模型，所有的压力测试模型都遵循图3.1中描绘的架构。唯一例外的是Goodhart等人（2004，2005，2006a，b）从系统范围的角度进行了研究[①]。作者从理论上得出了不完全竞争市场上的一般均衡模型，其中机构是异质性的且会发生违约。如Goodhart等人所说，这些特征在对金融稳定性建模时非常重要。Goodhart等人的模型要远好于标准压力测试模型，因为在世界任何国家的任何市场上的所有机构对数量、价格和违约是完全优化的。因而这一模型能够体现内生的行为反应。

在一般均衡的框架下最大的困难之一是对违约事件建模。在经典Arrow－Debreu模型中，明确假定了所有机构都是负责的，所以不会发生违约。因此，Goodhart等人参照Shubik和Wilson（1977）的研究，把违约当做由机构内生选择的偿付率。在这种情况下，违约是局部的和自愿的。即使Tsomocos和Zicchino（2005）表明不完全竞争市场和内生性违约的一般均衡模型和外生违约率模型是等价的，但该模型结构使得它难以和高级中央银行管理或银行进行沟通，因为银行把违约当做外生事件。也不能由这一复杂和难以控制的模型得到信息通讯。

---

① 他们评估金融稳定性的理论模型基于Tsomocos（2003a，b）。

最后，模型的检验和计算方法是主要的困难。目前仅对英国（例如，Goodhart 等人，2006b）和哥伦比亚（Saade 等人，2007）有过尝试。在两个例子中，都只可能使用一个高度程式化的模型框架。模型中有三家银行，两个时期和两种状态（有压力和没压力）。即使在这种情况下，模型验证都很困难。正如 Saade 等人（2007）解释到，一些像政策变量这样的参数是可以观察到的，一些变量可以通过计量经济的方法验证（例如，收入弹性），而其他变量如在下一期压力情形下的发生可能性是任意强加的。使用这一简单的模型，Saade 等人试图复制哥伦比亚在 1997—1999 年银行危机期间的数据。一些模型变量的预测偏差很小，如抵押贷款额。而像 GDP 等其他变量的复制效果与实际数据相差很大。

另一种方法是对图 3.1 的模型框架扩展至图 3.3 所示的模型。这是英格兰银行的目标（Jenkinson，2007）。作为一个起点，其采取了标准英格兰银行压力测试模型的结构（Bunn 等人，2005 和 Haldane 等人，2007），模型包括了宏观经济、信贷风险和银行净利息收入。参照奥地利银行模型（Boss 等人，2006 和本书第 12 章），作者对基本框架进行了扩展，包括银行市场风险暴露和交易对手信用风险。另外，Alessandri 和 Drehmann（2009）将利率风险加进模型结构。模型的目的也是为了覆盖宏观反馈以及市场和资金流动性风险。由于数据的缺乏，可能不能对后者进行稳健性估计，因此这些方法可能主要还是基于拇指法则。然而，这一模型将有重要的突破，并突出利率途径。例如第一个模型结果表明如果系统风险的分布由银行系统的综合损失分布测算，那么系统风险分布可能同时具备双边结构（Jenkinson，2007）。

该模型可能是目前处理压力测试局限性的唯一办法。然而，这种方法一个重要缺陷是它没有打破现有所有压力测试中固有的模块结构。这意味着在模块之间最可能出现经验上和理论上的不一致。

在分段估计条件下，模型总的偏差也可能对模型的稳健性产生重要影响。模型也可能会变得复杂和不透明，以至于如果参数发生变化后，只有几个极其专业的经济学家才能理解模型的机制。缺乏模型稳健性和高度复杂性可能最终限制其对外交流，而这却是对模型的重要考虑，因为这是非监管中央银行金融稳定性分析的主要目标。换言之，模型的建立是深化对金融稳定性和系统动态性理解的重要环节。这些模型的局限性肯定依然存在。但只要这些局限是透明的，且模型结果经过仔细处理过，一个整体金融稳定性模型已经能为政策探讨提供信息并有助于加强交流。

参考文献

[1] Acharya, V. V., S. T. Bharath and A. Srinivasan (2007), 'Does Industry – wide Distress Affect Defaulted Firms? Evidence from Creditor Recoveries', *Journal of Financial Economics*, 85 (3), 787 – 821.

[2] Akerlof, G. E. (1970), 'The Market for "Lemons": Quality Uncertainty and the Market Mechanism', *Quarterly Journal of Economics*, 84 (3), 488 – 500.

[3] Alessandri, P. and M. Drehmann (2009), *An Economic Capital Model Integrating Credit and Interest Rate Risk in the Banking Book*, ECB Working Papers, 1041.

[4] Altman, E. I. (1968), 'Financial Ratios, Discriminant Analysis, and the Prediction of Corporate Bankruptcy', *Journal of Finance*, 23.

[5] Altman, E., A. Resti and A. Sironi (2005), *Recovery Risk*, Risk Books.

[6] Aspachs, O., C. Goodhart, M. Segoviano, D. Tsomocos and L. Zicchino (2006), 'Searching for a Metric for Financial Stability',

Financial Markets Group (*FMG*) *Special Paper*, 167.

[7] Bardsen, A., K. G. Lindquist and D. Tsomocos (2006), 'Evaluation of Macroeconomic Models for Financial Stability Analysis', *Norges Bank Working Paper*, 1.

[8] Beaver, B. (1966), 'Financial Ratios as Predictors of Failure', *Empirical Research in Accounting: Selected Studies*, Supplement to *Journal of Accounting Research*, Autumn.

[9] Bernanke, B. S., M. Gertler and S. Gilchrist (1999), 'The Financial Accelerator in a Quantitative Business Cycle Framework', in J. B. Taylor and M. Woodford (eds.), *Handbook of Macroeconomics*, 1.

[10] Blaschke, W., M. T. Jones, G. Majnoni and S. M. Peria (2001), 'Stress Testing of Financial Systems: an Overview of Issues, Methodologies and FSAP Experiences', *IMF Working paper*, 1.

[11] Boss, M. (2002), 'A Macroeconomic Credit Risk Model for Stress Testing the Austrian Credit Portfolio', Oesterreichische National bank (*OeNB*) *Financial Stability Report*, 4 October.

[12] Boss, M., G. Krenn, C. Puhr and M. Summer (2006), 'Systemic Risk Monitor: a Model for Systemic Risk Analysis and Stress Testing for Austria', *OeNB Financial Stability Report*, 11, 83 – 95.

[13] Breuer, T., M. Jandacka, K. Rheinberger and M. Summer (2007), *Inter – risk Diversification Effects of Integrated Market and Credit Risk Analysis*, OeNB mimeo.

[14] Bruche, M. and C. Gonzales – Aguado (2008), *Recovery Rates, Default Probabilities and the Credit Cycle*, Centro de Estndios Monetarioy Financieros (CEMFI) mimeo.

[15] Brunnermeier, M. K. and L. H. Pedersen (2009), *Market Liquidity and Funding Liquidity*, the Review of Financial Studies, forthcoming.

[16] Bunn, P., M. Drehmann and A. Cunningham (2005), 'Stress

Testing as a Tool for Assessing Systemic Risk', *Bank of England Financial Stability Review*, June.

[17] Campbell, J. Y., J. Hilscher and J. Szilagyi (2008), 'In Search of Distress Risk', *Journal of Finance*, 63 (6), 2899 – 2939.

[18] Carey, M. and M. Gordy (2007), *The Bank as Grim Reaper: Debt Composition and Recoveries on Defaulted Debt*, Federal Reserve Boards, mimeo.

[19] Carling, K., T. Jacobson, J. Lindé and K. Roszbach (2007), 'Corporate Credit Risk Modelling and the Macroeconomy', *Journal of Banking and Finance*, 31 (3), 845 – 868.

[20] Castren, O., S. Dees and F. Zaher (2008), 'Global Macro – financial Shocks and Corporate Sector Expected Default Frequencies in the Euro Area', *European Central Bank (ECB) Working Paper*, 875.

[21] Christiano, L., R. Motto and M. Rostagno (2007), *Financial Factors in Business Cycles*, ECB mimeo.

[22] Čihák, M. (2007), 'Introduction to Applied Stress Testing' *IMF Working Paper*, 07/59.

[23] Clements, M. P. and D. F. Hendry (1998), *Forecasting Economic Time Series*, Cambridge University Press.

[24] Committee on the Global Financial System (2005), *Stress Testing at Major Financial Institutions: Survey Results and Practice*, CGFS publication No. 24.

[25] Danielsson, J. (2002), 'The Emperor has No Clothes: Limits to Risk Modelling', *Journal of Banking and Finance*, 7, 1273 – 1296.

[26] Das, S., D. Duffie, N. Kapadia and L. Saita (2007), 'Common Failings: How Corporate Defaults are Correlated', *Journal of Finance*, 62, 93 – 117.

[27] De Bandt, O. and V. Oung (2004), 'Assessment of "stress tests"

Conducted on the French Banking System', *Banque de France Financial Stability Review*, 5, November.

[28] De Graeve, F., T. Kick and M. Koetter (2007), *Monetary Policy and Financial (in) Stability: an Integrated Micro – macro Approach*, mimeo.

[29] Diamond, D. and P. Dybvig (1983), 'Bank Runs, Deposit Insurance, and Liquidity', *Journal of Political Economy*, 91, 401 – 419.

[30] Drehmann, M. (2005), *A Market Based Stress Test for the Corporate Credit Exposures of UK Banks*, mimeo. (2008), 'Stress Tests: Objectives, Challenges and Modelling Choices', *Riksbank Economic Review*, June.

[31] Drehmann, M. and N. Nikolaou (2009), *Funding Liquidity Risk: Definition and Measurement*, ECB Working Papers, 1024.

[32] Drehmann, M., A. Patton and S. Sorensen (2006), *Corporate Defaults and Macroeconomic Shocks: Non – linearities and Uncertainty*, Bank of England mimeo.

[33] Drehmann, M., M. Stringa and S. Sorensen (2008), 'The Integrated Impact of Credit and Interest Rate Risk on Banks: an Economic Value and Capital Adequacy Perspective', *Bank of England Working Paper*, 339.

[34] Duan, J. C. (1994), 'Maximum Likelihood Estimation using the Price Data of the Derivative Contract', *Mathematical Finance*, 4, 155 – 167.

[35] Duan, J. C. (2000), 'Maximum Likelihood Estimation using the Price Data of the Derivative Contract', *Mathematical Finance*, 10, 461 – 462.

[36] Duffie, D., L. Saita and K. Wang (2007), 'Multi – period

Corporate Default Prediction with Stochastic Covariates', *Journal of Financial Economics*, 83.

[37] Eisenberg, L. and T. H. Noe (2001), 'Systemic Risk in Financial Systems', *Management Science*, 47 (2), 236 – 249.

[38] Elsinger, H., A. Lehar and M. Summer (2006), 'Risk Assessment for Banking Systems', *Management Science*, 52 (9), 1301 – 1341.

[39] English, W. B. (2002), 'Interest Rate Risk and Bank Net Interest Margins', Bank for International Settlements (*BIS*) *Quarterly Review*, December, 67 – 82.

[40] Fiori, R. and S. Iannotti (2008), *Channels for Interactions of Market and Credit Risk: a FAVAR Approach*, Bank of Italy mimeo.

[41] Flannery, M. J. and C. M. James (1984), 'The Effect of Interest Rate Changes on the Common Stock Returns of Financial Institutions', *Journal of Finance*, 39 (4), 1141 – 1153.

[42] Goodhart, C. A. E., P. Sunirand and D. P. Tsomocos (2004), 'A Model to Analyse Financial Fragility: Applications', *Journal of Financial Stability*, 1 (1), 1 – 30.

[43] Goodhart, C. A. E., P. Sunirand and D. P. Tsomocos (2005), 'A Risk Assessment Model for Banks', *Annals of Finance*, 1, 197 – 224.

[44] Goodhart, C. A. E., P. Sunirand and D. P. Tsomocos (2006a), 'A Model to Analyse Financial Fragility', *Economic Theory*, 27, 107 – 142.

[45] (2006b), 'A Time Series Analysis of Financial Fragility in the UK Banking System', *Annals of Finance*, 2 (1), 1 – 21.

[46] Gromb, D. and D. Vayanos (2002), 'Equilibrium and Welfare in Markets with Financially Constrained Arbitrageurs', *Journal of Financial Economics*, 66, 361 – 407.

[47] Gupton, G., C. Finger and M. Bhatia (1997), *Creditmetrics*:

Technical Document, The RiskMetrics Group.

[48] Gupton, G. and R. M. Stein (2002), *Losscalc: Model for Prediction Loss Given Default*, Moody's KMV.

[49] Haldane, A., S. Hall and S. Pezzini (2007), 'A New Approach to Assessing Risks to Financial Stability', *Bank of England Financial Stability Paper*, 2.

[50] Hillegeist, S. A., E. A. Keating, D. P. Cram and K. G. Lundstedt (2003), 'Assessing the Probability of Bankruptcy', *Review of Accounting Studies*, 9.

[51] Hoggarth, G., R. Reis and V. Saporta (2002), 'Costs of Banking System Instability: some Empirical Evidence', *Journal of Banking and Finance*, 26 (5), 825 – 55.

[52] Hoggarth, G., S. Sorensen and L. Zicchino (2005), 'Stress Tests of UK Banks using a VAR Approach', *Bank of England Working Paper*, 282.

[53] Hull, J. (2000), *Options, Futures and Other Derivatives*, Prentice Hall.

[54] IFRI – CRO Forum (2007), *Survey on Economic Capital Practice and Applications*, Institute of the Chief Risk Officers (CRO) and International Financial Risk Institute (IFRI).

[55] International Monetary Fund and World Bank (2003), *Analytical Tools of the Financial Sector Assessment Programme*, Washington DC.

[56] Ioannidou, V., S. Ongena and J. Peydro – Alcalde (2007), *Monetary Policy and Sub – prime Lending: a Tall Tale from the Low Federal Funds Rates, Hazardous Loans and Reduced Loan Spreads*, ECB mimeo.

[57] Jacobson, T., J. Linde and K. Roszbach (2005), 'Exploring Interactions between Real Activity and the Financial Stance', *Journal*

of Financial Stability, 1 (3), 308 -341.

[58] Jarrow, R., D. R. Deventer and X. Wang (2003), 'A Robust Test of Merton's Structural Model for Credit Risk', *Journal of Risk*, 6 (1), 39 -58.

[59] Jenkinson, N. (2007), 'The Bank of England's Approach to Top - down Systemic Stress Testing', *ECB Conference on Simulating Financial Instability*.

[60] Jimenez, G. and J. Mencia (2007), 'Modelling the Distribution of Credit Losses with Observable and Latent Factors', *Bank of Spain Working Paper*, 709.

[61] Jimenez, G., J. A. Lopez and J. Saurina (2007a), 'Empirical Analysis of Corporate Credit Lines', *Federal Reserve San Francisco Working Paper*, 14.

[62] Jimenez, G., S. Ongena, J. Peydro - Alcalde and J. Saurina (2007b) 'Hazardous Time for Monetary Policy: what can Twenty Three Million Bank Loans Say about the Effects of Monetary Policy on Credit Risk', Centre for Economic Policy Research (*CEPR*) *Working Paper*, 6514.

[63] Jobst, N. J., M. Gautam and S. A. Zenios (2006), 'Integrating Market and Credit Risk: a Simulation and Optimisation Perspective', *Journal of Banking and Finance*, 30, 717 -742.

[64] Jokivuolle, E., J. Kilponen and T. Kuusi (2007), 'GDP at Risk in a DSGE Model: an Application to Banking Sector Stress Testing', *Bank of Finland Working Papers*, 26.

[65] Jordà, O. (2005), 'Estimation and Inference of Impulse Responses by Local Projections', *American Economic Review*, 95 (1), 161 - 182.

[66] Kalirai, H. and M. Schleicher (2002), 'Macroeconomic Stress

Testing: Preliminary Evidence from Austria', *OeNB Financial Stability Report*, 3.

[67] Marcucci, J. and M. Quagliariello (2008), 'Is Bank Portfolio Riskiness Procyclical? Evidence from Italy using a Vector Autoregression', *Journal of International Financial Market, Institutions & Money*, 18, 46 - 63.

[68] McNeil, A., R. Frey and P. Embrechts (2005), *Quantitative Risk Management: Concepts, Techniques and Tools*, Princeton University Press.

[69] Merton, R. C. (1974), 'On the Pricing of Corporate Debt: the Risk Structure of Interest Rates', *Journal of Finance*, 29, 449 - 470.

[70] Norges Bank (2007), *Financial Stability*, December.

[71] Pain, D. (2003), 'The Provisioning Experience of the Major UK Banks: a Small Panel Investigation', *Bank of England Working Paper*, 177.

[72] Pesaran, M. H., T. Schuerman and S. Weiner (2004), 'Modelling Regional Interdependencies using a Global Error - correcting Macroeconometric Model', *Journal of Business and Economic Statistics*, 22 (2), 129 - 162.

[73] Pesaran, M. H., T. Schuerman, B. J. Treutler and S. M. Weiner (2006), 'Macroeconomic Dynamics and Credit Risk: a Global Perspective', *Journal of Money Credit and Banking*, 38 (5), 1, 211 - 162.

[74] Pesola, J. (2007), 'Financial Fragility, Macroeconomic Shocks and Banks' Loan Losses: Evidence from Europe', *Bank of Finland Working Paper*, 15.

[75] Quagliariello, M. (2007a), 'Banks' Riskiness over the Business Cycle: a Panel Analysis on Italian Intermediaries', *Applied Financial Economics*, 17, 2.

[76] Quagliariello, M. (2007b), 'Macroeconomic Uncertainty and Banks'

Lending Decisions: the Case of Italy', *Bank of Italy Working Paper*, 615.

[77] Rosenberg, J. V. and T. Schuermann (2006), 'A General Approach to Integrated Risk Management with Skewed, Fat – tailed Risks', *Journal of Financial Economics*, 79 (3), 569 – 614.

[78] Saade, A., D. Osorio and S. Estrada (2007), 'An Equilibrium Approach to Financial Stability Analysis: the Columbian Case', *Annals of Finance*, 3, 75 – 105.

[79] Schleifer, A. and R. Vishny (1992), 'Liquidation Values and Debt Capacity: a Market Equilibrium Approach', *Journal of Finance*, 47, 1, 343 – 366.

[80] Segoviano, M. and P. Padilla (2007), 'Portfolio Credit Risk and Macroeconomic Shocks: Applications to Stress Testing under Data – restricted Environments', *IMF Working Paper*, 06/283.

[81] Shim, I. and G. von Peter (2007), 'Distress Selling and Asset Market Feedback: a Survey', *BIS Working Paper*, 229.

[82] Shubik, M. and C. Wilson (1977), 'The Optimal Bankruptcy Rule in a Trading Economy using Fiat Money', *Journal of Economics*, 37, 337 – 354.

[83] Shumway, T. (2001), 'Forecasting Bankruptcy More Accurately: a Simple Hazard Rate Model', *Journal of Business*, 74.

[84] Sims, C. A. (1980), 'Macroeconomics and Reality', *Econometrica*, 48, (1) 1 – 48.

[85] Sorge, M. and K. Virolainen (2006), 'A Comparative Analysis of Macro – stress Testing with Application to Finland', *Journal of Financial Stability*, 2, 113 – 151.

[86] Staikouras, S. K. (2006), 'Financial Intermediaries and Interest Rate Risk: II', *Financial Markets, Institutions and Instruments*, 15

(5), 225 - 72.

[87] Summer, M. (2007), 'Modelling Instability of Banking Systems and the Problem of Macro Stress Testing', *ECB Conference on Simulating Financial Instability*.

[88] Tsomocos, D. P. (2003a), 'Equilibrium Analysis, Banking and Financial Instability', *Journal of Mathematical Economics*, 39 (5 - 6), 619 - 55.

[89] Tsomocos, D. P. (2003b), 'Equilibrium Analysis, Banking, Contagion and Financial Fragility', *Bank of England Working Paper*, 175.

[90] Tsomocos, D. P. and L. Zicchino (2005), 'On Modelling Endogenous Default', *Financial Markets Group Discussion Paper*, 548.

[91] Upper, C. (2007), 'Using Counterfactual Simulations to Assess the Danger of Contagion in Interbank Markets', *BIS Working Paper*, 234.

[92] Van den End, W., M. Hoeberrichts and M. Tabbae (2006), 'Modelling Scenario Analysis and Macro Stress - testing', De Nederlandsche Bank (*DNB*) *Working Paper*, 119.

[93] Vayanos, D. (2004), *Flight to Quality*, *Flight to Liquidity*, *and the Pricing of Risk*, mimeo.

[94] Wilson, T. C. (1997a), 'Portfolio Credit Risk (I)', Risk, September. (1997b), 'Portfolio Credit Risk (II)', *Risk*, October.

第 4 章 情景设计和检验

矶贝隆

(Takashi Isogai)*

* 本章观点仅代表作者观点，并非日本银行的观点。

4.1 导论

第2章“宏观压力测试”的内容中已描述过主要风险的识别和压力情景建立中对冲击的检验。上文已提到，压力事件的选择常常是基于分析师的自行评估。包括历史的、假设的和恶化的情景检验方法的利弊都已加以讨论，且也已经提出了压力情景的可信性问题。

在本章中，关于可信性问题的讨论将会涉及更多细节，明确压力测试的目标和介绍用于建立极端但可能发生压力情景实务的和技术的方法。本章将介绍定义“什么是‘可信的’压力情景”的困难之处，并介绍一种用于检验的客观性方法。

进行压力测试时，情景建立和测试设计中一定程度的客观性是必要的，以便对测试结果进行建设性讨论。从这个角度看，压力测试中极端但可信的情景检验是非常重要的。然而，目前还没有一种评估压力情景可信性的测算或解释。如果现在硬要找到某种公认的定义，那么“极端但可信的情景”的标准似乎是依赖于风险经理的判断。从该意义上讲，关于可信性问题的实务性解决办法的讨论可能会给进一步探索提供一些直觉或暗示。以下的讨论主要集中于公司层面的压力测试，但也可适用于各国当局实施的宏观压力测试。

4.2 压力测试的客观性和可信性

在任何种类的情景中（历史的、假设的或两者混合的），情景选择主观上是基于它的性质，特别是在选择风险因素和决定冲击的严重性时。然而，客观性是评估一个压力测试和结果的实质性标准。

缺乏客观性的压力测试得不到有价值的信息。在这部分，首先要讨论压力测试的客观性，其次从情景检验的角度讨论极端但可信的压力情景，最后，介绍一些有助于建立极端但可信情景的实用原则。

4.2.1 什么是压力测试的客观性?

在险价值作为一种标准的风险监督工具广泛应用于市场和信贷投资组合。压力测试作为一个辅助性的工具使用于投资组合的风险管理中，目的是提供超出 VaR 获取范围之外的风险信息。压力测试在提示银行管理者未意识到的潜在风险时也能起到很重要的作用，它能作为未预期到的风险实体化的警示标志。人们常常提到 VaR 方法有某些严重的缺点，VaR 需要估计收益率分布的尾部极值，然而对极端观察的数量却往往不足。缺乏极端的数据可能使得估计不可靠。但是，这些极端事件在风险管理中非常重要。压力测试有望集中于那些极端压力事件的研究。

应当指出，要使压力测试成为风险管理中的一个有用的辅助工具，还需要满足一些条件。最重要的是，在任何类型的压力测试中都应当建立良好的客观性。压力测试作为个体金融机构的风险管理工具预计会激起风险管理者和银行管理者，以及银行和监管者之间关于风险控制的不同讨论。不论在微观还是宏观的压力测试中，客观性都是评估测试和结果的实质性标准。目前有两种压力测试的客观性：一种是模型的客观性，另一种是所考虑的冲击大小的客观性。

第一种客观性相对容易理解；它解释了模型是如何建立的以及模型的背景。第二种客观性由于有限的共识而更难建立。即使一家银行成功地建立了一个完美的模型测量市场或信贷风险，这也不足以建立压力测试的客观性。应适当选取压力测试中假设的一组风险因素；冲击的大小应仔细检验以建立极端但可信的压力情景。由监管机构执行的宏观压力测试也同样如此，其中会常常使用计量经济的方法。

4.2.2 压力情景的程度应该有多严重?

在 VaR 估计中，首先需要确定置信区间。置信水平（如99%或更高）则取决于机构的风险偏好以及经济资本的量。类似地，需要在压力测试开始时确定冲击的大小，即情景的严重性。宏观压力测试中，在任何计量经济模型中设置初始冲击时，也存在同样的问题。压力测试的结果在很大程度上依赖于初始设置，因而应当仔细考察冲击的大小。在情景建立中常常用到的关键词是极端但可信。然而，如第2章中所提到的，很难建立一个清晰的可信性标准或识别一个可确认压力情景可信性的阈值水平，因而，选择情景不可避免地要依赖于风险管理者或银行高管的自行评估。

这种主观性是压力测试的一个重大缺陷。例如，在压力测试中故意选择不太严重的情景就不会得到很不利的结果，而这里也没有具体情景选择的标准。这种操作将没有意义，甚至是有害的，因为它造成了银行风险的错误理解。如果没有清楚地理解冲击的规模以及压力情景发生的可能性，将很难得到任何有用的信息。尽管目前没有在适当的水平下设置冲击大小或压力严重性的一般规则或指导，但应该在具体化压力情景时使用一些客观标准，在解释压力测试结果时将这些标准加以考虑。在这个意义上，如果能将一个概率分配于一个压力情景，那它将有助于风险管理者和银行高管评估压力情景和结果。

在本章中，表示压力情景概率最常用的衡量方法是“n 年发生一次”。压力测试中，“一百/千年发生一次”的压力情景表示这一事件是极端的但仍然是可以想象的。这种测算方法给不同压力情景设置不同的发生概率，这似乎是客观的，但它仍未解决如何设置概率水平的基本问题。换言之，即“n 年发生一次”方法应仔细考察以便知道 n 年是如何计算的。否则，这种方法可能会导致严重误导。也应当指出，基于历史时间序列的事件实际频率很难知道，因为这对很多风险因素而言是无法得到如此长的时间序列数据的。“n 年发生一次”方法潜在的问题将在 4. 3. 1 节中加以更详细地讨论。

4. 3. 2 节将提到的一些高级统计方法可能对定义压力情景的可信性有帮助。但这些方法也存在潜在的问题。例如，在许多统计方法中，参数是由历史数据估计的，这种参数化方法和 VaR 方法有相同的问题。它们在本质上大致是“向后看的”。这些统计方法的另一个问题是它们都基于某种参数假设，例如“风险因素服从正态分布”，这经常用于建立市场和信贷风险模型，尽管这种假设总是不确定。另外，应该指出，这些模型一般假设未来可能的经济结构不发生变化。

考虑到这些问题，我们需要找到解决压力测试客观性问题的实际办法。

4. 2. 3 建立可信情景的实用原则

在这一部分，我们提到了一些可用于指导情景可信性判断的实用原则。需要指出的是可信性与压力情景的定性和定量方面都有关系。定性需求是对风险因素的一个合理选择，定量需求是对要考虑的压力程度进行微调。在本节中，需要考虑以下观点：这些原则主要用于金融机构的压力测试，但其观念对国家层面的宏观压力测试也是适用的。

一、严重性水平的范围

由于在同一机构里对风险感受的主观性不同，我们很难准确确定压力情景的严重程度；风险管理者，银行高管和监管机构之间可能存在很大差异[①]。例如，一个对于风险管理者而言是极端但可信的情景，银行高管就不一定有同样的看法，因为风险感受很大程度上依赖于自己的主观判断。一个简单且非常实用的解决办法是在相同的风险模型里用不同程度严重性的情景进行多次压力测试。从一组相同类型但严重程度不同的情景中可以为每个人发现一个极端但可信的情景，尽管不匹配。如果要讨论风险承受力则可以从这种感受的差异上进一步提出。尽管这不是基本的解决办法，但建立情景时应总是考虑到相同类型压力情景下严重性水平的范围。银行高管最好能加入到这种建立情景的过程中，这使其能与风险管理者进行更紧密的交流。

二、与压力测试目标保持一致性

一个压力情景需要根据测试的使用方法进行评估。压力测试的应用没有特定的方法。然而，压力情景需要根据测试的使用方法进行设计，以使得到的信息有足够的意义。例如，如果集中对一个具体行业的贷款组合考察，那么就需要合适地选择影响该行业的风险因素并对其进行压力测试。

三、在压力情景中考虑风险因素足够的覆盖面

如果在压力测试的一个风险模型中，一个情景与多个风险因素相关，那么所有的相关因素都应包括在这个压力情景中。在情景建立中，风险因素的选择一般是主观的并且基于专家的判断，然而，

---

① 关于压力情景的严重性，英国金融服务监管局（FSA）（2006）有以下陈述："在我们访问的一些公司里，我们让公司范围的压力事件有多温和这一问题困住了。根据我们审查的证据，少数公司正试图找出如需要削减股息，产生年度损失，或导致资本需求短缺的事件，而这些事件仍然是可信的。"

应仔细考虑多个风险因素之间的不同联系[①]。本章中，风险因素之间的相关性是要解决的一个问题，尽管讨论在一个压力期间的风险因素之间的关系是高度技术性的。这些关系不一定和正常条件下一样[②]。压力测试的一个明显优点是可以自由地设定相关性。

四、充分考虑模型的技术性限制和风险管理中使用的数据

压力测试是用做投资组合风险管理的一个辅助工具。一般地，任何模型在一定程度上都存在技术问题，而且该模型需使用的数据也会有一定的限制。分析师应该全面理解该模型和数据的特点和缺点，并且建立压力情景以提供不能由常规风险管理工具获取的隐藏风险信息。虽然不能如此使用该模型进行压力测试，但可以在假设的压力情景中采用没有被纳入模型的风险因素。

五、单个投资组合之间的相关性和银行管理的效果

分析师需要从成千上万种可能选择中选择压力情景，这些选择中许多风险因素与多种程度的严重性相联系。金融机构的市场或信贷组合相关的压力情景是很重要的，应给予关注。例如特定行业的风险暴露、信贷工具的种类和相关性的结构[③]。因而，压力情景在各金融机构间不必同样详细。压力测试应该在银行高管评估一个极端事件的影响和根据其风险偏好做任何决定时，提供足够的信息。在这方面，关于银行管理的压力测试效果可以作为压力测试可信性的

---

① Bonti 等人（2006）提出了一个在多因素信贷组合模型中执行压力测试的框架，在框架中对少数关键的系统因素施压，并通过与施压因素的相关性影响其他系统因素。这种方法的目的是通过风险因素分布的截断对部门集中施压，但从情景建立的角度，讨论系统因素的联合分布和依赖结构是有意义的。

② 见第 5 章。

③ 在国家监管部门执行的宏观压力测试中，情景说明能反映出金融行业的总的状况和宏观经济状况。

一个非数量指标。

六、前瞻性情景建设

虽然历史情景具有良好的客观性和可信性，但它作为一个辅助工具而不能为 VaR 分析师提供更多有附加价值的信息，因为它不包括未经历事件的可能性。因而，即使在情景建立中采用了历史数据，压力情景中还应包括某些前瞻性方面。

七、与经济状况一致

情景构建中另一个需要解决的问题是保持现阶段和将来经济状况的一致性。如果情景是无法从目前经济状况作出假设，压力测试的结果也将不可想象。这似乎看起来是反常的，因为压力测试的目标就是“极端的”情景，这原本就与目前的经济状况相去甚远。然而，重要的是情景要集中于一个非常宽泛的可能性上的合理的（逻辑上可以想象的）经济发展方向。

4.3　关于压力情景可信性的技术讨论

如前面提到的，数量标准对一个“极端但可信的”风险是有益的，即压力情景中假设的冲击的严重性。在这方面，最常使用的标准是“n 年发生一次”的测算方法，这一方法可以为压力情景分配概率，作为一个特定统计分布的百分位。虽然这一方法直接且在比较多情景的严重性时有用，但在情景建立中应小心使用这种测算方法。

4.3.1　“n 年发生一次”衡量方法的潜在问题

“n 年发生一次”经常出现在压力情景的构建中，通常用它表达一个极端事件的严重性。一个事件的频率被认为是相应风险的阈值水平。这种概率衡量是基于风险因素统计分布特定的参数假设，同时它假设经济结构没有任何重大的改变。

在很多情况下，对于风险管理和压力测试，风险因素假设服从正态分布；参数由样本数据估计并得出压力事件的百分位值。使用正态分布进行估计十分有用，因为它易应用于很多情况。然而，这种假设并不会总是适合的。假设具有厚尾特征的非正态分布可能导致更高的概率，如“五十年或三十年一次”，这会导致压力事件风险的低估。问题明显不是出自“n 年一次”的概率衡量方法，而是出自风险因素分布的参数假设。同样存在一个类似的尾部问题，如基于历史数据的 VaR 风险测度。在许多市场和信贷风险模型（单因素或多因素）中，每个风险因素常常假设服从正态分布，当模型的基本逻辑依赖于正态分布时很难改变这一假设。应更仔细考察数据以观察其正态分布逼近是否合适，因为压力测试更注重尾部效应，即对风险因素的“极端”值的考察[①]。

4.3.2 情景检验的高级方法

目前还没有很好的方法解决压力情景可信性问题和提出可信性客观标准的新观点。在第 2 章中 Breuer 和 Krenn（1999，2001）提出了一种在多因素模型中明确测量压力情景可信性的方法。他们提出一个合理的方法寻找“最糟糕的压力情景”，这一情景衡量给定可信度下特定投资组合的最大损失，并最大化压力情景的严重性。

---

① 在用正态分布拟合样本数据时，我们可以利用中心极限定理：如果样本数据足够多，样本均值的分布可由正态分布逼近而不管其母体的分布。如果所有的样本数据都用于拟合，那么分布对中央观察值拟合的最好，因为大多数观察值位于中央。因而，极端观察值可能不适合这种分布的估计。

在用于压力测试的“最坏情景”中，某个时间范围内最大负面冲击与许多风险因素相联系；然而，这种方法倾向于忽略风险因素和难以置信的收益情景之间的相关性。为了克服这一问题，Breuer 和 Krenn 采取了多风险因素的联合分布，并在给定的阈值上用算法搜索了导致更大损失的一组因素的变化。他们将压力情景定义为多个风险因素从当前状况到压力状况的同时相对变化，然后计算当前和压力状况之间的距离，在风险因素的多变量分布假设下，这就被转换为一个数值的可信性。在 Breuer 等人的研究（2008）中，他们提出了用马氏距离衡量压力情景的可信性①。这种方法保证了不会漏掉不利的情景，它不分析太不可信的情景并允许识别关键风险因素的具体投资组合（Breuer 等人，2008）。

马氏距离法虽然存在局限性，但它似乎加强了压力情景的客观性。其局限在于它假设多风险因素服从椭圆分布。椭圆分布不仅包括正态分布，也包括 t 分布及其他分布。用椭圆分布建立风险模型有很好的统计特性。但它可能不太适用于非椭圆分布的风险因素。这种分布假设比正态分布的限制更少，但在单个风险因素的性质满足这种假设的情况下，还应该对其仔细考察。

另一种针对潜在风险因素分布“厚尾”特性的系统情景建立方法是基于极值理论（EVT）的方法。这种方法可以估计历史数据分布的极端分位数。CGFS（2005）和 MAS（2003）描述了这一理论的性质和在市场风险压力测试的框架中可能的应用：“对于市场风险而言，VaR 方法，特别是那些使用方差—协方差的方法，可以很好地用正态分布描述投资组合变化的概率分布。然而，我们发现实际的收益分布显示出比正态分布更大程度的极值事件。这就是实际分布有厚尾的原因。极端理论是针对厚尾建模的理论。”（MAS，2003）

---

① 马氏距离基于两组风险因素之间的相关性。它也可以定义为有一个协方差矩阵的两组相同分布的差异性。关于这一方法的更多细节见 Breuer 等人（2008）。

正如前面提到的，极值理论可以处理非正态条件下的“厚尾”问题。它已经应用于现有 VaR 方法的扩展中，因为它有助于对高度非常规事件的评估[①]。这一理论能在给定条件下分辨极值的渐近分布，而不管其原始分布如何。更精确地，极值的渐近分布收敛于一般极值分布（GEV）[②]。这与中心极限定理类似，但应用于所观察的极端值。这一理论也能用于估计超过超高阈值的条件分布[③]。这在处理 VaR 估计和压力情景检验时，对这种超出值行为的建模是有用的。在这种情况下，超阈值的渐近分布叫做一般帕累托分布（GPD）[④]。

这里很重要的一点是极值理论不需要任何参数假设，即关于总体样本的正态假设。极值理论使得我们只需集中对样本历史数据的尾部分布进行分析，主要是估计其极端分位数，也可以估计尾部分布中从未出现过的极端事件的概率。极值理论的这些性质适合压力情景，因为在压力测试中不必估计风险因素密度分布的整个数据。

但应当指出，极值理论不是最终的解决办法，即使使用基于极值理论的方法进行情景检验仍然存在所需条件较多和极端数据缺乏的主要问题。在将这一理论应用于多维分布问题时，如果考虑到一个压力情景的多个风险因素的相关性，事情会变得更加复杂[⑤]。另外，极值理论以及其他统计方法都存在一个重大缺陷，即风险因素可能不会表现得和过去一样。而这些方法都假设在整个时期不会有结构性的改变。

---

① Longin（1999）开发出一个基于 EVT 的 VaR 模型用于市场风险管理。McNeil（1999），McNeil 和 Frey（2000）也讨论了 EVT 在风险管理中的应用。

② n 维序列的各个最大值，即 n 天或 n 年，是适合用 GEV 估计分布的参数的。这一模型叫做 block maxima，或 BM。

③ 这一模型叫做 peak over threshold（超阈值模型），或 POT。

④ GEV 和 GPD 分布有紧密的联系：两种渐近分布有同样的形状参数，这决定总体样本分布的形状或尾部厚度。

⑤ 更多细节见 McNeil 等人（2005）。

4.4　结论

对于有效的压力测试，客观性和可信性是很重要的。然而，目前却没有识别可信的和合理的情景的一般指导方法。在情景检验中，很难建立一个清晰的可信性的标准或识别可确认压力情景是否可信的阈值水平。高级统计方法可能会有帮助，但很多方法仍然处于试验阶段。就目前情况来看，在解决这一问题时，不要采取太常规的办法。

未来的发展可能是提出一些实用的原则作为建立可信的和合理的压力情景的引导。最重要的是，在建立一个反映个人主观判断的并覆盖不同风险偏好的情景时，应总是考虑相同风险因素在不同程度下的多个压力情景。风险管理者和银行高管之间最好进行紧密的交流并共享一个压力情景可信性的观点。本章提出了许多观点都与压力测试相关，包括注重风险模型和数据的技术局限，以及建立前瞻性的情景。关于可信性问题的实用解决办法和技术问题的进一步讨论研究都会在加强压力测试作为投资组合风险管理的一个辅助工具提供某些线索。

参考文献

[1] Aragones, J. R., C. Blanco and K. Dowd (2001) 'Incorporating Stress Tests into Market Risk Modelling', *Derivatives Quarterly*, 7, 3.

[2] Bonti, G., M. Kalkbrener, C. Lotz and G. Stahl (2006), 'Credit Risk Concentrations under Stress', *Journal of Credit Risk*, 3.

[3] Breuer, T. and G. Krenn (1999), *Stress Testing Guidelines on Market*

Risk, 5, Oesterreichische Nationalbank (OeNB).

[4] (2001), 'What is a Plausible Stress Scenario?', *Computational Intelligence: Methods and Applications*, January, 215 – 221.

[5] Breuer, T., M. Jandacka, K. Rheinberger and M. Summer (2008), *Inter – risk Diversification Effects of Integrated Market and Credit Risk Analysis*, OeNB, mimeo.

[6] Čihák, M. (2000), 'Stress Testing: a Review of Key Concepts', *CNB International Research and Policy Note*, April.

[7] Coles, S. (2001), *An Introduction to Statistical Modelling of Extreme Values*, Springer – Verlag.

[8] Committee on the Global Financial System (CGFS) (2000), *Stress Testing by Large Financial Institutions: Current Practice and Aggregation Issues*, CGFS.

[9] (2005), *Stress Testing at Major Financial Institutions: Survey Results and Practice*, CGFS.

[10] Embrechts, P., C. Klüppelberg and T. Mikosch (1997), *Modelling Extreme Events for Insurance and Finance*, Springer – Verlag.

[11] Kupiec, P. H. (1998), 'Stress Testing in a Value at Risk Framework', *Journal of Derivatives*, Autumn.

[12] (2000), 'Stress Test and Risk Capital', *Journal of Risk*, Summer.

[13] Longin, F. (1999), 'Stress Testing: a Method Based on Extreme Value Theory', *BSI Gamma Foundation Working Paper*.

[14] MAS (2003), 'Technical Paper on Credit Stress – Testing', *MAS Information Paper*, 1.

[15] McNeil, A. J. (1999), *Extreme Value Theory for Risk Managers*, Risk Books.

[16] McNeil, A. J. and R. Frey (2000), 'Estimation of Tail – Related Risk Measures for Heteroscedastic Financial Time Series: an Extreme

Value Approach', *Journal of Empirical Finance*, 7.

[17] McNeil, A. J., R. Frey and P. Embrechts (2005), *Quantitative Risk Management*, Princeton University Press.

[18] Pritsker, M. (1997), 'Evaluating Value at Risk Methodologies: Accuracy versus Computational Time', *Journal of Financial Services Research*, 12.

[19] Sorge, M. (2004), 'Stress Testing Financial Systems: an Overview of Current Methodologies', *BIS Working Paper*, 165.

[20] UK Financial Services Authority (FSA) (2005), 'Stress Testing', *Discussion Paper*, 2, May.

(2006), *Stress Testing Thematic Review*, letter to chief executives at ten large banking firms, October.

第 5 章 风险加总和经济资本

文森佐·托拉

(Vincenzo Tola)*

* 本章观点仅代表作者观点，并非意大利银行的观点。

5.1　导论

风险加总是压力测试研究的主要挑战之一。在宏观压力测试和银行风险管理操作之间关系清晰的情况下，特别是用自下而上的方式进行银行压力测试时，风险加总也是一个主要的研究课题。

近年来，银行更加强调以机构整体范围为基础的风险管理，同时致力于通过定量风险模型加总不同类型的风险（巴塞尔银行监管委员会，2003）。这一趋势受到监管操作的影响，同时也影响着监管操作。风险加总技术的发展也使得精细的、宏观经济的压力测试在方法论上有了重大的进步，并为评估各种风险的综合影响提供测算工具。

确实，更加精细的风险管理方式能更好地测算和控制风险，但更重要的是它能使我们更进一步理解各种风险之间的联系。一个综合的风险管理系统能更好地估算整体的风险，并有助于研究风险加总的有效测算，例如经济资本的测算。

风险加总是将不同类型的风险合并到一个度量单位下的过程。它是评估经济资本的一个前期步骤。经济资本是银行股东必须存入银行的资本，这一资本应在一个具体的时间范围内，将银行的违约概率限制在给定的置信水平。从这个角度看，经济资本是理解银行及度量整体风险的一个关键工具，它还能促进银行重视资本的充足率并偏向价值管理（McNeil 等人，2005）。因而，经济资本代表了银行为应付所有的、全面的风险应持有的资本量。对经济资本进行压力测试能使具体的机构和整个银行体系更注重资本的充足率。

本章安排如下。5.2 节和 5.3 节介绍了一些基本定义并提供了关于金融风险加总主要工作的简要概述。5.4 节给出了连接（copula）函数的概述。5.5 节分为三个小节。在第一小节，我们集中讨论相关方法选择的问题，这是合理评估经济资本的前期步骤。特别地，我们还讨论了风险矩阵、时间范围和置信水平的选择。在第二小节，我们首先阐述了几种评估经济资本的简单方法，然后给出了一个经济资本模型的理论框架，这一模型使用了连接函数加总不同类型的风险。在第三小节，我们讨论了模拟分析的实验结果。特别讨论了经济资本对不同连接函数和边际分布的敏感性。5.6 节是本章结论。

5.2 基本定义

从方法论的角度看，风险加总问题是把不同风险类型的边际损失分布组合成联合分布。当各风险类型的分布差异较大时，问题会变得更复杂。事实上，市场风险的边际分布能一般近似地用高斯（Gaussian）分布估算，而信用风险和大多数操作风险则是具有更大偏度和峰度特征的损失分布。风险加总的另一个复杂性来源于随时间范围改变而变化的分布形状。例如，以日为单位测算金融回报率的经验分布时有尖峰特征，而以年度回报率计算时，其分布更接近于高斯分布。

对不同风险的相关结构建立模型是一个更加复杂的技术难题。事实上，一些风险类型的特征越容易描绘，风险越容易测算，那么就越不容易发现它们之间的关系。在这个意义上，目前对一个合理的综合风险管理系统的方法研究中存在的挑战就是如何处理相关性和依赖性的问题。

在椭圆分布的情形下，线性相关能自然且很好地测算风险之间的依赖性[①]。然而，在非椭圆分布的情形下，线性相关参数将没有意

① 椭圆分布是定量风险管理中应用最多的分布。它们支持作为风险衡量的在险价值模型，以及均值—方差模型运用于风险管理和投资组合最优化。详见 Embrechts 等人，2002。

义和作用，所以此时运用线性相关的方法将导致严重的错误。

虽然现代风险管理趋向于用相关性描述不同风险之间的依赖性，但信用风险和操作风险的经验损失分布形状表现出典型的偏度和峰度，这使得很多人没有信心应用线性相关（Embrechts 等人，2002）。

因为经济资本对不同风险类型之间依赖性的测算非常敏感，所以对不同风险类型之间的依赖性需要有更深刻的理解，这才能对其依赖性更好地评估。

在执行风险加总之前，银行必须定义一些参数的值。特别地，它们还必须对所有不同的风险类型选择一个共同的时间范围和置信水平。然后，银行选择风险加总的方法估算经济资本。好的经济资本评估依赖于参数估计的可靠性，这一问题将在5.5节简要讨论。

在风险加总时最大的挑战就是获取所有风险的同步分布，即决定所有风险的联合分布。在本章中，会区分两种能将边际风险分布组合成联合分布的方法。

第一种是一般被称为初级的方法。它的思想是几乎没有哪种风险因素会对各种风险类型有更大的影响。动态经济风险因素会通过不同非线性损失函数产生多种与不同风险类型相关的损失分布。风险因素的依赖结构可以由相关矩阵或连接函数描述。因而，各风险的边际损失分布就通过风险因素之间的关系间接联系起来了。

第二种是高级方法。在这一方法下，边际损失分布由单个独立的模型引申。这些模型是为每个风险类型单独建立的。边际损失通过连接函数或相关矩阵构成一个联合分布。

在本章将会展示如何通过一个连接函数加总边际损失分布以及如何评估经济资本。这一技术被编入高级风险加总方法的框架中，它逐渐成为银行业里最好的操作技术。比较不同连接函数和边际分布形式的结果，显示出经济资本对两种因素选择上的敏感性。这一分析，特别是从监管机构的角度强调了重要的指示和警戒。

5.3 相关文献

最早在风险加总中使用初级加总方法的文献是由 Alexander 和 Pezier（2003）合著。作者在文中介绍了一种基于风险因素模型的风险加总方法，以表征市场风险和信用风险的联合分布。他们将利润和损失分布的不同业务单位结合，通过一个线性回归模型形成六个共同因子。这些风险因子由高斯多变量分布建模，并使用了尾部相关性。每一组相关的贴现都分配权重，每个风险因子都有相应的 β 值，然后加总得到总利润和总损失的贴现。

然而，大多数文献在风险加总时都采用高级方法。Kuritzkes 等人（2003）将风险加总的问题放入一个包括银行业和保险业的金融集团的环境中考察。这些作者对风险加总提出了一个连续三个阶段的方法。首先，使用一个单风险因素模型加总所有风险；其次，加总单一业务部门中不同风险因素的风险；最后，加总不同业务部门中不同风险因素的风险。整体经济资本的加总假设所有风险都是正态联合分布。评估经济资本使用的是马克维兹的方差—协方差公式。

Ward 和 Lee（2002）使用高斯连接函数加总不同风险，以决定经济资本。有些边际分布是分析计算得到的（信用风险假设服从 β 分布），而有些则通过模拟得到（人寿保险中的道德风险）。

Rosenberg 和 Schuermann（2006）使用 t – copula 函数和经验边际分布的方法将市场、信用和操作风险加总为一个整体风险分布。将这一技术与简单加总不同风险和多变量高斯联合模型相比较，他们发现，简单相加的方法高估的风险超过 40%，而用高斯方法却低估了同样程度的风险。

Aas 等人（2005）通过为每个风险类型以及它们之间的关系建立子模型，开发出一个整体风险的模型。在他们的框架中，他们使用初级风险加总方法联合市场、所有权和信用风险，使用高级方法将操作和业务风险与其他风险联合起来。首先，他们以日为单位描述影响市场和所有权风险的风险因素。这里他们使用了多变量连续条件相关性的 GARCH（1，1）模型，以及使用了 t 分布作为市场和所有权风险因素的条件分布[①]。因而，他们在描述信用风险因素和市场、所有权风险因素之间的依赖结构时用的是年度单位。其次，用对数正态分布对操作风险和业务风险建模，并用损失分布函数将它们与其他风险结合。

5.4 连接函数

连接函数（Copula）[②] 是一种统计工具。它能帮助我们对依赖性有更深层的理解。连接函数是由 Sklar（1959）在20世纪50年代末提出的，现在已被广泛应用于风险管理领域。[③] 连接函数的基本思想是风险类型中随机变量的每一个联合分布都暗含两种信息，一是风险类型各自的边际分布，二是它们之间的依赖结构。连接函数允许分开描述依赖结构。因而，copula，意为“连结”，连结各边际分布形成一个联合分布。依赖关系完全由连接函数决定，而比例和形状则由边际分布决定。

Sklar 的理论的思想如下：

---

① 所有权风险只与人寿保险公司中金融资产的负相运动有关。

② 译者注：亦译为耦合函数。

③ 连接函数的完整论述参考 Nelsen，1999。连接函数在风险管理中的典型应用包括违约相关性建模（参见如 Frey 等人，2001），信用衍生品定价（参见如 Gherubini 等人，2004）和不同风险类型间依赖结构描述。

令 $X=(x_1, \cdots, x_n)$ 为一个 n 维随机向量，令 F 为一个联合分布函数，且 F 有连续边际分布 $F_1, \cdots, F_n$。那么，将存在一个唯一的连接函数 $C:[0,1]^n \to [0,1]$，使得

$$F(x_1, \cdots, x_n) = C(F_1(x_1), \cdots, F_n(x_n)) \quad (1)$$

反之，如果 C 是一个连接函数且 $F_1, \cdots, F_n$ 是分布函数，那么式（1）中的 F 函数就是一个联合分布函数，并有边际分布 $F_1, \cdots, F_n$。

通过算式

$$C(u_1, \cdots, u_2) = F(F_1^{-1}(u_1), \cdots, F_n^{-1}(u_n)) \quad (2)$$

我们能从多变量分布函数 F 中提取出连接 C 函数，其中，F 有连续边际分布 $F_1, \cdots, F_n$。$u_i \in [0,1]$，且 $F_1^{-1}(u_1), \cdots, F_n^{-1}(u_n)$ 是 $F_1, \cdots, F_n$ 的反函数。我们称 C 为 F 的连接函数，或为任何有分布函数 F 形式的随机向量的连接函数。

5.4.1 高斯连接函数

如果 X 满足多变量标准正态分布，相关矩阵为 R，那么 X 的连接函数称为高斯连接函数，可表示为：

$$C_R^{Ga}(u_1, \cdots, u_n) = \Phi_R(\phi^{-1}(u_1), \cdots, \phi^{-1}(u_n)) \quad (3)$$

其中 Φ_R 为 X 的联合分布函数，R 是矩阵 X 的线性相关矩阵，ϕ 是单变量标准正态分布函数。当 $n=2$ 时，表达式（3）变形为：

$$C_R^{Ga}(u_1, u_2) = \int_{-\infty}^{\phi^{-1}(u_1)} \int_{-\infty}^{\phi^{-1}(u_2)} \frac{1}{2\pi(1-R_{12}^2)^{1/2}} e^{\left\{-\frac{(s^2-2R_{12}st+t^2)}{2(1-R_{12}^2)}\right\}} ds dt \quad (4)$$

高斯连接函数在两端尾部渐进独立。这意味着无论我们选择哪种水平的相关性，接近尾部的极端事件将会在每个边际函数上独立地发生。

5.4.2 t 连接函数

t 连接函数代表多变量 t 分布中的依赖结构。t 连接函数在概念上与高斯连接函数很相似。然而，相对于高斯连接函数，t 连接函数能更好地捕捉相关极端值现象。金融数据中常会观察到极端值的情况（见 Demarta 和 McNeil，2005）。一个 n 维随机向量 X 满足多变量 t 分布，自由度为 ν，均值向量为 μ，协方差矩阵为 $\frac{\nu}{\nu-2}\sum$（$\nu>2$，$\sum$ 为正定方差矩阵），可以表达为：

$$X \overset{d}{=} \mu + \sqrt{W}Z \tag{5}$$

其中 $\mu \in R^n$，$Z \sim N_n(0,\sum)$，W 和 Z 相互独立，且满足 $\nu/W \sim \chi_\nu^{\ 2}$。自由度为 ν 的随机向量 X 的 t 连接函数可以表达如下：

$$C_{\nu,R}^t(u_1,\cdots,u_n) = t_{\nu,R}(t_\nu^{-1}(u_1),\cdots,t_\nu^{-1}(u_n)) \tag{6}$$

其中 R 是由方差矩阵 $\sum$ 计算得到的相关矩阵，如 $R_{ij} = \frac{\sum_{ij}}{\sqrt{\sum_{ii}\sum_{jj}}}$，$t_{\nu,R}$ 是向量 X 的联合分布函数，且 t_ν^{-1} 表示标准单变量 t_ν 分布的分位点函数。

当 $n=2$ 时，式（6）变为：

$$C_{\nu,R}^t(u_1,u_2) = \int_{-\infty}^{t_\nu^{-1}(u_1)}\int_{-\infty}^{t_\nu^{-1}(u_2)} \frac{1}{2\pi(1-R_{12}^2)^{1/2}} \left\{1+\frac{(s^2-2R_{12}st+t^2)}{\nu(1-R_{12}^2)}2\right\}^{-(\nu+2)/2} dsdt \tag{7}$$

双变量 t 分布的连接函数显示出上下尾部渐近依赖性。依赖性随着相关性的升高而增加，随自由度的上升而减小（详见 Demarta 和

McNeil，2005）。

5.4.3 Meta－t 分布

如上所述，给出一个 t 连接函数，$C^t_{\nu,R}$，对于一个 n 维随机变量 X，X 满足单变量 t 边际分布，有相同的自由度 ν，由 Sklar 的理论知它将服从由自由度为 ν 的 t 分布推出的多变量联合分布。另外，如果我们使用 t 连接函数联合任何其他的单变量分布函数集合，我们将得到一个多变量联合分布函数，即 $meta-t_\nu$ 分布（详见 Demarta 和 McNeil，2005）。例如，当 F_1，…，F_n 为单变量标准正态分布，连接函数为一个 t 连接函数，$C^t_{\nu,R}$ 时，就可以得到一个 $meta-t_\nu$ 分布。

5.5 经济资本模型中的连接函数应用

5.5.1 风险测量

经济资本的概念与联合损失分布的概念紧密联系在一起。全面经济资本评估的一个准备步骤是将边际风险分布一致加总，构成一个联合分布。一致风险加总和优的经济资本评估需要银行定义合适的：风险度量体系、时间范围和风险偏好。

对于风险度量体系，用它强调敏感性测度，像债券投资组合的久期和衍生品投资组合的希腊字母值，在评估资本充足率时用处不大是合适的。事实上，这些典型的以衍生形式出现的敏感性测度是能够鉴定在给定某个相关风险因素变动时投资组合价值的变化。除此之外，敏感性测度在风险加总中却会产生很多问题（详见 McNeil

等人，2005）。

近年来，基于损失分布的新的风险测度在学术界和从业者中流行起来。这些风险度量体系是从损失分布中得出的统计量。例如期望损失、损失分布的标准差、VaR 和期望差额。因为损失估计是风险管理和压力测试的主要目标，所以自然地要把风险测度建立在损失分布之上。事实上，损失分布能反映重要的经济现象，如净额结算和分散化投资效应。此外，损失分布还能在不同风险类型之间比较。甚至，基于损失分布的测度能容易地用于经济资本框架的压力测试。因此，基于损失的风险测度频繁地用于经济资本评估。在不同的统计量中，风险管理者和监管者特别注意损失分布的尾部，因为这与最高的损失水平相联系。因此，基于损失分布尾部的风险测度的 VaR 和期望损失，更受偏爱。

学术界和风险管理者对一个合理的风险测度应满足什么样的属性意见是一致的。这样的属性集合由 Artzner 等人（1999）在一致性定理中给出。利用经济推理，作者把风险测度称为是一致的，如果它是单调的，正齐次的，平移不变的和次可加的。

然而可以证明，在椭圆分布（例如高斯分布和 t 分布）的情况下，VaR 是一致性风险测度，但这不能在一般意义上成立，因为 VaR 不满足次可加性。特别地，在高偏度和尖峰厚尾的分布情况下，次可加定理在很高概率上不能满足（McNeil 等人，2005 和 Embrechts 等人，2002）。直观上看，VaR 的非次可加性意味着给定两个边际损失分布，加总的损失分布的 VaR 不一定比两个边际分布的简单相加的 VaR 低，这与组合投资所应有的分散化收益的经济思想矛盾。换言之，不同风险类型加总的 VaR 不一定能得到银行整体风险的边界。VaR 的另一个缺陷是不能给出关于压力损失的严重性的信息。相反，预期损失没有这样的缺陷（Acerbi 和 Tasche，2002）。因此，使用预期损失应是更受欢迎的一个风险测度。

就时间范围而言，所有的边际分布必须重新调整到以年度为基准，因为经济资本通常一年测量一次。

最后，银行还得决定置信水平，它是一个概率水平，低于这一水平，损失就不会超过银行承担风险的能力。这样的置信水平代表了银行的风险偏好，且与它们的违约概率有直接联系。银行选择的置信水平越高，它甘愿冒资不抵债风险的意愿就越低，从而，它的违约概率就越低。

5.5.2 理论框架

一旦选定参数，银行就可以评估它们的经济资本（ECAP）了。从方法论的角度看，决定经济资本的最简单的方法是将 n 个独立的经济资本的值直接相加：

$$ECAP_{\alpha}(L) = \sum_{i=1}^{n} ECAP_{\alpha}(L_i) \tag{8}$$

其中 L 代表总的损失分布，L_i 代表第 i 个风险类型的边际损失分布，α 是置信水平。

这种方法在加总的水平上容易高估所需要的资本值，因为它暗含了不同风险类型之间完全相关的假设。换句话说，这种方法假设最糟的情况对每种风险类型会同时发生，而忽略了分散化投资效应的可能性。

另一种考虑了分散化投资效应的方法，是基于马科维茨理论的方差—协方差方法，这种方法的主要优点在于计算经济资本时的简单性，计算方法如下面的闭型公式：

$$ECAP_{\alpha}(L) = \sqrt{\sum_{i,j=1}^{n} \rho_{ij} ECAP_{\alpha}(L_i) ECAP_{\alpha}(L_j)} \tag{9}$$

其中 ρ_{ij} 是风险类型 i 和 j 之间的相关系数。

然而，这种方法依赖于很强的假设条件，即假设不同风险之间的联合损失满足多变量正态分布并意味着单变量边际损失分布满足高斯分布。这些假设与经验证据不一致。经验证据表明边际损失分布与高斯分布相比有更厚的尾部，且其中一些有高偏度特征［如Mandelbrot，（1963）和Glasserman等人，（2002）对市场风险的研究成果；Crouhy等人，（2002）对信用风险的研究成果；Chernobai和Rachev，（2006）对操作风险的研究成果］[①]。这意味着如果我们通过多变量高斯分布对不同风险类型的联合行为进行建模，可能会低估实际的整体风险。

一个更一般的方法当然是基于连接函数的方法。风险管理中当单个风险因素的边际行为比它们的依赖结构更清楚时，连接函数尤其有用。为了得到一个多变量联合损失分布，边际分布将分别建模，并通过一个选定的连接函数将其联合起来。因为一般在连接函数方法中，对经济资本没有一个闭型的计算式，风险加总和相关经济资本的评估过程是利用模拟算法得以发展的。因而，银行需要生成很多种损失情景，以得到整体损失分布。每一种情景代表一个损失向量，这些向量与相关不同风险类型损失的联合出现相对应。为了生成一种情景，我们需要知道边际分布和描述不同风险类型间依赖结构的连接函数。下面，我们简要列出能用于从t连接分布中生成情景的算法[②]：

（1）使用一个给定的相关矩阵生成一个n维相关随机向量X；

（2）计算累积t_ν分布$T = t_\nu\left(X\sqrt{\dfrac{\nu}{\chi(\nu)}}\right)$；

（3）计算单个损失，即计算在T中边际分布的逆函数：

---

① 经验证据表明市场风险分布几乎是对称的，然而信用风险分布有很强的左偏特征，并且操作风险有更强的左偏特征。

② 使用高斯连接函数加总不同风险类型的算法与使用t连接函数的算法很相像。相关随机向量X一定得通过一个标准一元正态分布映射到同维数的变量上；最后，使用累积标准正态分布的反函数得出单个风险的损失。

$$L_i = t_\nu^{-1}(T_i);$$

（4）将边际损失加总得到情景损失：$L = \sum_{i=1}^{n} L_i$。

这一过程得出单个情景的整体损失。重复计算多次，就能得到一个整体模拟损失的概率密度函数 f_L。然后，我们用选定的风险度量函数 m 和置信区间 α 计算出经济资本：

$$ECAP = m_\alpha(f_L) \tag{10}$$

5.5.3 实验分析

如已经提到的，为了建立一个联合损失分布，我们需要知道各风险的边际分布和风险之间的相关性。此外，我们还需指定一个连接函数，对不同风险类型间的依赖结构建模。最常用的连接函数是高斯连接函数。然而，在近来的金融应用中，t 连接分布函数被大量使用，因为它能获得尾部依赖性（如 Frey 等人，2001；Demarta 和 McNeil，2005；Rosenberg 和 Shuermann，2006；Morone 等人，2007；Kole 等人，2007）。

接下来，计算当多元分布发生变化时一家商业银行的经济资本。我们使用三个属于椭圆分布类中分布（标准正态边际分布的高斯连接分布，自由度为 3 的 t 边际 t_3 连接分布，自由度为 20 的 t 边际 t_{20} 连接分布）和一个非椭圆的分布（正态标准边际分布 meta - t_3 连接分布）。在实验中，连接函数的选择不是基于统计拟合检验，如 Kolmogorov - Smirnov 和 Anderson - Darling 检验法，而只是由经济推理得到[①]。我们可以把高斯连接和 t_3 连接作为两个不错的基准：前者能用于非常理想的条件下变现损失的加总；后者能用于经济周期里

① 对各连接函数的拟合度进行统计检验的一个有趣的分布见 Kole 等人，2007。

非常紊乱的时期表现加总的损失[①]。而 t_{20} 连接在理性的情形和有压力的市场情形之间做出了合理的妥协[②]。最后，我们使用正态标准边际分布的 meta - t_3 连接分布函数，因为一些银行已经在使用这个模型了。

在解释经济资本这一结果之前，我们试图在几何意义上对它有一个简单直观的印象。我们将在平面上观察到前面四个选定的分布所产生的二元随机向量的不同形状：每一个分布含有十万个模拟数据的二元随机向量（X_1, X_2）显示在图 5.1 中[③]。

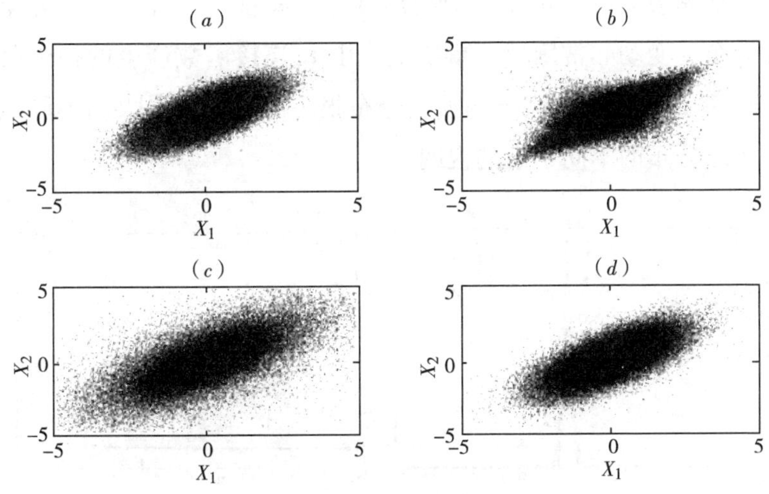

图 5.1　不同分布下二元随机向量模拟图

比较二元分布的形状，可观察到正态标准边际分布的 meta - t_3 连接分布［图 5.1（b)］能获得与高斯连接［图 5.1（a)］同样数量级的损失水平。然而，meta - t_3 连接模型更适合于对极端损失、多

① 可以把高斯分布看成是自由度 $\nu = \infty$ 时的 t 学生氏分布。

② T 学生氏分布的自由度增加时，它逐渐接近高斯分布。自由度为 20 的 t 分布是高斯分布的一个好的近似。

③ 线性相关系数设置为 0.7。

种损失同时发生的情况频繁发生的现象建模①。相反，边际分布有厚尾特征的联合分布［图5.1（c）（d）］能对不好的事件发生时更高的损失水平建模。

继续分析图5.1，用Morone等人（2007）中的数据作为输入数据进行模拟，确定由前面四个联合分布得出的经济资本的量②。

为了决定四种损失分布，我们模拟了十万次损失情景。在图5.2中，左侧图展示了所选择的四种模型的整体损失分布。图上表明，如果我们放松高斯模型的假设（包括连接函数和边际分布），采用t分布，整体损失概率密度函数会出现厚尾特征。此外，联合分布对边际分布的变动非常敏感。事实上，由t_3连接函数产生的损失分布与meta－t_3连接函数产生的损失分布很不相同。而最大的不同点仅在于边际分布的不同函数的说明。

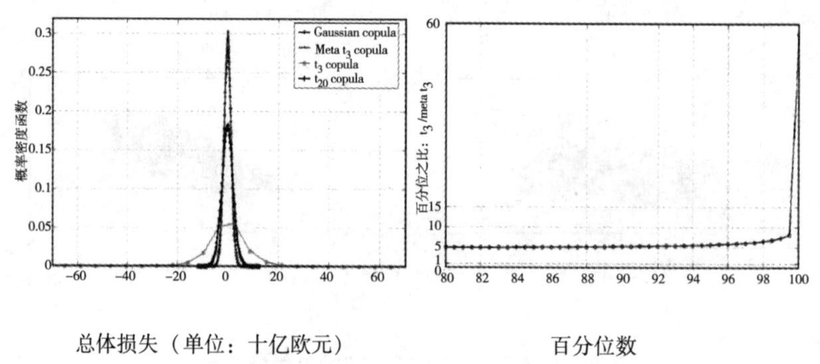

图5.2　不同损失密度概率函数的比较和t_3与meta－t_3连接百分位比率（从80到100）

① 事实上，如果我们把正态标准分布的meta－t_3连接函数应用于基于潜变量方法的信用风险模型，能观察到它比使用高斯连接函数更容易产生并发的极端值。

② 作者考虑了九种风险类型，它们分别属于信用风险（“良好贷款”和“违约贷款”），市场风险（“银行账”，“交易账”，“股本”和“财产”），操作风险（“业务”和“经营”）和“保险”。使用的相关矩阵式99%置信水平压力下的秩相关矩阵。因为相关矩阵不是半正定矩阵，为了符合这个弱相关矩阵我们使用了谱分解方法，详见Jäkel，2002。

上述现象在图5.2的右侧图中表现得更明显。图中，我们用点标出了 t_3 和 meta - t_3 的百分位比率（从80到100）。我们观察到，在最高的百分位上，比率曲线突然上升了。这意味着经济资本的价值有巨大的差别。特别是在损失分布的尾部终端。这里也是风险管理者和监管者特别注意的地方。

为了测试这些结果的稳健性，我们重复演示了Monte Carlo模拟，将十万次的情景分别对每个选定的连接模型重复了50次。我们计算了模拟实验中的一些风险测度：期望损失、分散化的VaR、未预期到的损失和期望差额。

对每个风险测度，我们计算了一些描述性的统计量。结果显示，尾部测度从高斯连接到 t_3 连接逐渐增加（表5.1）。这一结果并不令人惊讶。因为高斯连接没有提供尾部依赖性，所以不能获得导致联合损失的事件。

表5.1　蒙特卡洛模拟中计算的风险测度的描述性统计量

风险度量	最小值	最大值	中位数	均值	标准差
期望损失：Gaussian copula	-0.00722	0.01075	0.00029	0.00037	0.00423
期望损失：meta t3 copula	-0.00777	0.00964	-0.00101	0.00017	0.00386
期望损失：t3 copula	-0.08376	0.04118	-0.00760	-0.01047	0.02956
期望损失：t20 copula	-0.01484	0.01325	0.00005	0.00053	0.00583
分散化的VaR：Gaussian copula	4.70646	5.00423	4.85775	4.85813	0.05597
分散化的VaR：meta t3 copula	5.26092	5.63828	5.47573	5.47373	0.08699
分散化的VaR：t3 copula	69.56372	87.65576	77.91633	77.99309	4.30492
分散化的VaR：t20 copula	8.30686	8.87062	8.58379	8.57384	0.13338
未预期到的损失：Gaussian copula	4.70338	5.00374	4.85794	4.85776	0.05617
未预期到的损失：meta t3 copula	5.25584	5.64379	5.47486	5.47390	0.08752
未预期到的损失：t3 copula	69.56711	87.71062	77.94632	78.00357	4.30563
未预期到的损失：t20 copula	8.32170	8.86974	8.58402	8.57330	0.13199
期望差额：Gaussian copula	5.03490	5.55079	5.24097	5.23982	0.08882
期望差额：meta t3 copula	5.77307	6.19295	5.97513	5.97974	0.10645
期望差额：t3 copula	97.80667	138.73497	113.81303	115.03838	9.84042
期望差额：t20 copula	9.06515	9.92615	9.42656	9.42587	0.20210

表5.2根据未分散化和分散化的总经济资本比较了四种结果的均值。总经济资本是通过VaR在99.96%的置信水平下测量的[①]。从分散化的角度看，meta－t_3连接函数似乎得出的是最保守的结果，它产生了12%的分散化效应，比高斯方法（22%）和t_3与t_{20}模型（均24%）要低很多。直观上，这一效果能从图5.1中看出：meta－t_3连接产生的点集（两端的）尖角说明压力损失之间是有很强的相互依赖性的。

表5.2　在99.96%的置信度下未分散与分散的经济资本的比较

Copula	VaR未分散化		VaR已分散化		比率	
	均值	标准差	均值	标准差	均值	标准差
Gaussian	6.2228	0.0448	4.8581	0.0560	78.07%	0.80%
meta t_3	6.2191	0.0588	5.4737	0.0870	88.02%	1.23%
t_3	102.3910	3.7466	77.9932	4.3049	76.17%	3.05%
t_{20}	11.2197	0.0894	8.5738	0.1334	76.42%	1.00%

分散化的效应能从图5.3的左图中更容易看出。图中我们对每个考虑到的模型用点描绘出了未分散化和分散化的密度函数，这些函数是根据50次的模拟中随机选择的样本画出的。在图5.3的右边，我们比较了在不同模型下，50次模拟样本中分散化和未分散化的经济资本的值。

结果中引人注意的是经济资本对用于建立不同风险类型间依赖性模型的连接规定十分敏感，也对边际分布的假设十分敏感。如果我们保留高斯的边际分布假设，而使用更厚尾部的分布，会得到更大的经济资本值。此外，若使用一个meta－t_3连接和高斯边际分布模型，因更低分散化效应而增加的经济资本相对于使用高斯函数引起的经济资本的减少似乎是次要的。风险管理者和监管者明白这一点很重要。

---

① 即使我们的结果是在VaR下讨论的，它在期望差额下也是有用的。此外，特别是如果我们考虑meta－t_3分布，更应使用像期望差额这样的风险测度。因为meta－t_3分布不属于椭圆分布。

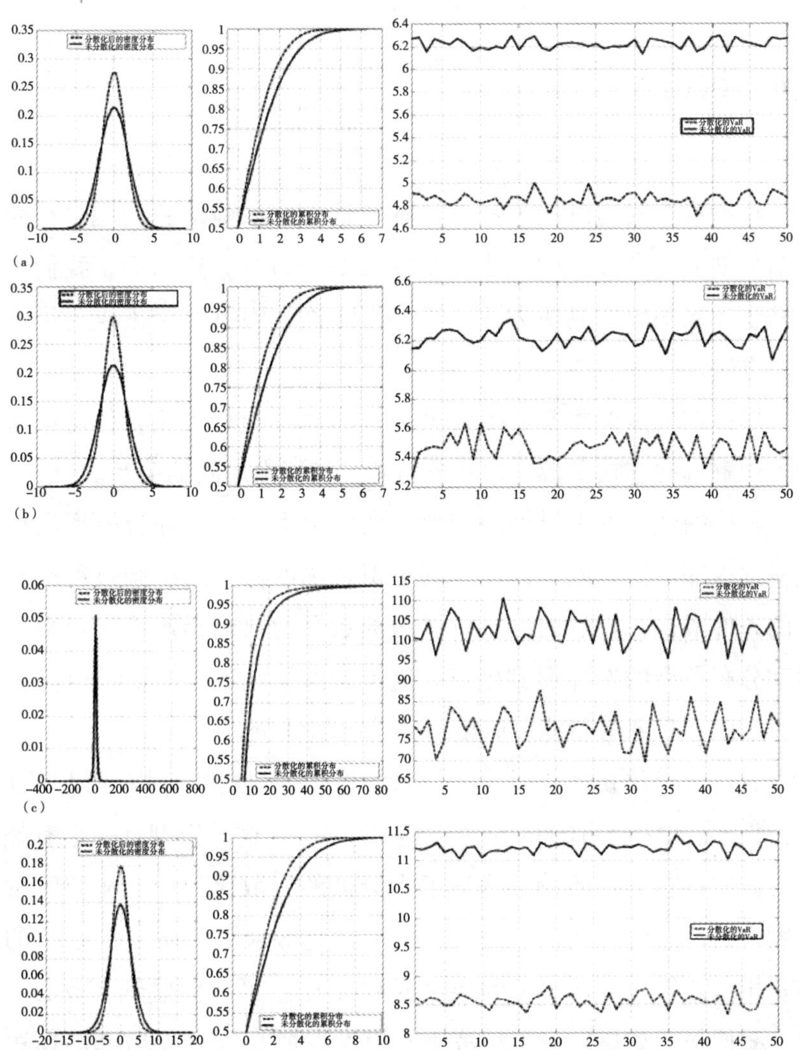

注：我们考虑了各个模型，从50个模拟模型中，随机选出1个特定的模型，左图是说明未分散的密度分布和已分散密度分布的比较，右图是说明未分散的VaR和已分散的VaR比较。子图（a）显示的是高斯连接函数（Gaussian copula）的结果，子图（b）显示的是meta t3连接函数的结果，子图（c）显示的是t3连接函数的结果，子图（d）显示的是meta t20连接函数的结果。

图5.3　分散化和未分散化的损失密度分布和经济资本价值的比较

5.6 结论

在本章中我们讨论了经济资本评估中的风险加总问题。在介绍了两种创造联合分布的方法（基本方法和高级方法）后，我们分析了基于连接函数的高级方法。这一方法论在银行业里正成为最好的应用方法。

模拟结果虽然并不试图找出“正确的”连接模型，但可以帮助我们理解选择连接函数、边际分布和经济资本之间的关系。

全面的经济资本模型一定要与实际数据一致，并且模型的优度应根据内部数据判断。因而，基于拟合优度检验的检验过程应在理想的条件下执行。然而，有时候内部数据的缺乏会使连接函数的检验和分布类型的选择遇到困难。这也是连接函数方法的一个主要弱点。因此，只要有可能，应使用经验边际分布。

我们已经给出了一个可用于评估经济资本的非椭圆损失分布（标准正态边际分布的 meta - t_3 连接分布）。这一模型有一个有趣的经济性质：它的几何特征保证了十分低的分散化效应。从监管者的角度讲，这是受欢迎的。因为低的分散化效应意味着更高水平的资本费用。此外，选择厚尾的连接函数（ t_3 ）可以使监管者放心。然而，我们强调如果在一个经济资本模型中把 t_3 连接函数和高斯边际分布相结合，将会得到与通过高斯连接模型得到的同等数量级的经济资本值。而这并不是一个精确的结果。由此可见，要进行经济资本的压力测试， meta - t_3 分布并不是一个合适的模型。换句话说，为了得到压力下的结果，使用一个非常厚的尾部分布是不够的。一个全面的压力测试模型同时需要能获取尾部依赖性的连接函数和有厚尾特征的边际分布。

整体损失分布对边际分布的变动很敏感。事实上，如果我们不对边际分布使用高斯假设，而采用更厚的尾部分布，经济资本的值会有很大的变化。因而，连接函数的校正和边际分布的选择在建立一个可靠的经济资本模型时起着很重要的作用。

参考文献

[1] Aas, K., K. X. Dimakos and A. Øksendal (2005), *Risk Capital Aggregation*, Norwegian Computing Centre.

[2] Acerbi, C. and D. Tasche (2002), 'On the Coherence of Expected Shortfall', *Journal of Banking and Finance*, 26, 1487 – 1503.

[3] Alexander, C. and J. Pezier (2003), 'On the Aggregation of Firm – wide Market and Credit Risks', *ISMA Centre Discussion Papers in Finance*, 13.

[4] Artzner, P., F. Delbaen, J. M. Eber and D. Heath (1999), 'Coherent Measures of Risk', *Mathematical Finance*, 9 (3), 203 – 228.

[5] Basel Committee on Banking Supervision (2003), *Trends in Risk Integration and Aggregation*, Basel.

[6] Chernobai, A. and S. T. Rachev (2006), 'Applying Robust Methods to Operational Risk Modelling', *Journal of Operational Risk*, 1 (1), 27 – 41.

[7] Cherubini, U., E. Luciano and W. Vecchiato (2004), *Copula Methods in Finance*, Wiley.

[8] Crouhy, M., D. Galai and R. Mark (2002), 'A Comparative Analysis of Current Credit Risk Models', *Journal of Banking and Finance*, 24, 59 – 117.

[9] Demarta, S. and A. McNeil (2005), 'The t Copula and Related

Copulas', *International Statistical Review*, 73 (1), 111 –129.

[10] Embrechts, P., A. J. McNeil and D. Straumann (2002), 'Correlation and Dependency in Risk Management: Properties and Pitfalls', in M. A. H. Dempster (ed.), *Risk Management: Value at Risk and Beyond*, Cambridge University Press.

[11] Frey, R., A. McNeil and M. A. Nyfeler (2001), 'Copulas and Credit Models', *Risk*, 10, 111 –114.

[12] Glasserman, P., P. Heidelberger and P. Shahabuddin (2002), 'Portfolio Value – at – Risk with Heavy – tailed Risk Factors', *Mathematical Finance*, 12, 239 –270.

[13] Jäkel, P. (2002), *Monte Carlo Methods in Finance*, John Wiley & Sons.

[14] Kole, E., K. Koedijk and M. Verbeek (2007), 'Selecting Copulas for Risk Management', *Journal of Banking and Finance*, 31, 2405 –2423.

[15] Kuritzkes, A., T. Schuermann and S. M. Weiner (2003), 'Risk Measurement, Risk Management and Capital Adequacy of Financial Conglomerates', in R. Herring and R. Litan (eds.), *Brookings – Wharton Papers in Financial Services*, Brooking Institution Press 141 – 194.

[16] Mandelbrot, B. (1963), 'The Variation of Certain Speculative Prices', *Journal of Business*, 36, 394 –419.

[17] McNeil, A. J., R. Frey and P. Embrechts (2005), *Quantitative Risk Management*, Princeton University Press.

[18] Morone, M., A. Cornaglia and G. Mignola (2007), *Economic Capital Assessment via Copulas: Aggregation and Allocation of Different Risk Types*, mimeo.

[19] Nelsen, R. B. (1999), *An Introduction to Copulas*, *Lecture Notes in*

Statistics, 139, Springer Verlag.

[20] Rosenberg, J. V. and T. Schuermann (2006), 'A General Approach to Integrated Risk Management with Skewed, Fat - tailed Risks', *Journal of Financial Economics*, 79, 569 - 614.

[21] Sklar, A. (1959), 'Fonctions de Répartition à n Dimensions et Leurs Marges', *Publications de L' Institut de Statistique de L' Université de Paris*, 8, 229 - 231.

[22] Ward, L. and D. Lee (2002), 'Practical Application of Risk - adjusted Return on Capital Framework', Casualty Actuarial Society (CAS) *Forum Dynamic Financial Analysis Discussion Paper*.

第 6 章 压力测试的数据要求

弗朗西斯科·勘那塔
(Francesco Cannata)*
乌尔里希·克吕格
(Ulrich Krüger)**

---

* 意大利银行。
** 德意志联邦银行。

本文仅代表作者的观点，不一定代表所在机构的观点。弗朗西斯科·勘那塔撰写第 6.2 节和第 6.4 节，乌尔里希·克吕格撰写第 6.5 节，他们共同撰写第 6.1 节和第 6.3 节。

6.1　导论

像其他的经济应用领域一样，压力测试对数据的依赖性很强。本章的目的是对压力测试所需要的主要信息提供一个概览。

本书第 2 章指出，单个机构或一组机构，或整个金融体系都可以使用压力测试。它们可能被中央银行或监管当局用于评估金融系统的稳定性或被个体银行用于设计合适的资本规划和（或）识别其风险管理系统的弱点。在所有情况下，鉴别操作所需数据的类型是必要的。

正如以下部分探讨的，压力测试所需信息会有巨大差异并受若干因素的影响，比如模拟的复杂性，机构里可用的技术技能以及所要调查的风险类型。第一，敏感性分析和情景分析有很大的不同。前者主要基于一个输入变量的单独变化，后者则建立在更复杂的风险变量间的关系上且能潜在地获得不同风险类型。第二，输入数据依赖于模拟是基于历史经验还是假设条件。在后一种情况下，数据应该由专家决定。第三，选用风险类型如信用风险、市场风险、银行间风险或流动性风险会导致使用的输入参数有很大的差别，并最终影响到整个工作的复杂性并加重操作负担。

本章组织如下：6.2 节将对压力测试所需的数据进行广泛讨论，并着重强调了导致金融不稳定的理论条件；6.3 节包括有关风险类型的信息需求的一个概述；6.4 节则集中讨论信用风险，它与银行风险最相关；6.5 节介绍了一个模板，作为压力测试数据组织的一个可能的例子。

6.2 压力测试的信息需求概述

数据需求一般反映了所设计的压力测试的目标。正如前几章的讨论，宏观压力测试的目的是评估银行系统对严重的，但不大可能发生的情景的抵御能力。然而，可能改变的是用于测量金融（非）稳定性的理论模型①。

在债务与金融脆弱性的直接关系被定义的框架中（Fisher，1933；Kindleberger，1978；Minsky，1977），债务与金融不稳定性、债务与金融危机之间的联系被认为是金融市场繁荣阶段可能发生的过度借贷的结果。在周期性的经济向好和信贷供给增加的驱动下，金融脆弱性会演变成金融债务的增加，长期债务向短期债务转换，资产市场上的投机活动增加以及中介机构的财务危机。在这种情况下，需主要分析资金流数据和财务账目，并给出公司或家庭相关资产的债务积累的重要性。

根据货币主义者的观点（Friedman 和 Schwarz，1963），银行的声誉在触发金融危机时起着重要作用，即一个金融机构的破产可能降低公众对银行系统兑现能力的信心，从而产生传染现象并可能导致银行挤兑。在这种情况下，主要需检查货币总量，它是金融不稳定性的先行指标。

在 Diamond 和 Dybvig（1983）的理论下，银行挤兑是银行机构的资产与负债间的期限错配和贷款市场的信息不完全导致的；因而，即使是在有偿付能力的金融机构也有可能因为银行资产的信息不完全、金融中介不能平价销售或兑现非流动性资产以及取款时“先到

① Quagliariello（2005）.

先得”的处理程序引发恐慌并发生挤兑。在这种情况下，有关银行状况的微观数据，例如资本比率、利差、资产或股票收益、银行间贷款，可能会发出金融系统状况改变的信号。然而，银行风险的市场指标（例如信用违约掉期、银行间贷款和国库券的利差或与其他市场参与者有关的银行股票价格行为）和不同储蓄者的行为也可能提供有价值的信息。

最后，当金融危机被认为是由信贷市场上的信息不对称、逆向选择和代理成本引起时，动态的资本比率和借款人的杠杆可能是被调查的主要因素。

与理论上的情景不同，一连串的金融不稳定实际上是由很多不同的因素造成的，并且这些因素在很大程度上相互发生作用。正如 Davis（1999）所述，他总结出被选定的发生在 1933 年至 1998 年间单个金融危机的特征，发现造成金融危机的动因包括债务积累、资产价格上涨、风险集中、金融创新、金融机构的资本充足率下降和未预期到的或迅速变化的货币环境。在某些情况下，这些特征单独发生，而在其他情况下联合发生，造成不同强度的压力情形。

因而，作为压力测试建立参考数据集的起点，应该考虑大范围的信息，以便能模拟金融系统中任何预定的宏观冲击的影响。

首先，宏观经济数据（即国内生产总值增长，石油价格）能使我们测算经济周期的循环；资金流信息能帮助我们追踪企业和家庭财务状况（即债务）的模式，这是从实际经济向金融系统转换中的关键因素。价格能提供货币和金融市场对经济环境变化进行反应的高频和实时信息。货币总量和（或）利率代表了政策行动和银行行为之间的重要联系。

一般而言，建立在上述数据的对宏观经济环境的理解能对所分析的金融系统的表现提供一个全面的理解并指出冲击源。“理解宏观经济形势帮助我们理解对于一个经济体而言，在相对于其历史状况和与其他国家的比较下，什么是正常的。”① 从数据可得性的观点看，大多数数据类型能用于设计情景并能容易地从数据库得到，因此它们不存在数据获取上的困难。

相反，更大的困难是银行业数据。银行业数据能提供金融稳定性在微观维度上的信息并能用于压力测试测算金融系统模拟情景下的影响。正如本章将要详细讨论的，此类信息的类型、性质和频率是由很多因素决定的，如金融系统的结构和货币与相关监管机构的体制框架。

最后，像任何定量方法一样，压力测试也可以由定性的因素执行。定性因素不容易由数据集和（或）数量对数得到，但能提供有价值的信息（即金融法规、技术创新的改变）。例如，同市场参与者以及监管者、监管机构和私人部门的分析师进行讨论易于揭露金融系统脆弱性的可能来源，即使在某些情况下这些信息可能是传闻，且并不容易解释。

对压力测试有价值的一个数据源是由国际货币基金组织整编的金融稳健性指标（FSI）数据集，FSIs 主要是基于总量数据（按国家为单位），它是目前给定国家的金融机构财务状况和稳健性的指标，同时也是该国家企业和家庭财务状况的指标，还包括金融机构运营市场的代表性指标。

FSIs 指标有两种类型：核心的和辅助性的。核心的指标集主要包括资产负债表的衡量，它涵盖了金融机构的主要风险（资本充足率、资产质量、收入和利润、流动性和外汇风险的暴露）。相反，辅助性的 FSIs 指标集包括从企业和家庭部门的负债到证券市场的流动性，从固定资产市场的业绩到非银行金融机构在金融市场中的相对重要性等许多不同的指标。因而，FSIs 指标能易用于测量宏观冲击

① 国际货币基金组织（2004）。

对金融系统的影响传递（例如，通过企业和家庭），以及评估模拟压力下的最终影响。使用此数据集的一个主要好处是使不同管辖区的指标有更大可比性，尽管这种可比性不是完全的。这种比较逐渐被证明对多管辖区内的宏观压力测试极具价值（见第15章）。

更一般地，数据的选择也必须遵循务实原则，即要比较评估收集信息的成本与设计一个更现实的模拟的效益。事实上，更大范围的数据库也可以从国内和国际组织的数据源以及商业数据库得到①。执行压力测试的初期阶段需考虑的部分问题是，核心级和（或）通过单一机构获取信息的可得性、频率和时间序列的长度、随时间的一致性、用于联合实施（即包括不同的管辖区）的数据的可比性、保密性限制和风险数据的缺乏（例如，久期或风险管理系统较落后的国家的违约度量）。

最后，也要考虑到控制所有应用措施的标准规则：怎样选择合理的指标数量，怎样联合变量以及怎样（以及在什么程度上）加入定性的信息。

6.3 相应风险类型的数据需求

在实际宏观压力测试中使用的不同信息，除了由上述关于数据选择和处理的规则决定外，还由特定的使用决定，即主要由给定金融系统中最相关的风险来源决定。正如本书第二部分大量讨论的，不同国家间对此问题的观点大相径庭。

信用风险从数据的角度可能产生重大困难：首先是因为信用风险与其他风险（即市场风险）有不同的特点。频率数据和损失概率

① 对于最流行的数据库资源的特征和利弊的讨论，见 Annex C 世界银行（2005）。

分布使得测算更容易；其次，是因为最近发布的《巴塞尔协议Ⅱ》，加入了测算信用风险主要成分的更具分析性的框架（见6.4节）。

监管和货币当局因其在评估金融稳定性及个体金融机构状况中的关键作用，在微观水平上和总量基础上都有全面的信息。事实上，数据的实际可得性对各国的监管体系有很强的依赖性：因为监管机构通过汇报或实地考察收集微观层面上的有关信用风险的数据，而中央银行依赖于系统范围的信息，所以在两种方式都失效的辖区内可以成功地利用其协同效应。

三种主要的可得数据源是：（1）监管报告；（2）信用登记；（3）公司账户登记：[①]

（1）在大多数国家，银行监管者能得到的大量信息都包含在受监管机构向其提交的定期报告里。这些报告的明晰程度因国而异，并在很大程度上取决于监管体系对非现场和现场分析的依赖程度。一般地，所有的按预定义的报告格式和信息编码指令所指的主要风险都包括在内，例如银行风险、资本充足率和利润，信贷风险相关的信息一般包括这些数据集的大部分。

（2）在许多国家都建立了信用登记，以便为中介机构提供一个强有力信用风险管理工具，因为信用登记将记录银行系统中每一笔银行贷款交易。大多数银行监管者喜欢利用信用登记信息以实施信用风险的非现场监督。因为信用登记包括金融机构的整个贷款数量并拥有超出一般的重要性，所以能构建出有意义的指标（包括微观层面和宏观层面的）分析银行系统的业绩[②]。如 Trucharte（2004）

---

① Quagliariello（2005）.

② 例如，在德国和意大利的中央信贷登记中的原始数据由中央银行保管，即德意志联邦银行和意大利银行，这些数据包括超过预定义阈值的大范围的风险类型以及用于鉴别借款者（名字、活动部门、地理区域）的额外信息。另外，意大利信贷登记包括不计数额的坏账信息，而在德国，关于借款者的信贷信誉如违约概率和风险加权资产等额外详细信息也会被收集。

指出，《巴塞尔协议Ⅱ》框架中介绍的测量信用风险的方法使信用登记所提供的信息更加有用。

（3）在大多数国家拥有包含公司财务状况的数据库。这些数据库的价值在于覆盖面宽，数据处理［即建立比率和（或）对公布的资产负债表和损益账户的重新分类］以及公司间的可比性。

相同的信息集也可以作为投资组合信用风险的压力测试的起点，投资组合即是关于单一名目、工业部门和（或）地理区域的风险池的集中。在这种情况下，由这些因素导致的风险崩溃，分配到每一因素的违约概率以及交叉相关性都是重要的输入数据。例如，部门间的相关性可能由如富时集团（FTSE Group）和道琼斯指数（Dow Jones Indexes）提供的工业分类基准等指标决定。

关于市场风险，可以得到更宽范围的金融价格时间序列（汇率、股票、债券和利率）。有出名的且被大量利用的数据库［彭博（Bloomberg）、汤姆森数据流（Thomson Datastream）和 Bondware］，有高质量的且易比较的高频价格数据。与信用风险不同，市场风险关键的问题不是数据的可得性和获取数据的机会，而是在会计规则和市场机制下对数据的解释；从后一种观点看，发生在 2007—2008 年的金融动荡突出了市场价格在压力条件下的低可靠性，特别是对流动性低的金融工具而言。

银行间风险的数据收集和处理过程极端消耗资源。银行间风险是某些国家使用的压力测试框架的一部分（见第 11 章和第 12 章）。通常的办法是设计金融机构间的银行间资金流，例如由澳大利亚金融当局在其压力测试中发展出的“网络模型”（见第 12 章）。为此，可以使用一种源于监管报告的混合的数据结合和支付系统，即使这些模拟情况容易受到缺乏跨境数据的限制。作为一个替代方法，如果能跟踪到大量的数据，模拟方法也能得到使用。

就流动性风险而言，大多数压力测试都是建立在市场相关的

（例如，模拟新兴市场或国家危机，清算或结算系统的失效或带有金融市场扰动的系统冲击）或公司特有的（例如，由信誉风险引起的存款提取，或主要交易对手的违约）情景上。与其他风险不同，流动性风险的压力情景更加多样化；因为流动性风险的测量一般不能依赖于长期的时间序列数据，所以假设情景分析比历史情景分析更常用。例如，假设情景可以建立在经验和对市场参与者和风险管理者的判断上。情景设计的起点是资产负债表项目的累积现金梯，即计算期望现金流入和流出；另外，存在的资产负债表外项目也需要考虑。最后，这种方法还需要其他输入因素，例如偿付率、回购能力、清算的时间范围或未承兑的信贷出售限额缩减的概率。

6.4 信贷风险

6.4.1 信贷风险的不同模型

如第 3 章中讨论的，金融当局对宏观因素在信用风险上影响的评估一般可以使用不同的模型。不同的模型对数据有不同的要求。

第一个选择是在给定金融系统中，使用基于总时间序列的会计数据模型，例如，集中于宏观冲击对总的违约率的影响和（或）不良贷款占总资产的比率。这样的解决方案显然意味着对该系统中所有的金融机构具有相同的影响，从而不能解释机构间的任何不同的结果。这一问题在能得到银行级数据的条件下，可以使用一个分析小组进行调查，以便同时明确考虑银行特定的信息。

第二种可能的选择是依靠与公司有关的市场数据（以默顿提出的著名框架为基础），这意味着存在一个深度的流动性股票市场，从该市场中可以得到有意义的价格数据和衍生指标（如波动率）；明显地，上市公司的数量在评估这一方法的适用范围和可靠性时，是一个关键的因素。该方法事实上排除了所有没有在股票交易所上市的非金融公司[①]。这对于那些小型和中型公司为主要经济结构的国家是一个主要的缺陷。

第三种模型典型地用于评估非上市公司的信用风险。这类模型建立在“离散变量”的方法上，这种方法是基于以 Beaver（1966）和 Altman（1968）使用的统计模型为起点到更近的以风险率为基础工具的广泛文献。

除了使用的模型类型，明确要检查何种类型的中介机构也是重要的。事实上，压力测试范围可能依赖于金融系统的结构，即银行和其他非银行金融中介的各自角色。一方面，如果非银行金融中介公司的业务量大，要执行全面的分析就得包括这些中介机构；另一方面，必须仔细考虑与这一选择相关的成本，特别是当给定非银行金融中介与银行相比的特点时，在取得数据的不同统计数据源方面和在解释总结果存在的困难方面，这类模型同样存在跨境问题，即仅考虑国内风险而没有扩展对国际资本流动的分析。

6.4.2 基于《巴塞尔协议Ⅱ》框架

正如已经提到的，对信用风险的测量在《巴塞尔协议Ⅱ》规则中被大大强化了。国际上，《巴塞尔协议Ⅱ》于2004年被引进，并于2007年和2008年在主要国家生效[②]。

根据金融理论的基本观点和国际主要参与者的实践，巴塞尔委

---

① 详见第3章 Merton 框架。

② 巴塞尔委员会于2004年发布了关于银行监管的新资本框架最终版本，2006年发布了第二版；在欧洲的两次重修版本（2006/48 和 2006/49）于2006年6月定稿。

员会制定了一个规则，该规则下信贷风险可以用不同方法进行测算。一方面，提供给各机构的最简单的方法（标准化方法）要求各机构根据监管资产类别对其资产负债表的银行账户暴露按不同风险特征进行分类，并依据专门机构对单个借款者评级；另一方面，在更复杂的方法（基于内部评级方法——IRB）下，要求银行提供对信贷损失可分解的参数估计（违约率——PD，违约损失率——LGD，违约风险——EAD，期限——M）并通过定义的算式（基于 Gordy，2003 的渐进单一风险因子模型）算出可以弥补意外信贷损失的资本需求量。

IRB 方法的分析框架是依据资本充足率规则建立在预期损失（EL）与非预期损失（UL）的区别之上的：前者是损失的预期部分，因而是可以按规定补偿和抵消的，即代表借贷机构成本的重要组成部分；后者表示潜在的少数时候发生的巨大损失并由资本补偿的部分。

如 BCBS（2005）中所述，EL 用货币数量表示如下：

$$EL = PD \times EAD \times LGD \tag{1}$$

或用 EAD 的百分比表示如下：

$$EL = PD \times LGD \tag{2}$$

其中，PD 是每个评级的违约概率，用以描述同一评级的债务人在一年期间违约的平均百分比；

LGD 表示银行因借款者违约而遭受损失的风险百分比。这些损失通常表示为风险百分比，并取决于抵押品的类型和数量，以及借款者的类型和资产运作的预期所得；

EAD 是如果借款者违约的未偿还款额的估计值（已提取数额加上在未来信贷额度之内的可能提取数额）。

从数据的角度，PD 是关键变量，因为它必须由银行估计[①]。它也是投资组合模型的主要输入参数（这里借款人之间的相关性是经过精确建模的）。PD 的估计值通常是基于资产负债表的信息以及行为信息，即与银行和个人客户之间的动态关系；如上面所述，后一种信息通常包含在银行的档案和信用登记册里。

为了估计 LGD，相关的数据集通常需要更广范围输入参数的种类，从地域和部门信息到用于不同风险类型的追偿渠道的相关数据。如果 LGD 对资本需求量有线性影响（不像 PD），对它的估计在监督数据质量时仍值得热别关注。就 EAD 而言，数据的有限性仍然是处理表外项目时的一个重要问题。相关文献和典型事实均显示资产负债表外风险对机构风险有重大影响，尤其是在压力情形下，当借款者比平时更依赖授予信用额度时，事实上，谨慎的规则使得特别注意对风险的建模，并对风险权重应用适当的处理方法。另外，一个谨慎的成本—效益分析应对包括或忽略某种风险时的影响做一个全面的评估。

另一个用于模拟某一冲击对监管资本要求影响的重要信息是银行的规定：其与贷款相关的数额可能对一个机构按谨慎的目的需要保留的最后资本额有重大影响[②]。

正如已经提到的，信贷风险另一方面是集中风险，这在监管制度关于大的风险中有说明并在新的审慎监管框架下的第二支柱中也有说明。特别地，虽然有银行按审慎目的需要保留的监管资本额数据，但有关经济资本的数据（即包括债务人之间的相关关系）可以为由银行估计的在险资本的压力测试提供有价值的基础。例如，一种可能是考虑一个更全面的相关结构将会产生一个多因素信贷组合

---

① IRB 方法提供了两种不同的方法：初级 IRB 方法中，PD 是银行必须自己估计的唯一风险参数，而在高级 IRB 方法中，银行还得提供 LGD、EAD 和 M 的值。

② 特别地，在 IRB 框架下需要各机构按规定比较期望损失。如果期望损失（EL）与规定的数额之差为正值，那么银行就可以在监管资本中计算该差值（方法 2）；相反，差值必须扣除。

模型的 IRB 方法。这一思想将使用更宽范围的系统因素替代 Gordy 模型中的系统风险因素。这些因素是描述借款者对某些经济和（或）工业类型的依赖。因此改进的模型将更精确地模拟其对资产价值或其他偿付能力变量动因的影响。这一压力情景将作为系统风险因素的一组限制条件。

在实践中，数据需求也依赖于构建中的操作类型。敏感度分析的目的是评估在风险因素改变某一百分率时，监管资本的水平（或者说是投资组合的价值）如何变化。决定潜在变化的一个可能的方法是加入修改的量，例如把 PDs 加入到《巴塞尔协议Ⅱ》的风险加权函数，这种敏感度分析需要将相关风险参数的风险分布作为一个输入量。投资组合的特征不仅可以由 PDs 描述，而且也可以用迁移矩阵表示的情形下，确定包括在险资本数据的投资组合损失分布的衰退效果。

6.5 一个组织数据的可能工具

在这一节我们将给出一种数据模板，该模板可以作为压力测试中信贷风险的数据如何组织的一个例子。这一工具最初是由 BCBS 工作组负责分析《巴塞尔协议Ⅱ》对最小资本需求平均水平的影响时设计的[①]。如果这一工具的确代表了主要国家的一般框架，那么它就可以作为敏感度分析的起点并应用于更复杂的压力测试。

在定量影响研究模板中，有关 IRB 信贷风险的数据是以一种很

① 从 2001 年到 2006 年，定量影响研究（QIS）由巴塞尔委员会执行以定义《巴塞尔协议Ⅱ》关于第一支柱资本需求量的引用规则。特别地，最后的政策决议被应用于不同风险类别在标准化方法下的风险权重以及为 IRB 方法设计的风险加权函数。QIS 过程帮助巴塞尔委员会确保了与《巴塞尔协议Ⅰ》相比在国际水平上保持最小需求资本的目的，《巴塞尔协议Ⅰ》在采用更复杂的方式测量风险时其平均值是大致不变的。

分散的方式收集的。因此，关于宏观波动将如何改变银行风险特征的假设可以易用于模拟综合数据的影响，例如期望损失、监管资本和偿付比率。如第 6.4 节所述，一个全面的信贷风险评估需要对期望损失和未预期损失（EL 和 UL）进行估计。不同于许多基于模拟的信贷风险压力测试，QIS 模板可以明确地允许对 UL 在压力情景中的变化进行评估。

下面对 QIS 模板的更深入解释以获取信息最分散的类型开始，即风险参数和在信息安排的一般结构上的所得款项备注。

对于风险参数，风险必须按 PD 和 LGD 分类①。这种“二维”框架有明显的好处。

首先，风险加权资产可以由每个 PD－LGD 矩阵单独计算，即针对根据 PD 和 LGD 有非常相似的风险状况的借款者。与简单依赖平均风险参数的计算相比，这会产生更精确的结果，因为它考虑了风险加权函数的非线性形式和 LGD 在不同 PDs 值下不同的风险分布。

其次，PD 和 LGD 间的潜在相关性被捕捉到了。这对于压力测试是一个明显的优点，因为在经济衰退发生之前，经济衰退对信用评级好的借款者的影响可能不同于对信用评级差的借款者。鉴别风险参数间的相关性特别有助于精确量化因经济衰退导致的投资组合信贷风险的变化。另外，这有可能间接克服 Gordy 框架中最强的限制条件之一（独立于 PD 和 LGD）。

最后，PD 和 LGD 的风险分配与风险期限的数据收集有效地结

---

① QIS 模板很好地反映出计算 IRB 监管资本费用时 LGD 的关键作用。银行在估计 LGDs 时需要考虑潜在经济滑坡的情况，这在需要考虑回收率的系统性风险部分时，对违约资产是特别重要的。《巴塞尔协议Ⅱ》规则要求各机构提供两种不同 LGD 评估结果：一种是反映其在经济周期中的现状，另一种考虑进了各自在经济周期中损失率最高的那些年份。在计算风险加权资产时，这两种不同的 LGD（常指预期的 LGD 和衰退时的 LGD）产生了与 LGD 值成正比的资本费用。在这方面，《巴塞尔协议Ⅱ》的资本需求量已经包含了潜在的衰退情形，这些情形下可能导致比报告时估计的更高的实际损失。

合在一起；风险加权平均期限已经被当成 PD 和 LGD 矩阵的第二项。根据这一矩阵有可能计算出风险加权资产的准确数额，因为对于固定的 PD 和 LGD 值，风险加权函数在风险期限里是线性的。

根据《巴塞尔协议Ⅱ》，所有风险都分别属于某一监管类别，并在其他条件不变的情况下赋予不同的风险权重［例如，对企业，小型和中型企业（SMEs）和零售商］。从风险评估的角度看，将风险按监管类别划分反映出银行通常对不同损失行为的不同贷款类型采用不同的评级系统和估计方法。从压力测试的角度看，类别划分非常重要，因为在经济衰退期里，风险参数（即 PDs）的冲击对最小需求资本的影响，在大型企业，小型和中型企业，以及零售商之间会有很大区别。QIS 模板也收集更具创新的借贷类型的信息，例如，资产支持证券。证券化资产在监管规定的范围内运行，银行依据监管规定计算资本费用①。这样，对银行（债务人和投资人两边）证券化行为的量和这些行为的风险情况进行评估就是可能的。

除了分类外，还要考虑风险的具体类型。QIS 模板区分了提取风险、未提取风险、因交易对手信用风险产生的风险和每种风险类型的资产负债表外风险②。

虽然未提取风险主要用于承诺贷款报告，但它对资产负债表外风险也有用，主要包括担保风险。评估信贷风险的区别很大，因为内部风险类型的风险状况可能从根本上不同。例如，在把信用转换风险（CCFs）加入承诺书时，银行不得不考虑借款者在压力情形下会比平时更大程度透支。即使承诺贷款额度可以无条件取消，问题是银行的风险管理部门能否在信用降低时及时取消。承诺贷款的风险状况也依赖于信贷合同的条款。QIS 模板允许对 CCFs 如何影响监管资本要求进行监管评估。这样，关于 CCFs 可能在不同经济衰退期

---

① 这些规定包括基于评级方法、监管模式方法和内部评估方法。

② 对这一类风险，额外考虑了回购形式的交易和柜台（OTC）衍生品之间的配合失败。

如何变化的潜在假设能够得到评价①。

QIS 模板也关注到担保和抵押（信贷风险缓解）。它区分了有担保的风险，即可获得担保或信贷保护的风险、有抵押的风险以及适用“双违约”条款的风险。在此基础上，不同情形下关于抵押价值降低或担保级别降低的影响易于检测出来。

如上所述，QIS 模板反映出 EL 和 UL 在 IRB 框架中的不同用处。这两种损失成分表现出的是分离的信息。通过对 EL 和 UL 的分开处理，可以评估为防止 EL 产生是否建立了足够的条款，以及在银行水平下最小需求资本的变化在何种程度上欠缺或者过量②。

用于 QIS 的数据模板设计遵循的原则是，在最大程度的可能性上，所有公式都要执行以使符合《巴塞尔协议Ⅱ》框架的风险加权资产能自动计算（一旦风险被划分到规定的风险参数）。因此，任何输入参数的改变与得出最小需求资本水平的风险加权函数直接相关③。在压力测试中，这些灵活的特点是非常有用的，因为它们能易于对较宽范围的情景分析进行模拟，例如，在风险参数上附加功能（见专栏 6.1）和改变 PD/LGD 的风险分布。

详细解释了 QIS 模板的结构之后，本节的最后一部分将讨论压力情景对总资本额的影响怎样得到全面评估。

---

① 另外两个风险是柜台（OTC）衍生品和回购形式的交易。对这两种风险而言，EAD 估计方法被证明是其监管资本费用的动因。当重新修改《巴塞尔协议Ⅱ》框架下交易账户相关部分时，巴塞尔委员会决定承认更多复杂的估计 EAD 的技术。特别地，基于（EPE）的 EAD 估计方法是目前被承认的除更传统的建立在替代成本和附加条件上的方法外一个合格的方法。银行有另外两种方法报告回购协议的风险状况，回购协议通常有巨大的名义风险金额并同时有大量的抵押。银行可以报告反映 LGD 中抵押品的名义风险金额，或者报告减少的风险金额（常指 E*），这由信贷风险缓冲的全面方法计算得到。

② 从分散的 PD 计算总的 EL，得到按照规定投资组合和整个银行的 EL。

③ 同样地，任何监管方的说明，如 LGD 值（即对 IRB 方式基础上无抵押风险赋予 45% 的 LGD）或者对应某种风险所需的 CCFs 都被执行了。例如，如果使用 QIS 模板的人想要改变关于资产相关性的假设条件，他们仅需要改变那些为各风险类别定义的资产相关性的模板中各单元。所有包括资产相关性的公式都将得到调整而无须进一步在使用者一方改动。

专栏6.1　使用定量影响分析（QIS）数据的一个实例

框中例子描述了通过QIS模板收集的数据如何应用于计算一个系统范围的冲击对违约概率的影响。该例子是基于风险参数PD和违约损失的二维风险数据的。该例中使用德国和意大利银行的QIS5样本数据（2005年6月至9月间的相关日期）对两种情景进行了测试。

在情景A中（轻度测试），附加了对从企业，政府和同业银行部门借款的借款者的违约概率增加30%。根据评级机构的级别标准和相应的违约率，这一附加的30%可大约使所有的借款者的信用评级降低一级。在情景A中，对零售商的附加条件假定更低：对零售商增加15%的违约率是为了反映出经济衰退对零售商的违约率的影响不像对企业那么严重。在情景B中（强度测试），所有债务人的信用评级降低两级，这大致可以用违约概率增加60%来模拟。因上面提及的原因，对零售商借款者的违约率只增加15%。

两种情景对银行的资本充足率都有重大影响。情景A使得其平均降低了0.7个百分点，在情景B中，其又降低了0.7个百分点（即相对"基准情景"下的违约率，情景B的资本充足率降低1.4个百分点。）然而，资本充足率仍然远高于巴塞尔协议的第一支柱所要求的最小值。

对于使用高级内部评级体系的银行，这两种情景也可以像经济衰退时的情形一样，容易地被提高到获取违约损失增加的影响。

在《巴塞尔协议Ⅱ》框架里对最低规定资本（MRC）的影响是评估一个模拟的冲击对银行的影响最清楚和最直接的方法。QIS模板通过在压力情景下自动计算MRC反映。在这方面，对某一特定的风险类型的影响和对一家银行的影响之间的区别就很重要。虽然某种规则可能对某一具体借贷类型有主要的影响，但对机构或系统水平的整体影响可能很小，因为那种具体的业务类型的量在银行或某一机构组织中占相对小的比例。对于 MRC，这一相互关系可以表述如下：MRC 的变化与风险类型的级别、在 MRC 条件下风险类型的大小，以及该风险类型对 MRC 的改变相对整个银行水平的贡献度有关。

用 $MRC^{Basel2,PF}$表示在一般情况下某种风险类型的 MRC（其中 PF 代表投资组合），即在一个金融压力情景发生之前的 MRC。类似地，用 $MRC^{Stress,PF}$表示一个冲击已经用于某个输入参数（如各风险类型的 PDs）之后的 MRC 水平。另外，用 $Contr^{Stress,PF}$ 表示整体银行水平下因投资组合（PF）风险类型而导致的变化。那么其关系表达如下：

$$Contr^{Stress,PF} = \left(\frac{MRC^{Stress,PF}}{MRC^{Basel2,PF}} - 1\right) \cdot \frac{MRC^{Basel2,PF}}{MRC^{Basel2}}$$

$$= \% \Delta MRC^{Stress,PF} \cdot size^{PF} \tag{3}$$

上式右侧第一个因素表示 MRC 在 PF 风险类型下的变化百分比，即 PF 在压力情景下“隔离效应”，整个表达式量化了银行水平下压力情景的影响。所以，该投资组合的变化需要乘以风险类型的大小（右侧的第二个因素）。

最后，关于 QIS 模板中要求的实际监管资本额信息（即偿债比率的分子数据）使我们得以评估单个银行和（或）银行系统是否的确有足够的缓冲资本吸收对银行信贷风险暴露的冲击，方法是测量在经济衰退中的损失和（或）评级降低而使银行财富净额减少的量。在情景分析中，可以分析已知压力情景前后的资本充足率。

参考文献

[1] Altman, E. (1968), ‘Financial Ratios, Discriminant Analysis and the

Prediction of Corporate Bankruptcy', *Journal of Finance*, 23.

[2] Basel Committee on Banking Supervision (2005), *An Explanatory Note on the Basel II IRB Risk Weight Functions*, Basel.

[3] (2006), *Results of the Fifth Quantitative Impact Study (QIS5)*, Basel.

[4] Beaver, B. (1966), 'Financial Ratios as Predictors of Failure', *Empirical Research in Accounting: Selected Studies*, Supplement to *Journal of Accounting Research*, Autumn.

[5] Davis, E. P. (1999), 'Financial Data Needs for Macroprudential Surveillance. What are the Key Indicators of Risks to Domestic Financial Stability?', *Bank of England Handbooks in Central Banking*, *Lecture Series*, 2.

[6] Deutsche Bundesbank (2006), *Financial Stability Review*, November.

[7] Diamond, P. and P. Dybvig (1983), 'Bank Runs, Deposit Insurance and Liquidity', *Journal of Political Economy*, 91, 401 –419.

[8] Fisher, I. (1933), 'The Debt Deflation Theory of Great Depression', *Econometrica*, 1, 337 –357.

[9] Friedman, M. and A. J. Schwartz (1963), *A Monetary History of the United States 1867 – 1960*, Princeton University Press.

[10] Gordy, M. (2003), 'A Risk – factor Model Foundation for Ratings Based Capital Rules', *Journal of Financial Intermediation*, 12 (3), 199 –233.

[11] International Monetary Fund (2004), *Financial Soundness Indicators Compilation Guide*, Washington DC.

[12] Kindleberger, C. (1978), *Manias, Panics and Crashes. A History of Financial Crises*, Basic Books.

[13] Minsky, H. (1977), 'A Theory of Systemic Fragility', in E. Altman and A. Sametz (eds.), *Financial Crises*, Wiley.

[14] Mishkin, F. (1991), 'Asymmetric Information and Financial Crises:

a Historical Perspective', in R. Hubbard (ed.), *Financial Markets and Financial Crises*, University of Chicago Press.

[15] Quagliariello, M. (2005), 'Assessing Financial Stability at the Bank of Italy: Data Sources and Methodologies', *IFC Bulletin*, 23.

[16] Segoviano Basurto, M. and P. Padilla (2006), 'Portfolio Credit Risk and Macroeconomic Shocks: Applications to Stress Testing under Data – restricted Environments', *IMF Working Paper*, 283.

[17] Trucharte, C. (2004), 'A Review of Credit Registers and their Use for Basel II', *FSI Award 2004 Winning Paper*, Financial Stability Institute.

[18] World Bank (2005), *Financial Sector Assessment – A Handbook*, Washington DC.

第7章 宏观压力测试在政策制定中的应用

帕特里齐亚·鲍迪诺

(Patrizia Baudino)*

* 金融稳定理事会。本章内容表达的是作者的观点，不一定是金融稳定理事会或其成员的观点。

7.1　导论

在过去的十几年中，政府越来越多的使用压力测试作为政策制定的工具，并且应用范围不断扩展延伸。政策制定者是压力测试的使用者，压力测试有两个方面的应用：一方面是鼓励私人机构逐步使用压力测试以作出科学决策，另一方面政府当局开展宏观经济压力测试模型的研究和应用。

在讲述本章的重点——宏观压力测试之前，首先简单回顾下私人机构压力测试的应用状况。政府越来越支持更多的金融机构应用压力测试进行管理，目前很多银行已经将压力测试作为谨慎管理银行风险的重要工具。很多国家同意将压力测试作为《巴塞尔协议Ⅱ》的组成部分，将其作为银行高层管理的重要指导原则（BCBS，2006、2009）。近来，《巴塞尔协议Ⅱ》即将敲定，有望取代众所周知的《巴塞尔协议Ⅰ》中相关规定。《巴塞尔协议Ⅱ》取代《巴塞尔协议Ⅰ》的一个原因在于，当今银行风险管理日益复杂化，尤其是中央银行，面临的内部风险管理更加复杂，在此背景下，压力测试已经逐渐成为管理银行复杂风险的必不可少的工具。为此，《巴塞尔协议Ⅱ》推荐机构使用压力测试进行风险管理。私人金融机构的良好有效风险管理是稳定金融系统的前提保障，因此私人机构压力测试的正确应用有着重要的政策意义，压力测试广泛应用使得金融机构受益的同时，整个金融系统环境也得以改善。压力测试的推广应用是一个成功的政策，但是其应用仍然在不断地推广和完善中，2007—2008年国际金融危机也暴露了世界主要金融中心金融机构应用压力测试实践的不足之处。因此，政策制定者应当继续呼吁机构结成联盟处理管理其面临的复杂金融风险，以确保其风险管理系统的稳定性（例如，Kohn，2008）。

本书的重点在于宏观经济压力测试，这是政策制定时最重要的工具。由于银行在金融系统中具有举足轻重的作用，同时银行管理数据较容易获得，故本书仅以银行为例讲解宏观压力测试。在金融市场不够开放的国家，其金融系统主要为银行，风险较单一，管理研究都较容易，但大多数金融市场化国家，其金融市场很复杂，并不适用于单纯以银行为基础的压力测试模型，仍然需要进一步研究以建立适用于其的压力测试模型。从这一点上讲，在理想情况下，宏观压力测试模型不仅需要涵盖银行系统，还需要包含其他的金融系统，甚至整个经济系统及与外国交易对手的联系。虽然本书部分章节也不断扩展证明，最小化误差并考虑各种现实因素，但是很明显，不论压力测试，还是其他经济理论，切合如此庞大的现实系统的标准是相当复杂的。政策制定的关键问题是明确可能影响测试结果的所有现实因素，并分析这些因素对政策制定准确性的影响。如下所述，确定宏观经济压力测试的目的有利于更好地解释测试的结果，因此，通过限制一些影响银行运行的因素简化分析，而这将不会影响即将作出的决策（用 m 表示将执行的决策）的正确性。

在介绍宏观压力测试的步骤前，需要明确压力测试能为政策制定者带来何种益处，这对测试的使用者有两点指导性原则需要说明：第一，宏观经济压力测试属于技术分析，并不存在内在性政策内容，但压力测试基于现实经济现象，决策当局根据压力测试的结果相应进行决策；一般政府部门或私人部门执行决策可能出现偏差，这主要源于其对压力测试的结果有不同的理解和认识。

第二，决策制定者不应该将压力测试作为一个对任何问题都能进行分析的黑箱子工具，而是应该首先清晰明确想要解决的问题，换句话，就是要明确所测试金融或银行机构的适应性及其短板。就这点而言，即要明确在宏观经济中影响金融机构非平衡运行的因素，或者政策制定者应该考虑到的在压力测试下金融系统脆弱性的实质后果。在进行决策时，这种实验测试的方法能够更好的解释压力测试结果。

在满足这些条件的情况下，应该先对决策中宏观经济压力测试的局限性和优点进行分析。在7.2节中提到的局限性中，一些是由于模型的改进而产生的，一些是宏观压力测试所本身具有的基本性质决定的。虽然具有局限性，但是宏观压力测试在决策中的优越性也是显而易见的，随着压力测试模型的不断改进，局限性也将越来越少。目前许多公司发现基于相关性估计的压力测试会高估压力下市场分散化的经济效益，他们正在改善相关的预测结果和压力测试模型（SSG，2008）。在2007—2008年国际金融危机时期，官方机构建议多次进行压力测试提高测试准确性（FSF，2008）。这些都充分表明包括监管机构在内的大多数机构都认可压力测试的科学性、可行性和有效性。

7.2　宏观压力测试在决策中的应用：局限性和优越性

20世纪90年代末期，IMF在金融部门评估项目中开始运用宏观压力测试，世界各国开始关注压力测试，IMF以及各国中央银行都纷纷着手研究改进宏观压力测试的模型和方法，并相继出版发表其研究成果，如巴西央行（2008）、西班牙央行（2008）、加拿大央行（2008）、日本央行（2008）、英格兰银行（2008）、丹麦国家银行（2008）、瑞典央行（2008）、瑞士国家银行（2008）。上述的名单并不详尽，但是它体现出执行宏观压力测试的各国在地域范围、规模上的广泛分布。

宏观压力测试模型最初仅限于单因素敏感性分析，之后在各类金融机构、国家以及国际金融当局的研究改进下，分析因素多元化，模型趋于完善。正如第 2 章和第 3 章提到的，宏观压力测试模型不断地改进，克服了早期分析单一化的缺点。为了解决上述问题，压力测试分析覆盖了金融系统或者经济体中更多的部门，同时将跨类别的风险、风险间的内在联系以及跨地域风险考虑进来。模型的不断改进提高了宏观压力测试的可行性，且模型还在持续优化中。

模型适用性不断提高，下一步是如何使用模型输出结果进行有效决策，而关于这方面的文献是缺乏的（Jenkinson，2007）。在某种程度上，这仅仅表明了政策制定需要多维度分析，需要考虑多方面的信息来源，在决策和实施前需要考虑信息来源的真实性。在某些情况下，当局为了保密、防止道德风险或者避免整个金融系统的系统性危机，拒绝公布与宏观压力测试结果相反的具有政策暗示的观点。即使当压力测试是将银行或金融机构作为整体为测试对象的。

这些少量的证据反映了在宏观压力测试中一些结构弱点，而不是特殊建模技术，此时不可轻信压力测试结果。

就这一点而言，关键是压力情景的选择，以过于简化为代价，一个宏观压力测试结果的价值与其输入价值等同，与其他类型模型相比，其要求在构建方案时初始条件具有高度灵活性。因此在一些案例中，选择拓宽金融机构的风险缓冲范围以减少局限性，这是可行的，并且冲击的类型也被考虑进去，它表明最初情景的选择在很大程度上是模型的外部输入量。

在使用宏观压力测试进行政策制定时，决策者需确定将哪些因素作为变量加入金融系统脆弱性的测试中，这对于决策是很重要的。这是难点，该变量需是宏观经济中可能发生较大波动的量，该因素在波动不同的标度时将对金融系统脆弱处产生相应的压力。例如，信用风险通常会受到公司和监管部门的关注，而由于市场间大额金融交易对金融系统将产生结构性改变（例如 2008 年 BCBS 的案例），故流动性风险需更加重视。理论模型需要综合考虑各种风险，但实践中是不可实现的。同样，应确定金融系统中关键脆弱点，这样方可测试其承受外部变量的范围，但是金融系统的关键脆弱点是变动的，当局需通过宏观压力测试实时监测以保证金融系统的稳定性。近几年对冲基金和日益增长的复杂证券化产品等结构性产品暴露的风险尤其引起了当局的重视（案例见 FSF，2007）。这充分表明，过去在确定金融系统关键脆弱点时缺乏对金钱管道和结构性金融产品（SIVs）的关注，而不能确定金融系统关键脆弱点将使得当局不能很好地测试外界冲击对其的影响，例如 2007—2008 年资产抵押式商业票据市场的崩盘。压力测试情景设计的另一个难点在于确定金融系统各部分之间的关系，这种关系是压力的传导通道，且是形成当局关注的金融脆弱点的关键。但是金融系统的这种传导渠道也是随时间而改变的，因此决策者需要不断更新其使用模型，例如 à la Allen 和 Gale 的研究将传导渠道通过交易对手风险模型化，而最近众学者认为传导是与金融资产价格和普通暴露风险有关（例如 Cifuentes 等，2005）。由于估值方法的广泛应用，例如逐日盯市，传导路径更倾向于以资产价格为基础。

故运用宏观压力测试的决策者需要考虑的第一个问题是选择一个有效的测试情景，通常定义为“极端但可能发生”，而且每一时间点金融系统脆弱因素一致。有规律地分析系统脆弱点（即通过系统外变量进行冲击引起金融系统不平衡结果分析），能够进一步修正压力测试情景。就此而言，尽管历史情景对常规的风险管理实践是重要的，但是对决策者进行决策是无用的。

影响压力测试政策制定效果的另一个特征是选取宏观压力测试因子的时间范围。即使是在最简单的宏观压力测试模型中建模也是复杂的，经济运行特征因子的时间范围选取的越长，生成结果可能与现实运行不同的可能性就越大。这一局限性表明政策制定者应该赋予影响金融系统运行的直接因素较大的权重，对越为间接的影响因素赋予更小的权重①。另外，对不同风险和异质性代理机构间的相互作用建模是很困难的，而且金融系统会将金融压力放大，加重了其对金融系统的危害性。（Borio，2007；Allen and Carletti，2008）。因此，即使模型持续优化，其最直接影响因素的度量仍需要被准确定义。②

尽管宏观压力测试存在如上局限性，但决策者意识到其相对其他工具的优点也是很重要的。第一个优势在于，相对其他决策工具，例如 VaR（仅进行定量分析，最初为进行宏观经济预测而设计的模型），宏观压力测试更擅长处理金融系统压力条件下将产生的影响。③

第二个优势：通过模型化和定量技巧的应用，一旦拓展了银行部门或国民经济其他部门程式化的代表变量的分析范围，为了保障金融稳定性，宏观压力测试就需要对框架进行详细描述，更复杂的方案将被采用。如此的架构方能从概念上将系统各部门在分析中相互联系，且保障不同方法论的内部一致性，以致政府当局能测试系统各部分的承受能力。关于如何建立这样一个框架以及在这个框架中宏观压力测试的角色，在官方和学术界一直存在争议，各机构对金融稳定性分析的理论研究一直不断（例如，Schinasi，2006；ECB，2005；Haldane 等，2007；IMF 和 World Bank，2005；Andersson，2008；

---

① 二阶效应，这一术语通常意味着经济主体调整他们的行为使之适应于操作环境的新的条件。由于构建这些反应函数存在困难，因而它们很少在宏观压力测试中得到使用。如果允许冲击本身通过系统进行传播，那么金融体系中可以发生一些自动调整，这样就比较容易将其纳入到模型中。例如，经济增长开始减速使家庭贷款违约率增加，影响银行的利润率和资本比率。由于资本比率下降，鉴于监管要求，银行必须限制借出。

② 例如，Goodhart 等（2006）在模型中引入主体的异质性，这是使宏观压力测试结果更具有现实意义的关键一步。

③ VaR 模型［或者它们的最新形式，即预期损失（expected loss）］最关键的局限性在于，它们在金融体系遭受实质性破坏的冲击后，真实分布的形状会落在 VaR 概率分布形状的外面。经济预测模型致力于捕捉最可能发生的中心分布的结果，但是并不足以度量极端事件，而这些极端事件才是金融稳定性分析的重要兴趣之所在。

De Bandt 等, 2008)。例如, De Bandt 等人 (2008) 认为至少有 3 种方法能建立这样的框架: 基于期权理论的或有事件分析; 半结构化构架, 其强调建立跨体系联系; 结构化模型, 其尝试去包括异质性代理和内源性违约概率问题。Schinasi (2006) 考察了宏观压力测试模型限制问题, 尤其是风险, 金融部门局部均衡分析不能很好地说明其他部门和次级影响因素动态调整的原因; 这使系统极端和稀有冲击影响的估计更加不确定; 在金融稳定构架中, 非线性和经济部门相关性在宏观压力测试之前可以被合并。Goodhart (2006) 列出了建立金融稳定构架的概念性的难点, 除了宏观压力测试的特殊局限性以外。所有局限性我们已经知道, 详细论述在第 3 章已经给出。但是这一点已被证明, 通过改善定量模型, 尤其是详细模型化程度和提高各部分联系度的标准, 能够使宏观压力测试更有助于构建金融稳定的分析框架。

第三个优势在于: 随着分析架构的不断发展, 宏观压力测试实践领先于金融稳定理论架构的发展。在这种情况下, 作为进行金融稳定分析的机构, 宏观压力测试实践的介绍是更重要的, 尤其是对于那些之前未进行科学分析, 且刚开始使用宏观压力测试指导决策工作的国家这也是 IMF 实施很多金融部门评估规划任务才得到的优势之一, IMF 作为决策者, 很早就已经开始为使用宏观压力测试进行金融稳定分析做准备。

第四个且最重要的优势是: 决策者通过确定金融系统中的脆弱点进行测试其承受能力, 宏观压力测试能够帮助政府当局保持金融系统平衡稳定。

7.3　宏观压力测试怎样用于政策制定

在了解了宏观压力测试的优缺点之后, 下一个要研究的问题就是如何将压力测试用于政策制定。至少有三个方面：首先，与公共机构进行交流，包括金融机构；其次，确定信息缺口；最后，确定金融系统的弱点，必要的话，需确定适当的政策反馈机制。另外，一些国家的特殊案例也表明，宏观压力测试的结果对资本和流动性标准制定也是大有益处的（Haldane 等人，2007），但关于监管问题方面的应用，本章不作讨论。

为了提高对公共机构风险和弱点的了解，宏观压力测试结果通常被中央银行和国际机构公告出来，以使更多相关机构和个人了解①，除此之外，压力测试结果还对市场个人参与者对风险的认识等方面有引导作用。这由于政府可以用各种信息在宏观条件下进行研究，能对个体公司的监管报告研究，从而得出关于金融部门弱点的详细信息。宏观压力测试的结果尤其对个人金融公司作用巨大，利用该结果进行公司的压力测试，可以使个人公司验证其判断。另外，通过交流压力测试思路，政府为公司提供了压力测试需要考虑的外部基准冲击因素。假若政府可准确判断金融系统的主要风险源和弱点，通过政府与金融公司相关压力测试结果的交流，政府可掌握市场实践中金融公司需要改革的信息。这些信息可以用于规范金融机构发展——通过道德限制的方法而非更有利的政策。广义来讲，宏观压力测试结果的分享使政府能更好地了解金融系统不平衡导致的潜在损失，从而更好地防止危机的发生。

同时，政府需要意识到冲击造成的市场弱点的交流有一个自我实现效应，通过激发市场参与者反应和大量宏观压力测试结果的公布。为了防止这一点，政府需要说明，宏观压力测试给出的是市场

① 在几乎所有情况下，这些出版物报道了总量的、部门层面的宏观压力测试的结果。机构与机构间的结果是高度保密的，并且即使一些监管当局报道了这样的结果，往往采用匿名的形式［瑞典中央银行（Sveriges Riksbank），2008］。但是，如果机构层面的数据能提供给监管当局，并且能用于宏观压力测试，那么监管当局就能够丰富宏观压力测试的信息内容，甚至对结果的分散性和差异性进行度量。

的最坏的反应，这种结果仅在政策制定者设定的某种概率分布前提下的某种概率情境下发生。在宏观压力测试应用的前十年，模型设定全球经济和金融环境良好的背景，进行压力测试，结果表明国家金融或银行系统可抵抗某种压力；但是当全球经济条件变差时，模型变得落后而不再适用，在进行宏观压力测试结果交流时，政府需要在潜在风险交流的信息性和有效性权衡，防止产生恐慌。

再看使用宏观压力测试结果的第二个方面，由于压力测试需要足够的数据以量化相关因素风险的暴露程度，并且需要这个系统内所有的相关因素被清晰定义且描述其相互关系，因此，运行这个测试可为相关政府当局提供如下信息：那些信息是合适的，系统内哪部分是暴露并且透明度增加。也因此，在通常条件下和压力下，压力测试思想允许政府去定义信息有效性和可靠性。

无论是在通常情况下（弱点被定义，但还未承受压力）还是在压力下（在强烈的市场压力下，金融系统失衡），宏观压力测试的最终目标是制定政策。由于政策制定过程是机密的，政府当局多大程度使用宏观压力测试结果决定政策，这点难以说明。但是按照金融部门评估规划宏观压力测试发现政策改变更接近于这类使用的一个例子。然而，因为政府使用压力测试作为决策工具之一，宏观压力测试的政策牵连运行机制不该是呆板的。但是宏观压力测试是基于数字模型的，可以内嵌至一个分析框架下，为提高金融稳定政策制定透明严谨作出切实贡献。最小化而言，宏观压力测试可以用于确定金融系统定义的各种风险源的规模和方向，尤其是与直接影响的关系（前面已讨论），帮助区分政策行为的优先领域。当模型变得越来越可靠和实际，政府使用压力测试可对基于经济运行的潜在影响的风险和弱点进行排序。宏观压力测试可帮助政府校正数量反应，这是需要长期获得的目标。

政府当局也可将压力测试模型用于危机模拟仿真实验，政府当局已经开始使用危机情形模拟测试其处理金融压力的准备状况如何①。宏观压力测试应用方法之一就是使用宏观压力测试的逆向工程法（reverse - engineer macro stress tests）以确定原始金融系统外部冲击的大小，然后将金融系统弱点置于该外部冲击压力之下。通过此实验确定系统弱点情况，政府当局根据此调整其引导和规范金融市场的相关政策，同时引导金融机构进行自身的相关风险管理状况。另外，政府也通过比较无监管政策措施下金融系统不平衡程度对其管理行为作出调整反应。

最后，假如需要的话，政府当局也使用压力测试，其结果可加速政策实施范围的界定，这是相当重要的；给出在这样的情况下采用政策决定的时间限制是很重要的。另外，测试结果公布有力推动了国内外与其他机构和市场信息交换和其他方面的合作；而测试结果透明度提高将很大程度提高市场有效性②。明确宏观压力测试的结果可以大大地提高信息交换的效率。

参考文献

[1] Allen, F. and E. Carletti (2008), "Financial System: Shock Absorber or Amplifier?", *BIS Working Paper*, 257.

[2] Allen, F. and D. Gale (2000), "Financial Contagion", *Journal of Political Economy*, 108 (1), 1 - 33.

[3] Andersson, M. (2008), "Ten Years with the Financial Stability Report", *Sveriges Riksbank Economic Review*, 1 February.

[4] Banco Central do Brasil (2008), *Financial Stability Report*.

① 更多危机管理的实践，请参考欧盟的工作实践，比如欧洲银行监管委员会（Committee of European Banking Supervisors, 2005），或欧盟委员会（European Commission, 2008）。

② 在金融危机中对压力测试进行强化信息交流的一个例子是美国金融当局于 2009 年 5 月进行的实践。请参考 Board of Governors of the Federal Reserve System, 2009。

[5] Banco de Espana (2008), *Financial Stability Report.*

[6] Bank of Canada (2008), *Financial System Review.*

[7] Bank of England (2008), *Financial Stability Report.*

[8] Bank of Japan (2008), *Financial System Report.*

[9] Basel Committee on Banking Supervision (2006), *Basel II: International Convergence of Capital Measurement and Capital Standards: a Revised Framework – Comprehensive Version*, Basel.

[10] Basel Committee on Banking Supervision (2008), *Principles for Sound Liquidity Risk Management and Supervision*, Basel.

[11] Basel Committee on Banking Supervision (2009), *Proposed Enhancements to the Basel II Framework*, Basel.

[12] Board of Governors of the Federal Reserve System (2009), *The Supervisory Capital Assessment Program: Overview of Results*, Washington DC.

[13] Borio, C. (2007), "Change and Constancy in the Financial System: Implications for Financial Distress and Policy", *BIS Working Paper*, 237.

[14] Cifuentes, R., G. Ferrucci and H. S. Shin (2005), "Liquidity Risk and Contagion", *Bank of England Working Paper*, 264.

[15] Committee of European Banking Supervisors (2005), *Annual Report*, London.

[16] Committee on the Global Financial System (2005), *Stress Testing at Major Financial Institutions: Survey Results and Practice*, Basel.

[17] Danmarks Nationalbank (2007), "Macro Stress Testing of Danish Households", *Financial Stability*, May.

[18] Danmarks Nationalbank (2008), *Financial Stability.*

[19] De Bandt, O., C. Gauthier and P. St – Amant (2008), "Developing a Framework to Assess Financial Stability: Conference Highlights and

Lessons", *Bank of Canada Review*, Spring.

[20] European Central Bank (2005), "Assessing Financial Stability: Conceptual Boundaries and Challenges", *Financial Stability Review*, June.

[21] European Central Bank (2007), "Global Macro – financial Developments and Expected Corporate Sector Default Frequencies in the Euro Area", *Financial Stability Review*, June.

[22] European Commission (2008), *Memorandum of Understanding on Cooperation between the Financial Supervisory Authorities, Central Banks and Finance Ministries of the European Union on Cross – border Financial Stability*, Brussels.

[23] Financial Stability Forum (2007), *Update of the FSF Report on Highly Leveraged Institutions*, May.

[24] Financial Stability Forum (2008), *Report on Enhancing Market and Institutional Resilience*, April.

[25] Goodhart, C. (2006), 'A Framework for Assessing Financial Stability?', *Journal of Banking and Finance*, 30, 3415 – 3422.

[26] Goodhart, C., P. Sunirand and D. Tsomocos (2006), 'A Model to Analyse Financial Fragility' *Economic Theory*, 27 (1), 107 – 142.

[27] Haldane, A., S. Hall and S. Pezzini (2007), 'A New Approach to Assessing Risks to Financial Stability', *Bank of England Financial Stability Paper*, 2, April.

[28] International Monetary Fund and World Bank (2005), *Financial Sector Assessment: A Handbook*, Washington DC.

[29] Jenkinson, N. (2007), 'Developing a Framework for Stress Testing on Financial Stability Risks', *Speech given at the European Central Bank High Level Conference on Simulating Financial Instability*, 12 – 13 July.

[30] Kohn, D. (2008), 'Condition of the Banking System', *Testimony Before the Committee on Banking, Housing, and Urban Affairs*, US Senate, June.

[31] Misina, M., D. Tessier and S. Dey (2007), 'Stress Testing the Corporate Loans Portfolio of the Canadian Banking Sector', *Bank of Canada Financial System Review*, June.

[32] Schinasi, G. (2006), *Safeguarding Financial Stability – Theory and Practice*, IMF.

[33] Senior Supervisors Group (2008), *Observations on Risk Management Practices during the Recent Market Turbulence*, March.

[34] Sveriges Riksbank (2008), *Financial Stability Report*.

[35] Swiss National Bank (2008), *Financial Stability Report*.

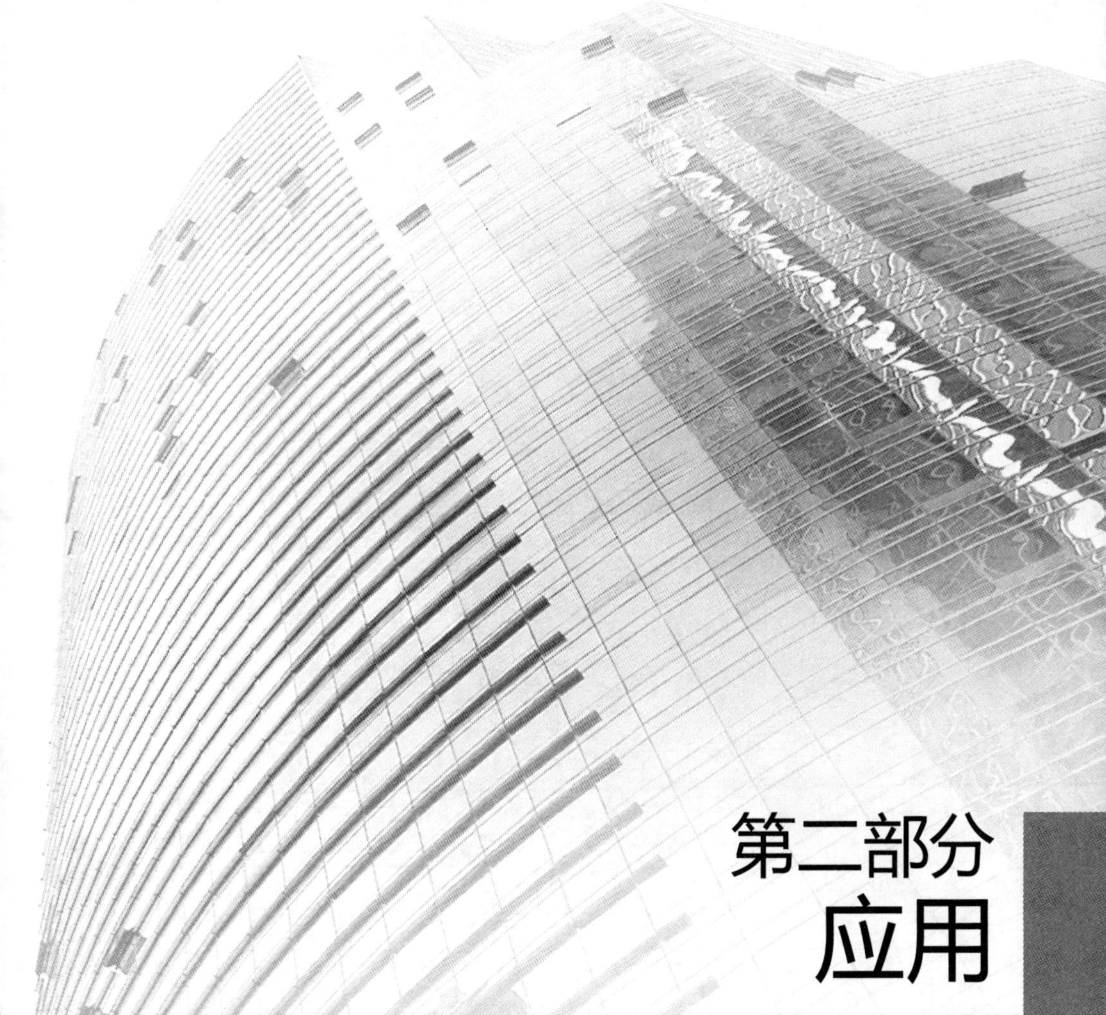

第二部分 应用

第 8 章 信用风险压力测试：意大利的经验

塞巴斯梯亚诺·拉维亚拉
(Sebastiano Laviola)
尤里·马尔库奇　马里奥·匡格里亚瑞安鲁
(Juri Marcucci and Mario Quagliariello)*

---

* 意大利银行。这一章表明的观点仅是作者的观点，而不一定是意大利银行的观点。这一章部分内容的写作基于"信用风险压力测试：意大利执行国际货币基金组织的金融部门评估规划（FSAP）的经历"这篇文章，出版于 BNL 季度评论，第 59 期，第 238 页。我们非常感谢主编亚历山德罗·荣卡格里亚（Alessandro Roncaglia）允许在本章复制此文。

8.1　导论

意大利采取大量方法用于测量银行系统受到不同风险的影响程度及其对几种冲击的弹性。2004 年，大多数压力测试方法于国际货币基金组织金融部门评估项目内部设计出台并不断改进。金融部门评估规划压力测试检验不同冲击对意大利主要银行群体的影响，这点与其他国家的经验相同。该测试包括敏感度分析和情景分析，并通过自上而下及自下而上两种方法，使得结果具有充分可比性。

此处有两个原因让我们把本章重点放在信用风险上。首先，信用风险代表了意大利银行处理过的最有相关性的风险。其次，当针对市场风险的压力测试程序及敏感性分析相对较好的发展时，尚无标准化的系统方法测量不同压力预期下的信用风险演变情况。

金融部门评估规划项目期间，鉴于意大利所有银行的国内风险暴露的违约率增长 60%，敏感度检验得以实现。这一数字略高于意大利历史上观察到的最大变动（例如，继欧洲货币系统危机之后，1993 年 PD 增长达 54%）。敏感度检验的结构非常简单，在其他因素保持不变的假定下，违约率增加。为消除该假定，共同实施情景分析和单因素压力测试。

本章由以下组成：8.2 节简要总结了意大利银行系统的特征；8.3 节描写了金融部门评估规划中呈现的信用风险压力测试，并阐述了所使用的方法及假设检验；8.4 节对从自上而下及自下而上的方法中获得的结果进行报告；8.5 节得出一些结论。

8.2 意大利银行系统：一些程式化的事实

过去20年间，意大利银行系统经历了一场剧烈的结构变革。制度和规章变革，大规模合并以及高度市场竞争对银行业环境均起到了实质性的改变。

20世纪90年代，高度破碎的市场存在着1000多家信用机构和为数众多的国有银行。事实上，意大利银行平均规模相对较小。另外，商业行为被严格管制，也不存在全民银行。90年代期间，随着公共机构的大规模私有化以及相应并购过程的进行，银行业结构得到根本改善。1990年至2004年，记录在案的合并有620起，而1989年底目标银行尚占整个银行业系统总资产的51%。自那时起，银行平均规模得到大幅增长，1994年至2004年增加一倍以上。

合并与私有化使规模经济在金融服务的生产和流通领域出现，同时分散了风险。意大利银行的利润率得到提高，向欧洲标准趋近。此外，收入来源比例也大幅改变。20世纪90年代初期，利润率基本来自传统商业中介部门，伴随着以高通货膨胀率和高名义利率为特征的全面经济环境。激烈竞争和更稳定的货币政策导致来自标准中介部门的税收减少，刺激了银行扩大为客户提供产品和服务的范围，故而使得税收来源趋向多样化。

尽管存在上述发展，意大利银行部门仍然在相当程度上依赖传统中介产品，因此信用风险继续成为大部分对信用机构关注的来源。

8.3　信用风险压力测试的结构解析

第一部分提到，压力测试方法有一些固有的局限性：（1）宏观压力测试无法反映潜在的二次（反馈）影响；（2）难以把置信区间同关于某些特定预期方案的损失联系起来；（3）在大多数信用风险模型中几乎不存在非线性。因此，取得合理的金融稳定性评估最实用的方式是采取多种方法，从输入的广泛数据、指标和模型中得出结论。

因此，压力测试检验采取自下而上以及自上而下两种方法。意大利 6 家最大的有限银行及三家大型合作银行已将压力测试用于其内部方法以自下而上的产生结果。对于自上而下的方法而言，其包括银行总体水平和 9 大银行组中间联系结构的测试，这 9 大银行代表意大利银行系统资产的 62%。然而，当各个银行数据比宏观金融报告中数据更为充分时，在自上而下的实验中，个体银行数据也被使用。

自 2005 年起，银行根据可用的基准宏观情形进行模拟，将其作为压力情景前银行资产损失评估的基准，这类基准情形也应用在自上而下的实验中。

在给定外部冲击（或者各种冲击的综合作用）时，使用意大利季度模型（BIQM）可以预测出该压力对国内宏观经济变量的影响状况。宏观经济模型的输出结果则用于简化计量经济模型的输入变量，它将宏观变量与特定银行变量联系起来。在简化后的模型中，违约概率是特定银行因变量，而宏观经济指标是回归量。在给定基准时间，压力下宏观经济代替变量可预测压力下的违约概率。通过下式可以根据压力下的违约概率，量化预期损失（Expected Loss，EL）：

$$\Delta EL = \left(\begin{matrix}\text{压力下的}\\\text{违约概率 PD}\end{matrix} - \begin{matrix}\text{非压力下的}\\\text{违约概率 PD}\end{matrix}\right) \times \text{LGD} \times \text{EAD}$$

其中，LGD 是在既定违约损失，EAD 是违约风险敞口。

压力测试逻辑步骤在图 8.1 中显示。

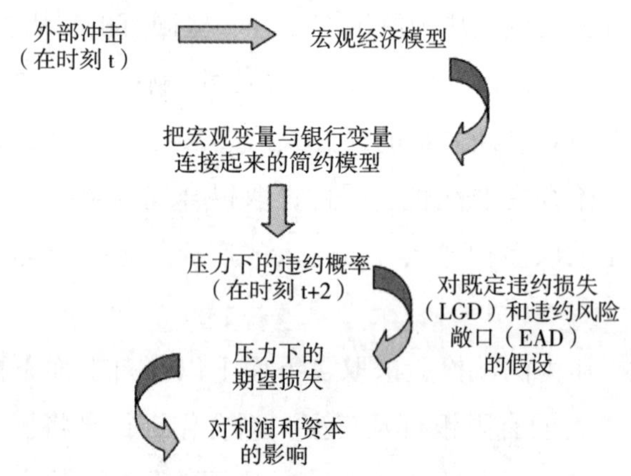

图 8.1　信用风险压力测试

由于自上而下的方法论缺乏数据，在这个模拟中完全按照《巴塞尔协议Ⅱ》构架是不可行的[①]。换句话讲，与其他工业化国家的 FSAPs 中宏观压力测试保持一致，我们可以预测压力下预期损失，而不能预测压力下非预期损失。然而，给定预期损失下冲击的强度，所得到的结果是很保守的。

由压力测试实验得到的收益或者损失有如下衡量方式：（1）税后收益率；（2）缓冲资本率（例如，超额存款准备金等）；（3）根据《巴塞尔协议Ⅰ》审慎监管的原则下，在允许支付税前收益损失的情况下计算所得的新偿债比率。

值得注意的是，宏观经济情景对银行系统的影响通过两种机制（两种机制间并不相互独立）传播：（1）增加资产组合风险；（2）减

① 关于此问题，详见第 6 章。

少收益。因此，在情景分析中，模拟通过第二种机制评估预期压力下的期望损失以判定资产组合的变化（Casolaro and Gambacorta，2004）。这样的情景分析合并了所有市场风险的影响——即综合了由外部宏观经济变动导致的利率、股票和外汇价格变动而产生的结果。

2004 年 12 月，对银行风险暴露进行压力冲击，并考虑了 2 年的时间范围。2 年是获得信贷周期影响商业周期所需的最短时间，一般时间范围更长。由于使用了下一年的年度数据，所以数据部分需要近似处理，因此年末结果更值得关注。

8.3.1 情景介绍

设计情景如下：

（1）石油价格比 2004 年秋季上涨 70%，全球股价忽然降低 30%。

（2）美国信用冲击导致欧元相对美元升值 20%。

（3）信用危机导致意大利某一大公司破产，致使股价下跌 35%，公司价差增加 200 个基点。

如上文所述，通过 BIQM 模型，测度了以上冲击对意大利经济的影响。BIQM 是一个大型结构方程，包含 96 个行为方程式，885 个内生变量和 663 个外生变量，以及一些非线性特性①。

该模型短期符合凯恩斯理论，长期符合新古典经济理论，即短期经济增长由总需求决定，长期则符合索洛的内生经济增长理论。

因此，在短期，模型动态特征由价格和工资粘性、通胀和生产过程的“粘土”特性决定。与此相反，长期来看，沿着平衡增长路径，经济动态增长来源于资本积累、生产力提高、国外通胀以及人口积累。在均衡情况下，在该模型描述了一个产出、就业和资产存

---

① 关于全部模型的描述，包括所有方程的估计，详见意大利银行。

量与总生产函数一致的充分就业的经济环境。在这一环境下，相对价格是不变的，并且通胀率等于国外价格的外生性增长率。

由外生变量引起的宏观经济冲击的模拟使得在2年内偏离了基准规划。

在情景（1）下，石油价格在第一季度相对基准水平上涨70%，同时，股价跌30%，其通过两种渠道影响经济：（i）私人部门财富的减少将成比例缩减家庭消费；（ii）公司面临更高的外部筹资成本。在该情景下，意大利GDP增速放缓，家庭消费和总固定投资减少，而由石油价格上涨冲击引起消费价格的上涨会导致货币政策紧缩，以对抗通胀。

在情景（2）下，美元贬值，欧元升值，意大利商品的市场竞争力大幅减少。在美元贬值后的两年内，意大利GDP增长速度稍低于基年，而消费价格的累积降低与之无关的。对其他变量而言，美元贬值带来的影响是有限的。

在情景（3）下，意大利公司第一季度的融资成本上涨200个基点，而其他八个季度，仍然保持这个新的融资水平；另外，股票市场价格下跌35%，意味着家庭财富的缩水。这是一个典型的仅影响意大利经济的混合冲击情景。因此，对欧元区的货币政策和汇率不构成影响。公司价差的增长则严重影响了公司的投资行为，因此冲击开始两年后总投资增长率下滑，同时，GDP增速的放缓也是显著的，总就业率下降，而国内价格仅有一个适度的下降。

8.3.2 自上而下的研究方法

进行信用风险压力测试的工具由经济模型——为预测外部宏观经济冲击对银行风险的影响而设计——简化而来。在一些案例中，不同的统计程序有相似或者重叠的目标（例如，未来贷款损失的预测），所以必须承认交叉检验是压力测试的必要组成部分，也是政策实施的先决条件。

预测相关经济关联的第一种方法是面板数据技术。例如，Quagliariello（2007）估计了贷款损失准备金率和违约率的简化关系，另外还解释了商业周期指标①。该样本包括了 200 多家意大利银行并涵盖 1985—2002 年近 20 年时间范围。样本容量很大，并且能够代表意大利银行系统总资产的 90%。

主要目标是验证银行经营行为是否与总的经济形势有关，同时研究银行对经济形势改变的反应。回归方程中自变量根据经济理论确定。详细来说，宏观经济回归量包括真实 GDP 增长率、长期实际利率、存贷差和股票价格指数的变动，解释变量的滞后结构则通过权衡简化必要和宏观经济冲击影响银行的滞后时期确定。由此建立的模型能够进行压力测试，主要是单因素压力测试。例如，在其他条件不变时，将 GDP 增长率设定为历史最低值。该方法最主要的缺陷是忽视了任何潜在的第二轮影响或政策效果，而且，如果回归量中包含许多特定银行变量，要保持这些变量不变是不实际的。

二叉树模型同样可以用来估计借款者违约的概率。Chionsini 等人（2005）以评分模型（使用了 Logit 函数性质）为基础估计了意大利银行所有公司借款者的违约率。其综合利用意大利央行的数据库、资产负债表和信用登记信息估计每个公司之前的违约概率。并且估计了两个独立的多变量 Logistic 模型，这两个模型分别代表公司记录的资产负债表登记簿和信用登记簿，最后综合这两个模型的估计结果得到总的估计结果。相对前一个方法，这个方法有个重要优点：可以开发挖掘足够高频和详细的信用记录数据信息，原则上能获得

---

① 在参考期，随着坏账贷款数量对上年年末正常贷款余额比率的上升，违约率逐渐上升，为了提高这一指标的可靠性和时效性，用到了由中央信贷登记局显示的“经调整”坏账这个指标。

月度数据（估计过程中使用季度数据），而资产负债表仅有年度数据[①]。该模型基于信用登记信息，使用了基于 20 个估计比率的五个变量；金融模型应用了经济主要部门（生产、贸易、建筑和服务）独立方程，以反映不同部门的特性；基于 15 个比率的 6 个变量代表了所有公司的主要经济和金融组合。

作者根据估计的违约概率进行压力测试，以估计相反宏观经济环境对意大利银行系统总贷款组合和资本缓冲（超出最小偿付能力保证金的资本额度）的信用质量的影响。该实证尽可能的模拟 20 世纪 90 年代初期意大利经济衰退的环境。为了实现这个目的，根据 1993—1994 年信用记录和资产负债表指标计算得到违约率。用“历史压力情景”可得到模拟环境下总贷款组合的平均信用质量以及随后资本需求量的增长状况。

最后，商业周期对银行借款者的影响可通过向量自回归（VaR）方法估计。相对横截面或面板数据研究技术，向量自回归能够使我们充分的获得微观和宏观经济变量的相互关系，提供一个更好地获取可能反馈机制的框架，能更全面的评估金融稳定性；然而，该方法估计的关系更易用于压力测试，从而评估在突然不利于宏观经济冲击下银行系统的承受力。

在意大利金融部门评估规划，Marcucci 和 Quagliariello（2008）使用 VaR 进行压力测试。他们通过小型宏观经济模型和描述意大利银行违约率行为的微观方程建立了 VaR 模型，宏观经济模型由 IS 曲线、菲利普斯曲线（相当于一个后向的 AS 曲线）、非贴补利率平价和改进的泰勒规则组成。因此，他们建立的 VaR 模型包含如下变量：（1）银行借款者违约率；（2）产出缺口；（3）通胀率；（4）三个月期利率；（5）真实汇率。作者使用标准递归识别计划，此时假定违

① 这一模型的更早的、局部有所不同的版本，包含一些应用，详见 Fabi 等（2004）。

约率和产出缺口对金融或货币性冲击反应相当缓慢。假定违约率对产出缺口以及所有其他变量是同时外生的，外生变量首先变动，其他前生变量随之同时变动，但冲击发生和前生变量变动存在一个时间差。另外，假设后生变量滞后影响之前的变量，但是对冲击的反应是灵敏的。在 VaR 模型中，由于金融变量对经济实体的冲击是很迅速的，故排在最后，而违约率和产出缺口置于开始，由于其对金融和货币性冲击反应迟缓。此外，根据反应优先级的理念，按照 Pain（2003）和 Quagliariello（2007）的研究，与商业周期影响银行损失有一个较强的滞后，产出缺口排在违约率后面。

这个结果显示：意大利违约率存在周期性，在宏观经济好转时下降，在经济衰退时增长，同时也证明了反馈效应的存在。

8.3.3　自下而上方法实践

全球金融系统委员会（The Committee on the Global Financial System，2005）关于银行发展的压力测试实践开展过两个不同的调查，调查发现越来越多的 G－10（十国集团）中介组织使用压力测试进行风险管理和资本分配的战略计划。在 2005 年发布的一个调查分析了 64 个银行和投资公司，发现大多数大型且复杂的机构已经适当地进行压力测试安排，旨在将压力测试作为现有风险管理工具的补充但应用尚不普遍。

在金融部门评估规划实施前，IMF 和意大利央行进行联合调查，发现意大利各银行间存在着不同的压力测试方法。调查表明市场风险压力测试发展较好。就信用风险而言，在大部分案例中内部评级模型发展较好。在一些案例中，压力测试应用更广泛的风险管理中。而灵敏度分析在落实内部评级系统上是很明确的且到位的。情景分析中，最主要的技术挑战是解决所谓的宏观联系，即在特定宏观经济条件下估计违约概率（PDs）和既定违约损失（LGDs）的可能性。

金融部门评估规划与实验的宗旨和目标一致，银行已经运用内部估计量估计了宏观经济情景的影响。而一些银行基于其简单架构判断，运用自身内部证券组合模型衡量不利宏观经济情景下的潜在估计损失。

不论其使用方法的复杂程度，银行使用压力前后的 PDs、LGDs 和 EADs 作为模拟的输入量确定了可能承担的损失。使用证券组合模型的银行也需要对资产间的相关性作出适当假设。

对于无压力下的违约率，使用内部评级系统的银行将其结果作为模拟的基础，其他的中介机构使用默顿系列的违约模型（Merton's inspired default models）或者更简化的信用风险（违约率、评分、评级）代理做模拟，有时由外部供应商提供。对于其他风险参数，通常应用监管数据，但一些银行也将其内在证据作为既定违约损失（LGDs）；有关资产相关性，银行有其自定义的固定保守关系，或者将股票收益相关性代表资产收益相关性，通过区域和产业基准归并债务人。

为了获得压力测试模型参数，少数银行资产组合模型也涉及宏观变量，这些变量易受冲击所以可以量化压力条件下的损失。而其他的银行不是应用经济模型以将内在违约率与相关宏观经济指标相联系，就是简单应用意大利银行估计的加总违约概率的变动。当内在违约率的时间序列不足以对其动态资产进行适当的统计分析时，后者方法较为实用。

8.4 压力测试结果

8.4.1 自上而下模拟

如上文所述，信用风险冲击导致所有银行的借款者违约率增大 60%。

在自上而下方法中，违约率由冲击造成该段时间内贷款新坏账的增加衡量。根据《巴塞尔协议Ⅱ》中的规则，对违约率的定义较为狭窄，不包括过期暴露头寸，但其是迄今为止适用于长时间序列的唯一定义。因此，假定一个保守的违约损失率，违约率增长则转变为准备金提取增长，等于整个资产组合（不包含任何抵押和担保资产）的 60%。根据《巴塞尔协议Ⅱ》，假定 EAD 等于收支差的已提取金额加上未提取信用额的 75%。

LGD 是基于最大银行组织公布的坏账平均贷款损失准备金率，通常比十国集团第三次巴塞尔委员量化冲击研究公布的 LGD 平均高出 40% ~45%。

表 8.1 展示了基于违约率的宏观经济情景模拟效果。如上所述，在自上而下的情景模拟中，收益受到冲击影响。结果与模拟基准有关。

表 8.1　　宏观经济压力测试的情景

	情景 1	情景 2	情景 3
	石油价格上升同时全球股价下跌 30%	美元贬值	信贷息差上升同时意大利股价下跌
宏观经济变量对银行营业利润和贷款人违约概率的影响（两年后的百分点变化，2004 年 12 月）			
银行营业利润	-14.0	7.4	-17.9
违约概率	98	42	58

根据 8.3 节提到的 VaR 模型进行模拟，最坏情景（情景 1）下银行借款者违约率相较于 2004 年 12 月增长了 98%，银行经营利润降低了 14%（情景 3 中是降低了 18%）。

表 8.2 体现了压力情景下银行超额存款准备金的影响。

在情景 1 下，对 9 大银行组织，压力下的损失达到压力下税后利润的 74%、资本缓冲的 17%。按照税前利润计算的偿债率几乎没发生变化。

表 8.2 压力测试的结果

	损失相当于税后利润的百分点 2004 年 12 月		损失相当于资本缓冲的百分点[a]2004 年 12 月		新的资本充足率[b]	
	加权平均	最大亏损	加权平均	最大亏损	加权平均	最小值
对信用风险的敏感性[c]						
自上而下	35.5	79.6	10.6	24.1	11.1	9.2
自下而上	36.4	94.9	10.9	36.4	11.1	9.2
宏观经济的情景测试						
自上而下						
情景 1[d]	73.8	171.5	17.3	39.4	11.0	9.2
情景 2[e]	22.2	49.6	7.4	16.9	11.1	9.2
情景 3[f]	47.5	111.6	10.3	23.3	11.1	9.2
自下而上						
情景 1[d]	33.3	104.3	10.0	40.0	11.1	9.2
情景 3[f]	16.6	45.9	5.0	17.9	11.1	9.2

自上而下的结果参考了最新更新的基准情景。

a. 损益与超出 2004 年 12 月的监管资本的超额部分相比，得出百分比。

b. 风险加权的资本充足率，已经考虑到亏损首先由税前利润来弥补。

c. 除了同业信用风险敞口外的其他所有信用风险敞口的违约概率增加 60%。

d. 石油价格上升到每桶 85 美元，同时全球股份价格下跌 30%。

e. 美元对主要货币持续贬值 20%。

f. 意大利公司债息差上升 200 个基点，同时意大利股票价格下跌 35%。

8.4.2 自下而上模拟

银行已经进行了敏感性分析并对以上 3 个情景中的 2 个进行了模拟。在自下而上的方法中，违约率（PD）通常定义为坏账和次级贷款的总额；相对自上而下模拟，虽然与新的资本协议中的定义有所差别，但更宽泛。多数银行使用调整后的既定违约损失（LGD）

作为模型中的 LGD；一些使用国内的既定违约损失（LGDs）。违约风险敞口（EAD）（exposure at default）则等于信用头寸加上承兑和抵押等资产差额的一定比例。

表 8.3 中简要显示了自上而下和自下而上方法中违约率（PD）、既定违约损失（LGD）和违约风险敞口（EAD）的不同定义。

表 8.3　　自上而下的方法与自下而上方法的定义

	违约率（PD）	既定违约损失（LGD）	违约风险敞口（EAD）
自上而下	狭义	较高	较高
自下而上	广义	较低	较低

自下而上模拟结果与自上而下结果一致（见表 8.2）。情景 1 对银行收益和资本缓冲有最大的影响；对 7 大银行组，压力下最坏情景导致的超额准备金占税后利润的 33%，缓冲资本的 10%，偿债率没有实质性变化。

8.4.3　自上而下和自下而上影响结果比较

压力测试的最终目标是可靠预测冲击对银行系统的影响，因此结果解释是一个重要的步骤以比较不同计算方法产生的不同结果。然而，不同方法的假设和模型均不同，很难比较两种模拟方法，因此通过敏感性分析可以对两种方法（自上而下和自下而上方法）产生的结果进行直观比较（见表 8.4）。

表 8.4　　敏感性分析：自上而下与自下而上结果的比较

	平均		最小		最大	
	自上而下（TD）	自下而上（BU）	自上而下（TD）	自下而上（BU）	自上而下（TD）	自下而上（BU）
税后利润	35.5	36.4	19.4	15.8	79.6	94.9
资本缓冲	10.6	10.9	5.3	6.2	24.1	36.4
新资本充足率	11.1	11.1	12.0	12.0	9.2	9.2

结果是显而易见的，PD、LGD 和 EAD 变量的定义决定了两种方法结果的一致性，不管度量标准，虽然影响结果的最大最小值范围有所不同，但平均值是相近的。表 8.5 给出了两种方法结果一致性的进一步验证，根据银行缓冲资本所受影响给出了各银行排名状况。

表 8.5　敏感性分析：自上而下与自下而上方法对银行评级的比较（资本缓冲的影响）

排名	自上而下（TD）	1	2	3	4	5	6	7	8	9
自下而上（BU）										
1				B3						
2						B4				
3		B7								
4					B6					
5			B5							
6								B9		
7									B1	
8							B2			
9										B8

注：TD = 自上而下的方法；BU = 自下而上的方法。

在主对角线上的银行两种方法产生的排名结果类似，例如，根据自上而下方法产生的记过，银行 3（B3）影响程度位列第三，而自下而上方法下位列第一。总的来说，在不同压力假设下，以信用风险短板为基准对银行进行分类，两种方法呈现一定的收敛性。

总而言之，比较两种方法结果表明：在很不利的宏观经济冲击下，自上而下模拟一方面给出了银行系统承受力的平均可靠信号，另一方面给出了单独调节机制。而自下而上模拟方法对银行而言成本过高，在对金融稳定性定期测试时自上而下压力测试方法具有较大成本优势。

8.5　结论

设计合理的压力测试步骤是一项较复杂的工作，事实上，当涉及越多变量和风险因素时，复杂程度越高。因此为了提高模拟的可操作性，需要做一定程度的简化和假设。而且，通常使用的统计技术存在一定的内在局限性，例如不能考虑潜在的反馈效应，难以确定特定情境下损失的置信区间，或者不对称性和非线性特征等。因此，为了能完全地评估金融稳定性，最实用的做法是使用多种方法进行评估，使用广泛的数据、指标和模型作为模型的输入。从这方面讲，当数据适用性和统计方法不够完善时，专家的判断可能有一定帮助。

在意大利金融部门评估规划案例中，压力测试对意大利 9 大银行组的各种压力冲击影响进行了估计。测试中使用了自上而下和自下而上两种方法，并对两种方法结果进行了比较。根据敏感度分析，欧元区国家的金融部门评估规划中对银行账户市场风险、主权风险、利率风险和流动性风险的冲击进行了探讨，而信用风险是历史上最大的冲击风险。另外，评估了各种不利的宏观经济情景的影响，其中全球经济衰退导致的油价上涨 70% 和全球股价跌 30% 的情景对银行系统影响最大。总体而言，压力测试的结果使我们了解到意大利银行部门对各种风险冲击的承受力。多数案例中收益可弥补冲击导致的损失，而且缓冲资本需保持在最小监管偿债率之上。

在金融部门评估规划下进行宏观经济压力测试有助于推进国内先进压力测试程序的发展。然而，压力测试方法还在发展中，随着方法的不断发展，模型中假设条件将越来越少，方法和结果将越来越可靠。2007—2008 年国际金融危机表明，信用风险分析以及其与其他类型风险关系的分析越来越重要。甚至，在极端市场条件下，信用风险可与其他风险（市场风险和流动性风险）相互作用。为了更精确地反映金融不稳定对银行的影响，压力测试应适当考虑该类风险间的关联性。

参考文献

[1] Banca d'Italia (1986), 'Modello Trimestrale dell' economia Italiana', *Banca d'Italia Temi di discussione*, 80.

[2] Busetti, F., A. Locarno and L. Monteforte (2005), The Bank of Italy Quarterly Model, in G. Fagan and J. Morgan (eds.), *Econometric Models of the Euro Area Central Banks*, Cheltenham: Edward Elgar.

[3] Casolaro, L. and L. Gambacorta (2004), 'Un Modello dei Conti Economici per il Sistema Bancario Italiano', *Banca d'Italia Working Papers*, 519.

[4] Chionsini, G., F. Fabi and S. Laviola (2005), *Analisi del Rischio di Credito: un Modello per la Stima della Probabilita' di Insolvenza delle Imprese*, Banca d'Italia, mimeo.

[5] Committee on the Global Financial System (2000), *Stress Testing by Large Financial Institutions: Current Practice and Aggregation Issues*, Basel. (2005), *Stress Testing at Major Financial Institutions: Survey Results and Practice*, Basel.

[6] Fabi, F., S. Laviola and P. Marullo Reedtz (2004), 'The Treatment of SMEs Loans in the new Basel Capital Accord: Some Evaluations', *BNL Quarterly Review*, 228, March.

[7] International Monetary Fund (2006), *Financial Sector Stability Assessment – Italy*. Washington DC.

[8] Marcucci, J. and M. Quagliariello (2008), 'Is Bank Portfolio Riskiness

Procyclical? Evidence from Italy using a Vector Autoregression', *Journal of International Financial Markets, Institutions and Money*, 18, 1.

[9] Pain, D. (2003), 'The Provisioning Experience of the Major UK Banks: a Small Panel Investigation', *Bank of England Working Paper*, 177.

[10] Quagliariello, M. (2005), 'Assessing Financial Stability at the Bank of Italy: Data Sources and Methodologies', *Irving Fisher Committee Bulletin*, 23. (2007), 'Banks' Riskiness over the Business Cycle: a Panel Analysis on Italian Intermediaries', *Applied Financial Economics*, 17, 2.

[11] Terlizzese, D. (1994), 'Il Modello Econometrico della Banca d'Italia: una Versione in Scala 1: 15', *Ricerche Quantitative per la Politica Economica*.

第9章 运用股权经济价值模型(EVE)对美国银行进行压力测试

迈克·卡希尔
(Mike Carhill)*

* 本章观点仅代表作者观点，并非美国货币监督署（OCC）的观点。

9.1　导论

自20世纪80年代早期开始，美国银行就开始运用“股权经济价值（economic - value - of - equity，EVE）模型”帮助衡量和管理银行账户的利率风险（IRR）。这些模型将机构的金融工具的公允价值估计为当前利率环境的函数（EVE的基础案例）。之后建模者又指定了一些可供选择的压力情景，估计了它们与基础EVE方法在结果上的不同。这一差别常被表达为基础估计的某一百分比。

银行发展和使用内部EVE模型量化并控制其利率风险。对于高级管理层和银行监管者而言，一种普遍的基准利率情景是在当前收益率曲线上瞬时加上/减去200个基点的冲击。该基准是通常用以设定风险临界值的，例如，对于200个基点的冲击，银行账簿利率风险的管理者能够忍受不超过20%的基础EVE敞口。

银行监管者也拥有他们自己的EVE模型。OCC运用这些模型在一套共同的假设下估计银行的风险敞口，使得相互之间具有可比性。这为监管那些相对于产业标准而言具有更大风险暴露的银行提供了一个基础。

对于负责管理利率风险的中层管理人员而言，EVE模型可以用来进行日常管理。为此，需要对冲击进行全面评估，例如，10个基点的增量甚至高达100个基点的冲击，或者诸如此类的被视为最大冲击的可能在管理者做出反应之前就发生的情况。结果是一个“估值概况”，表明金融工具的价值是利率水平的函数。利率的变化可以有多种维度，但是对于解释说明的目的，一种单因素的利率模型就足够了，因此估值具有两个维度，即价值和利率。在金融工具或组合子项的层面上，估值的运用在业内是很普遍的，但是一些甚至可以说是大部分资产负债管理者，对企业范围内的 EVE 模型的使用持怀疑态度。有两类主题构成了这种怀疑的基础。

第一，许多人证明，模型的不确定性与预测的风险水平有很大相关性。下面我们将分析模型的不确定性。幸运的是，EVE 具有重要的数学特征，它在资产负债表元素中呈线性。由于这一线性特征，企业层面的估值不确定性完全由金融工具或者组合子项层面上的不确定性决定。如果建模者能够阐明那些不确定的特点，他们就能够判定在企业层面上估值的可靠性。

我们肯定 EVE 模型的不确定性过大而不能精确地量化风险程度或者精确地估计公司的基础价值。但是，当对利率的变化加以考虑时，不确定性是可以控制的。银行可以运用这些模型评估风险管理的选择和风险的趋势，并且能够识别风险的来源和其他可选择的组合变化之后的结果。监管者可以运用这些模型进行同类比较。尽管 EVE 的不确定性相对于低风险或者中等风险水平的银行是很高的，但是相对于高风险银行的风险水平，这种不确定性要小得多，在 EVE 识别出高风险的组合时，银行高管以及监管者可以放心。

第二，EVE 模型由于创造出过多的透明度而导致利率风险管理不当。这可能看起来违背常理，资产—负债管理者也很少明确地关心这一问题，但关于这一问题的论证却是有据可循的。资产—负债管理是银行业务中最为复杂的量化领域之一，一般很难被非专业人士所理解。特别是在偏好于从信用风险而非金融类风险中获利的银行，高级管理层经常会对 EVE 模型披露的风险数量感到惊奇，并且对排除风险的能力抱有不切实际的期望。

无论对于关心透明度有什么样的价值，美国银行业监管者坚定地决定让高级管理层承担制定银行风险战略，并且保证中级管理层遵守这一战略。资产—负债管理者的责任不包括制定银行战略，而他们的责任在于为高级管理层提供用于选择和监控战略所必要的信息。从银行监管者及股东的角度看，透明度有其自身的价值。

考虑到对其限制条件的理解，EVE 模型的主要吸引力在于，它将非常具体的经济环境下的风险表达为，面对利率环境中貌似可能出现的变化而处于风险之中的股权比例或者股权的美元价值。作为一个有效性操作，公开交易的公司可以将 EVE 估计出来的利率敏感度比作其股票估值的利率敏感度。之间的差别表示出模型与市场对银行利率风险暴露所持的不同观点，这可能源自建模者的信息优势或者源自其过度的悲观或过度的乐观。

迄今为止，OCC 没有发现任何一家银行已将信用风险包含到 EVE 压力测试当中。然而，在过去的十年中，银行和银行监管者已经在企业范围内的信用风险测量与压力测试中进行了大量的投资和投入，尤其是运用《巴塞尔协议Ⅱ》资本管制的支柱Ⅰ和支柱Ⅱ时（OCC，2007）。EVE 模型已经提供了一种有用的工具估计利率环境的变化所导致的获利与损失，这些模型还可以被严格地加以扩展以便将信用风险包含进来并且评价银行面对有压力的经济环境时的风险暴露情况。大型银行要想遵守《巴塞尔协议Ⅱ》就需要大量的投资，因此为应对信用风险而开发有效的压力测试所需要的额外开支相对较小。一些银行将通过适应《巴塞尔协议Ⅱ》支柱Ⅰ的数据投资开发出企业范围的压力测试，将信用风险吸收到 EVE 模型中，这似乎是很有希望的。

9.2　EVE 概念

在大体原则上，EVE 模型将一家银行的获利和损失表示成经济环境的函数。在实践中，从长期看，获利与损失可能是存在问题的，大多数银行管理者更加信赖短期风险模型，如将下一季度处于风险之中的收入看做是（至多）下八个季度的。这样的模型可能是非常可靠且富含信息的。然而，银行的偿付能力是经济价值的函数，并不是会计收入的函数。EVE 用来评估偿付能力。

大多数 EVE 模型运用的是一种"清算"方法估计公司的公允价值，假设它将被有序清偿。这种方法衡量银行当前作为一方当事人参加的任何有利可图的交易的经济价值，可能包括与现有客户正在进行的交易，但是忽略了"持续经营"的特权价值，这一特权蕴含着未来达成盈利交易的机会。

实际上，大多数 EVE 模型将非金融资产以历史成本来计，通常对于当前的利率和可供选择的情景都是这样。大多数模型还忽略了与现有客户之间的新的交易；清算模型原则上可以将与现有客户和新客户的新的交易囊括进来，但是，尤其对于新的客户而言，估计结果通常很不可靠因而不能用于商业目的。事实上，具有良好验证过程的银行可以证实，会计收入风险模型不能提供几个月内的收入预测，体现了预测新业务的难度。

虽然模型可以包括任何数量的不同资产和负债类别，但是基本的方法论只能用一种负债和一种资产类别说明。对于一家典型的银行，模型首先将账面价值以当前利率水平转换成市场价格（见表9.1）。

表 9.1　　EVE 模型的应用

账面价值	
资产	负债
100 美元贷款	90 美元存款
经济价值	
资产	负债
105 美元贷款	85 美元存款

账面价值权益是10美元，或资产的10%。因为经济环境是有利的，贷款会产生一个溢价，而存款产生一个折价（按照惯例，存款折价被当做“核心存款溢价”，之后会涉及到）。因此，假使贷款有一个5%的溢价，存款有一个5.55%的溢价，那么在当前环境下EVE（基础EVE）是20美元，或者是账面价值的两倍。然而，如果收益率曲线在短期内向上移动200个基点，大多数银行在他们的EVE估计值上将遭受一定程度的下降，因为资产价值的下降超过了存款溢价的上升。

从概念上讲，杠杆作用对风险中的经济权益与风险中的账面权益具有同样的意义。对于一组给定的资产和负债组合，EVE对资产的比率更低的话，EVE的利率敏感度会更高，从而敏感度估计会更容易受到模型假设的影响。

对于企业范围内的压力测试，EVE最具吸引力的数学特色来自利率与资产负债价值之间的结构性关系。由于资产负债表的所有项目受到同一要素的驱动，估计不同项目之间的关联是起不到作用的。因此，EVE在银行头寸方面呈线性。虽然EVE估计可能需要针对每一项财务状况（头寸）建立复杂的模型，但是没有了相互依赖的结构关系，则大大提高了模型中风险加总程序的可靠性和简便性。

如果建模者给压力情景赋予某一概率，那么EVE模型就成为一个风险价值模型。事实上，一个明辨事理的专业建模者应该能为高级管理层提供一个清晰而广泛的意见，关于任何给定压力情景出现的可能性及与此情景相关的收益或损失的可能性。可是，给任一压力情景所赋予的明确的概率值却具有随意性，尤其对那些可能威胁到银行偿付能力的异常情形更是如此，因此我们不主张EVE向VaR延伸。①

---

① 参见第4章。

9.3 未来业务

新的业务可以与未来的客户发生，也可以与现有的客户发生。未来的客户，是银行价值的一个重要组成部分，但可能由于其假想成分过高因而不能被可靠地建立在模型中，我们也没有发现银行为此作出努力。然而，许多建模者试图了解与现有客户之间的新交易，这无疑是银行股权经济价值的一个组成部分。

如果所有的新业务被包含进去，那么来自 EVE 模型的基础股权估值也是股票市场价值的估计值。之后股票市场会为模型的有效性验证提供有趣的途径。但是，在典型情况下，模型是不含新的交易的，那么股票市场价值通常大大高于 EVE 的估值。

9.3.1 无期限存款

与现有客户进行新的交易的最突出的例子就是存款期限的不确定。在美国，这一类存款包括交易保证金（可以是无息的也可以是附息的）、储蓄账户以及货币市场存款账户。

尽管 EVE 模型本质上是一种资产负债表的公允价值模型，公允价值的会计准则要求各机构依照票面价值持有这些存款［财务会计准则委员会（FASB），2007；标准 107，157 和 159 更有详细规定］。FASB 的理由是，这些工具是可以立即以票面价值得到的，因此也必须按票面价值持有。但是，从统计意义上看，任何给定的存款账户都会存留多年，而且会以低于市场总成本的费用持有，会有一个远低于票面价值的经济价值。

文献清楚地表明，大多数银行无期限存款负债的经济价值显著地低于票面价值，随着利率的升高，租金也呈上升趋势。Carhill（1997）梳理了更早的研究并指出，1981—1994年，负债价值的平均水平比票面价值低了约6个百分点。Flannery和James（1984）指出，股票市场认为这些（可求得的）存款的有效期限至少大于一年。Hannan（1994）指出，支付给存款的利率上升时呈粘性但下降时呈弹性，这是负债的一个相当不错的特征。

确定期限的零售存款是银行资金的主要来源，一般占到资产的20%～40%。与无期限存款一样，这类存款也经常提供低于市值水平的资金来源。这些存款以滚动延期的形式和内含看跌期权的形式提供选择权，但是大多数银行建模时将其看做无选择权的工具，这样它们的估值和利率敏感性就变得简单了。

9.3.2　持续的借贷关系

在资产方面，持续的借款关系类似于无期限存款。对于没有确定期限的房屋净值信贷和信用卡应收账款尤其如此。这类信贷的提取和首期支付模式在统计意义上可以被估计出来，正如当前被应用于证券化的从特价销售中获利的会计所要求的一样。尽管当前的会计准则不承认未来余额提取将会增长，但是一些公司估计了未来的增长以便更好地了解贷款的经济价值。

另一个主要问题是无担保的工商业贷款，它们经常是短期贷款如一年期，预期出借人在到期日将对那些资信未恶化的交易办理续借。这些贷款承担着远远大于无风险市场利率的息票利率。虽然额外息票的大部分用来补偿违约损失，但是这种贷款还是有很大机会赚到正的溢价，至少在经济形势好的时候可以。我们还没有看到一家银行研究过这种滚动延期。如果银行能更详尽地研究这类贷款的价值，那将会成为EVE建模向前迈出的重要一步。

9.4 模型的不确定性

依据静态清算 EVE 模型，模型的不确定性由资产负债表中的两个元素所控制：无期限存款、非营利性资产和负债。任何工具的利率敏感度都不可能被绝对准确地估计和预测，但是至少对于多元经营的银行而言，关于这两种因素的不确定性在很大程度上削弱了其他因素的不确定性，以至于相比较而言，来自其他因素的不确定性显得微不足道。

9.4.1 无期限存款

许多银行已经进行对其无期限存款进行了损耗研究。这些研究往往显示出，大约 30% 的账户在第一年关闭，但是一旦从第一年中保留下来的账户在接下来的 20 年左右将损耗的十分缓慢和平稳。针对建模的目的，根据历史经验提出了一个 20 年分期偿还的建议（实际上大多数银行任意地缩短分期偿还期限，保守地说，缩短到 10 年）。

对于如此长的期限，存款者得到的利率远远低于市场利率。2008 年 6 月，美国的银行向货币市场账户平均支付了 0.75% 的利率，向附息利率交易账户平均支付了 0.25% 的利率（银行利率监控，2008）。这与同一时间点上的 3.4% （4.5%）的一年期（五年期）掉期利率形成对比。要管理这些账户，银行要付出比管理大多数其他资产和负债账户更高的成本，但是总成本必定还是低于市场水平。

在 9.3.1 节的学术研究认为平均或者基础溢价大约是票面价值的 6%，但是这些研究还没有在溢价的利率敏感性上形成一致意见

[Ellis 和 Jordan，（2001）对这些文献提供了一个概述]。从计量经济学上讲，问题在于存款余额和利率对市场利率变化的反映存在一个长期且可变的滞后值，这种长期和可变的滞后会给计量经济估计的可靠性带来非常严重的后果。

无论这项任务有多么艰巨，银行必须评估其内部资产—负债模型的敏感性。尚未出现统一的方法。虽然不是大多数，但有一些银行运用损耗研究确定预期存款的生命周期，其中假设当前的存款利率在利率水平不变的情况下会保持不变，存款利率（“拆出利率”）如何根据市场利率的变化做出反映依赖于专家的判断。于是常规的静态折现现金流计算就可以为基准情形和压力情景实现价值估算。

由于在方法论上没有形成该领域的共识，加上在银行建模过程中专家的意见很重要，于是我们开发了一种非正式的“OCC 一致性区间”，反映中间 80% A/L 管理者的观点。这些假设用于监控模型，OCC 在审查中使用此模型。[基于 Ellis 和 Jordan（2001）的调查，全国信贷联盟协会针对无期限存款采用了一种类似的方法]。在参与银行测试的过程中，我们收集到 25 家银行在面对利率平行上移 200 个基点的冲击是所体现出的价值敏感度估计的信息。在利率上升的情形下，几乎所有的银行的 EVE 都在下降；因此，对于增加 200 个基点这一冲击，所估计的溢价上升程度越高，假设就会越“乐观”。

在附录中列出 25 家银行得到的结果。剔除最大值和最小值，对于增加 200 个基点这一冲击，溢价的上升幅度从 1.7% 到 6.1%。这多少有一点夸大了这种差别，因为对不同的银行而言，交易保证金与货币市场存款的比例不同，现有的共识认为，交易保证金的溢价对利率上升的反应要强烈的多。此外，这些估计结果的收集经历了一个利率周期，当利率低的时候溢价对于 200 个基点的冲击比利率高的时候更加敏感。

结果显示，合理的专家意见所指出的区间范围至少和 OCC 所一致认为的区间同样宽。16 家银行落在这一一致认可的区间之内或者非常接近区间的某一端，但是 9 家明显落在区间之外。看来，不严格地讲，大多数专家相信，相应于增加 200 个基点这一冲击，存款溢价将增长约 2 至 5 个百分点，区间范围为 3 个百分点。

如果无期限存款在负债中没占到这么大的比例，这也不会成为一个主要问题。假设在基础情形下，某家银行有 90 美元的负债，其中的 45 美元为无期限存款，对于 10 美元的基础情形下的 EVE，还有 100 美元资产。对于增加 200 个基点的冲击，2 到 5 个百分点的区间范围意味着，1 美元存款的获利在 0.9 美元（基础 EVE 的 9%）到 2.25 美元（22.5%）之间。如果银行在其他资产和负债上的净损失恰好等于 0.9 美元，在给定的合理的存款范围假设下，因增加的 200 个基点的冲击而处于风险之中的 EVE 的比例将可能落到 0 和 13.5% 之间的任一位置。

对大多数银行而言，一个大于基础值 10% 的区间范围意味着 EVE 对确定风险的绝对水平几乎没有作用。银行的内部模型针对增加 200 个基点的冲击所估计出来的处于风险之中的 EVE 水平一般在 0 到 20% 之间。运用存款假设乐观的一端及 OCC 的 EVE 模型，我们还发现大多数银行落在 20% 以下。根据经验，在我们的风险评估体系之下，审查者将 20% 以上的银行归类为“高 EVE”。因此，在存款假设区间两端点以内的任意区间，将等于一家典型银行的全部风险。

9.4.2 非营利资产

估计存款的利率敏感性的难度在美国受到了极大的关注，但是非营利资产和负债的问题却几乎没有受到重视。这些项目组成了银行基础结构中的资产负债表。非营利资产通常占到资产的 5% 到

10%之间，包括厂房、现金和用来支撑存款的准备金，以及各种各样的非金融投资如支付处理。非营利负债包括应付账款这样的科目，一般占到负债的1%到5%。非营利资产和非营利负债的差别高达总资产的5%之多，所以这些科目为总的基础股权或者会计权益作出了很大的净贡献。

对非营利性科目期限的分配，存在很大的随意性。仔细思考支撑存款的现金储备。从现金清偿的角度看，现金的价值是不变的，因此它可以被持有过夜。从作为银行的一项业务的角度看，闲置资金为必要的服务流赋予了一种独立于利率水平的价值，并且这种价值应当被看做是永恒的。

在这两个论点中作出选择是具有任意性的。大多数银行把非营利科目算作隔夜的，但是也有一些将这些科目看做是永久的对待，还有一些采取折中的办法分配给其中间期限。

如果非营利资产和非营利负债之间的区别达到总资产的5%，长期利率为6%，那么将隔夜类别里的科目转到永久类别里，将会使风险中的EVE在基础EVE的基础上增加12.5%，类似于无期限存款导致的估值的不确定性。

忽略非营利科目并将它们从模型中统统撇开，将会是非常方便的，但是，那样的话模型会大大地高估银行的杠杆作用。这将大大增加EVE估计的百分比灵敏度。可以认为，通过将这些科目视为隔夜性质的，模型在敏感度问题上将仍旧无所作为，但却不会出现对基础权益比率有严重的妄下结论的现象。

9.4.3　其他活动

在一些场合下，我们曾将OCC模型产生的EVE估值与银行EVE模型产生的EVE估值作比较，其中OCC模型采取了银行对存款和非营利科目所做的假设。曾经有几次，我们发现了银行模型中实质性的编程误差。除了这些误差以外，我们的模型在任何场合下都没有表现出与银行模型有本质的区别。然而，讨论建模问题对于银行通常持有的其他工具来说是很有用的。

为了保存计算资源，银行运用静态折现现金流为无选择权的工具建立模型，如国债。无选择权工具的估值非常接近于线性，只有少许“正凸性”，为了资产—负债管理的目的，一般可以将这一“正凸性”忽略。“正（负）凸度”工具的价值随利率的波动而增加（减少）。

当金融工具拥有明显的选择权时，估值变成非线性的而且需要用随机路径估值技术。这就要求建模者提供隐含的短期利率的远期值，这一利率数据通常取自掉期市场；远期利率可以被建模者计算出来，但是从市场数据供应商那里很容易获得。

建模者还需要为利率提供一种概率波动性结构。最为普遍的常规做法是使用固定收入衍生品市场的隐含波动率，从供应商那里也很容易得到。

在华尔街建模者当中，通常的做法是为短期利率和长期利率之间的相关结构建立假设条件，引出多种利率因素。但是，我们自己的内部有效性验证表明，针对 EVE 建模中所涉及到的精确度，单因素模型更可取，因为它们更容易实施，也因此更加不易受到误差的干扰。然而，即便是在单因素模型中，建模者也应当提供 1 年期到 10 年期隐含波动率的期限结构，这是因为，如果隐含波动率期限结构的斜率没确定，那么基础估值与风险评估可能会呈显著地多样性。

相对于现金流折现模型，随机路径的期权估值要求更多地投资于计算资源、人员培训以及期权研究当中，所以银行更偏好于忽略其大部分金融工具所含有的期权。例如，无期限存款拥有的一个极具吸引力的特点就是，报价利率是“粘性上升，弹性下降”，于是在利率波动时溢价很有可能上升（Hann，1994）。虽然如此，大多数银行还是忽略这一特点，大概就是因为与存款相关的大量不确定性使得正的凸度太过离谱因而不值得争取。

常规的做法是，将随机路径技术运用到住房抵押贷款和按揭支持证券，它们具有很强的负凸度。造成负凸度的原因是银行通常在贷款中包含了毫无成本的看涨期权。因为零售客户缺少用来最优化其期权执行所需要的信息，所以银行需要为期权的执行问题开发或取得一种统计模型，而模型的预测往往是不准确的。这就产生了银行建模者严密追踪的模型不确定性问题，但是这些不确定性还没有严重到会影响风险 EVE 估计的价值底线。

2000 年以前，银行一般不去了解属于住房抵押组合之外的期权，但是现在一些银行已经在改进它们的模型。对于长期固定利率的商业贷款和商业房地产贷款尤其如此。尽管这类贷款一般规定了“凑整”提前还款惩罚事项，消除低利率对提前还款行为的刺激，但信贷人员更倾向于放弃惩罚以维护客户业务关系。这个问题在美国 2001 年至 2003 年经历极低的利率期间尤为严峻。

固定期限的存款单具有一个隐含的看跌期权，给存款者提供了一个在利率上升时提取资金的动机。与商业贷款类似，存款一般都有规定一个利率罚金阻止这项看跌期权的执行，但是考虑到与客户关系的利益问题，银行倾向于放弃这一惩罚措施。无论是我们考察的银行内部研究还是 Gilkson 等人 1999 年的研究，都提出证据表明这种期权的价值具有重大的经济意义，应该被资产—负债管理者包含到模型当中。

多数大银行通过发行长期的非存款性负债筹集其绝大部分资金。这些负债可能具有复杂的期权结构；许多银行发行可回售负债，其中所含的期权的价值大大降低了息票的支付额。很明显，这些期权应该被考虑在模型中。

银行从信用卡贷款中赚到的主要收益之一，是大约相当于余额1%到2%的交易费。这一费用对利率不敏感，暴露于上升的利率当中。然而，大多数银行把信用卡贷款视为隔夜贷款，尽管有一些具有更加周到的方法。这些资产虽然不是资产负债表中的主要科目，但是它们很可能具有相当复杂的可选择性，这一问题几乎尚未得到研究，而我们意识到了。Keller（1997）对这一问题进行了专业的讨论。

利率期权的最后一个主要的潜在来源是非住房零售组合，特别是汽车贷款。汽车贷款一般具有4年期或5年期的固定利率，对提前还款不收取罚金。但是，相对于借款人再融资所导致的成本，相对低廉的成本余额起到了减弱提前还款的动机的作用。关于汽车提前还款的利率敏感性，我们所考察的银行内部研究已经被加入进去了，但是并没有发现这类贷款利率敏感性接近于抵押贷款的利率敏感性。

9.5 信用风险

为了运用EVE进行企业范围内的压力测试，那么这种方法与当前的标准做法唯一的主要区别就是包含了信用风险。这将允许银行为可能出现的经济环境的变化做“假使……将会怎么样”的试验，以确定不利的发展形势可能会对银行造成什么样的损害。例如，几年来，我们一直提倡银行应该评估“滞涨”的境况给银行带来了多大的EVE损失。虽然我们了解到有个别银行正在向这方面努力，但是当前来看，我们还没有看到任何银行可以令人信服地为这种压力情景建立模型。

概念上，获得这种能力不需要任何新思想，因为金融理论认为违约选择权类似于其他的能够可靠的被包含在EVE模型中的选择权。然而，实际中，具有深刻意义的将信用风险包含进来，需要发展令人信服的、要素驱动的、对银行账簿的信用风险所进行的建模，进而要求银行在传统地处理信用风险的方法上有所创新。

直到现在，银行在工作中一般都运用信用评分模型，这一模型是介于借款人的特点建立的。对于商业目的，这显然已经足够完成任务了。业务需要还没有要求对环境风险因素和组合信用损失之间的关系有所理解；通过依据借款者的特点进行了排序，银行可以避免将贷款出借给信用最差的借款人，保证在正常的经济环境中仍然有利可图。

一种将环境因素考虑进去的借款领域就是住房抵押贷款，在这当中对房价和违约之间的关系有很好的理解。

类似的关系存在于其他的宏观经济变量与违约之间，并且从原则上讲，通过一套研究议程量化这种关系是很简单的。对于零售贷款而非住房抵押贷款，一项关于实际实施的讨论出现在Breeden（2003）当中，尽管在讨论中一些银行对Breeden提出的关于宏观经济因素和违约之间的相关性的证据持有异议。

对于公司违约，相关性的证据尤其明显。1991年和2001年尤为突出的美国大萧条使人们看到了公司违约率的急剧上升（Das等人，2007）。针对令人信服地建立起宏观经济风险因素和信贷损失之间的关系这一点而言，这一领域的前景显得尤为光明。

信贷进行压力测试的效用，将取决于研究对风险因素和信贷损失之间关系的说服力。这需要银行进行投资，但是对于那些已经执行了《巴塞尔协议Ⅱ》中的内部评级法的银行，他们已经在数据和研究方面进行了大量的投资，那么进行这次研究所需的剩余投资，相对于处在危急关头的大量股东财富来说是九牛一毛。

虽然不能保证这项研究一定会成功，但是很可能回答摆在银行高管团队面前的最基本的问题：我的银行怎样才能从各种可能发生的经济环境中经营存活下来？这一好处也许超越了从IRB执行中带来的全部其他好处的总和。如果能够证明这是真的，那么这些投资看起来将是非常有道理的。

9.6 结论

EVE建模运用了股权的百分比敏感度，即投资者和债权人，因而也是银行家和银行业监管者能够得到的最具经济意义的关于风险的表达方式。与这一吸引力相对立的是，在模型估计中不能削减的不确定性问题。当模型扩展到将信用风险包含进来的时候，这一不确定性将会自然而然地增加。

EVE具有这种不确定性也不足为奇。EVE模型是银行业使用的最有价值的模型之一。模型不仅要能够估计公司的价值，而且（原则上）要在每一种经济环境下都适用。幸运的是，不确定性如果不减少的话，是可以识别和量化出来的。

也许，采用EVE模型进行企业范围内的压力测试的银行，在若干年以后，会将此模型视为可执行的风险管理信息系统中不可或缺和日常的组成元素。监管者会将其视为银行出具的最为引人关注的风险报告。

附录　不同银行间存款敏感性估计的差别

风险分析部门经常被要求在利率风险（IRR）审查中运行货币监督署的股权经济价值（EVE）模型。EVE衡量当中最受争议的一个方面是核心存款的有效存续期限。现在我们将更多的注意力放在利率上增加的 200 个基点对由核心存款提供的对冲价值有多大的影响上。我们把核心存款（负债）价值的下降叫做一种对冲，因为它们抵消了利率瞬时升高时资产的下降。负债的下降抵消了资产的下降，因而对冲了股权受到的影响。

我们对此已经进行了研究，回顾了有关无期限存款的文献，并采访了许多处于审查情境之下的银行业者。已经得出结论表明，市场条件的变化与银行存款基础额的变化之间存在的长期而可变的滞后性问题，导致了统计分析自动的不可靠性。统计方法是有用的，但是大多数银行用自身对其存款基本额的利率敏感性的专业判断覆盖了统计学方法。

我们用从 25 家银行的 EVE 模型中得到的估计结果，与货币监督署（OCC）悲观和乐观的系列假设作比较。有一些银行，大多是处在相对缺乏竞争力的市场中的社区银行，比货币监督署的乐观幅度表现出更加乐观一点。也有少许比货币监督署的悲观幅度表现出更加悲观一些。

表 9.1　　股权经济价值（EVE）模型的运用

银行	银行 +200 个基点	排名	货币监督署悲观估计 +200 个基点	货币监督署乐观估计 +200 个基点
15	6.9	1	3.0	4.5
17	6.1	2	2.2	3.1
20	5.3	3	2.9	5.0
25	5.1	4	3.2	5.2
21	4.8	5	—	3.8
8	4.7	6	3.6	4.1
22	4.5	7	3.2	4.9
6	4.4	8	2.4	4.1
23	4.4	9	2.8	4.2
4	4.1	10	2.8	4.1

续表

银行	银行 +200 个基点	排名	货币监督署悲观估计 +200 个基点	货币监督署乐观估计 +200 个基点
24 运用 OTS 模型	4.0	11	1.9	4.8
9	3.9	12	2.4	4.2
16	3.8	13	3.6	4.6
13	3.8	14	2.7	4.5
18	3.4	15	3.2	4.4
2	3.2	16	2.5	4.6
7	3.0	17	2.9	3.9
5	2.8	18	2.7	4.3
19	2.8	19	2.9	4.2
10	2.6	20	3.0	4.5
11	2.6	21	2.2	3.5
14	2.3	22	2.7	3.9
3	2.1	23	2.8	4.1
1	1.7	24	2.3	4.3
12	0	25	3.8	5.3
奥尔森研究所 - 均值	—	3.6	0	—
奥尔森研究所 - 最大值	—	10.4	0	—
奥尔森研究所 - 最小值	—	1.4	0	—

注：第 24 组银行运用的假设是基于节蓄机构监管办公室（Office of Thrift Supervision，OTS）的假设，它使用的是点估计值而不是区间估计值。

参考文献

[1] Bank Rate Monitor (2008), 27 (4), June.

[2] Berkovec, J. A. and J. N. Liang (1991), *Deposit Premiums if Failed*

Banks: Implications for the Values of Deposits and Bank Franchises, Board of Governors of the Federal Reserve System, May.

[3] Breeden, J. (2003), 'Portfolio Forecasting Tools: What you Need to Know', *RMA Journal*, 86 (2), October, 78 – 87.

[4] Carhill, M. (1997), 'Accounting Income and Market Prices: Explaining Core – Deposit Premiums', *Managerial Finance*, 23 (2), 42 – 64.

[5] Das, S., D. Duffie, N. Kapadia and L. Saita (2007), 'Common Failings: How Corporate Defaults are Correlated', *Journal of Finance*, 62 (1), 93 – 118.

[6] Ellis, D. M. and J. V. Jordan (2001), *The Evaluation of Credit Union Non – Maturity Deposits*, National Economic Research Associates (NERA), 10 September.

[7] Financial Accounting Standards Board (2007), *Statement of Financial Accounting Standards*, 159.

[8] Flannery, M. J. and C. M. James (1984), 'Market Evidence on the Effective Maturity of Bank Assets and Liabilities', *Journal of Money, Credit, and Banking*, 16 (4), 435 – 445.

[9] Gilkeson, J. H., J. A. List and C. K. Ruff (1999), 'Evidence of Early Withdrawal in Time Deposit Portfolios', *Journal of Financial Services Research*, 15 (2), 103 – 122.

[10] Hannan, T. H. (1994), 'Asymmetric Price Rigidity and the Responsiveness of Customers to Price Changes: the Case of Deposit Interest Rates', *Journal of Financial Services Research*, 8 (4), 257 – 267.

[11] James, C. (1991), 'The Losses Realized in Bank Failures', *Journal of Finance*, 46 (4), 1223 – 1242.

[12] Keller, J. W. (1997), 'Managing the Interest – Rate Risk of a Card Portfolio', in A. G. Cornyn, R. A. Klein and J. Lederman (eds.),

Controlling and Managing Interest - Rate Risk, New York Institute of Finance, 408 -422.

[13] Office of the Comptroller of the Currency (2007), Risk Based Capital Standards: Advanced Capital Adequacy Framework - BaselII - Final Rule, *Federal Register*, *December*, 69287 -445.

第10章 一个整合各类风险的框架：信用风险与利率风险之间的相互作用

斯特芬·索伦森（Steffen Sorensen）

马科·斯林格（Macro Stringa）*

* 分别参照巴里·希伯特公司（Barrie, Hibbert）和英格兰银行。本章主要基于2008年1月发表在英格兰银行工作文稿（339）中的“The Integrated Impact of Interest Rate and Credit Risk on Banks: an Economic Value and Capital Adequacy Perspective”一文。本章观点仅代表作者观点，并非巴里·希伯特公司（Barrie, Hibbert）和英格兰银行的观点。

10.1　导论

如上一章所述，信用风险与利率风险是商业银行面临的最为重要的两类风险源。在商业银行看来，利率风险是市场风险的重要来源，且是继信用风险之后的第二大风险源。[①] 美国储贷协会（S&L）危机就是体现利率风险严重性的一个例子。[②] 银行和监管者对两种风险的重要性都有所意识，但他们更倾向于对二者进行单独管理。然而，实质上信用风险和利率风险之间是有内在关联的，而非彼此独立。倘若忽视这种相互依赖性，可能会为经济严峻下行时期的银行稳定性埋下隐患。

迄今为止，大多数的压力测试都是把两种风险分别开来处理的，要么集中研究信用风险，要么集中研究利率风险。例如，传统的宏观经济压力测试把目标定位在评估不利的宏观经济冲击之后银行资产质量的恶化程度（参见 Sorge 在 2004 年的调查）。尽管这些分析认为信用风险可能会严重地降低银行的盈利能力，威胁到它们的清偿能力，但是它们经常意识不到信用风险和利率风险的相互作用。为了掌握这种相互作用，基本的做法就是考虑整个资产负债表。比如，在资产质量出现一波急剧恶化之后，一家遭受评价下调的银行可能会面临更高的筹资成本，这又会进一步加剧这家银行的损失。因此，有必要对银行的整个资产信贷等组合情况加以考虑：资产、负债以及表外项目，以便全面了解未预期到的宏观冲击对银行稳定性的影响。

不能够对银行整体组合情况进行建模的压力测试，也就不能解

---

① 参见 IFRI – CRO（2007）。

② 关于储贷协会（S&L）危机概况参见 Curry 和 Shibut（2000）。

释资产—负债重新定价中产生的错配问题。[①] 这种错配来自于银行系统的一种既定功能：以短期的方式借入资金，以长期贷款的形式贷给家庭和公司。这种错配是商业银行利率风险的关键来源，因为与非违约利率的变化相伴随的将会是，资金通过负债方更快速的利息流出和资产方相对缓慢的利息流入。结果是，如果一家银行没有通过入表外项目等方式将其全部风险对冲掉，那么随着利率的上升，净的利息收入可能会下降。

但是重新定价中的错配也可能会使银行暴露于信用风险中。事实上，净利息收入不仅会受到无违约利率变动的影响，而且会受到信用风险的影响。这是因为信贷利差会被调整到能够反映银行自身或者借款方信用风险的水平。调整时机将取决于上文提到的重新定价的错配情况。

因此，压力测试需要了解的不仅仅是宏观经济变量变动的直接影响，如失业率，对银行预期账面价值削减；而且要了解其通过无违约利率的潜在变化可能产生的间接影响。除重新定价错配之外，无违约利率的变化也会影响到银行账面价值的削减。

尽管我们承认利率风险是需要伴随信用风险共同考虑的一个重要的风险来源，但是它的重要性在各文献中受到支持的程度参差不齐。自 Flannery 和 James（1984）以来一些文章发现利率对银行股票收益具有强烈的负面影响（更近期的研究请参见 Fraser 等人 2002 年的论文）。然而 Chen 和 Chan（1989）认为，在很大程度上这取决于取样的时期。运用不同国家年度利息净收入总量进行计量经济学分析，English（2002）得出的结论是，利率变化不太可能是银行体系稳定性的一个重要因素。与此类似，Maes（2004）在研究比利时银行部门的利息净收入总和时发现，实证证据并没有很好的解释利率

① 一项资产或负债重新定价的特征不必与其到期期限的特征相一致。例如，一项弹性利率贷款可以具有一个 20 年的期限，即使每三个月就可以对它重新定价一次。

变化对银行系统的显著影响。但是年度利息净收入这一指标也许太过于综合因而不能够将利率对银行风险的复杂影响区分清楚：最初利率的一次上升将会缩减短期借款和长期贷款之间的利润，压低利息净收入。几个季度之后，一旦上升的利率传递到借款方，利息净收入又会提高。所以，对年度利息净收入进行的计量经济学分析很难提供论据证明利率风险的重要性也许就不足为奇了。

一种最简单的灵敏度检验叫做缺口分析（gap analysis），用这种方法，银行和监管者仅通过观察资产、负债以及表外项目之间重新定价的净值错配评估利率风险。① 运用这一方法同时结合储蓄监理署开发的一个模型，Voupt 和 Wright（1996）得出结论说，处于20世纪90年代中期风险环境中的大多数银行，利率风险并不是风险的主要来源。但是标准差距分析法以及更复杂的缺口分析法存在很多问题（如参见 Staikouras，2006）。最重要的是这些检验暗示了，无违约收益率曲线受到冲击对资产的信贷质量没有影响。尤其在利率上升时期，违约发生的概率可能更高，复苏的可能性更小的情况下，上述假定是非常站得住脚。

以上的讨论表明，用一种一致性的框架进行宏观压力测试很重要的，在测试中要同时抓住信用风险和利率风险的影响。Jarrow 和 Turnbull（2000）首次在理论上说明如何将利率风险和信用风险加以整合。Jarrow 和 Van Deventer（1998）指出在对冲一笔债券组合方面，信用风险和利率风险都需要被考虑进去。但是这些论文只关注了信用风险和利率风险的整合作用对资产的影响，而非将目标置于评估信用风险和利率风险对银行整个资产负债表的影响。Barnhill 和 Maxwell（2002）、Barnhill（2001）等人试图去衡量信用风险与市场风险对一家银行整个组合的影响情况。他们用了一套模拟仿真的框

① 一般而言，缺口分析法根据重新定价的特征将资产、负债和表外项目分配到不同的时间段中，并且计算各时间段之间的净额差距。

架，依赖于一系列系统的风险因素所处的状态对资产和负债进行了重新估价。为了评估银行的稳定性，他们将焦点集中于经济价值的分布。但是他们忽略了利率风险的一个最重要的来源—上述存在于资产和负债之间的重新定价错配因素。另外，他们也没有考虑表外项目。①

我们提出一套总体框架可以用来进行压力测试，衡量在受到相关信用和利率影响下银行的稳定性。我们的框架要掌握：（1）信用风险对整体组合的影响；（2）源于资产、负债以及表外项目净头寸的重新定价错配的利率风险，以及基差和收益率曲线风险；（3）信用风险和利率风险之间的相互作用。

我们考虑一家虚拟银行的非交易账户收支差，直接对公司和家庭的信用风险建立模型。更重要的是，我们的模型涉及复杂的现金流，这类现金流来自具有不同重新定价特征的负债，而非假定一类简单的现金账户。这一方法还考虑到了具有利率敏感性的表外项目。而且与现有文献相反，我们还能够评估严峻的压力情景对风险调整下的贴现率、账面价值的削减、净利息收入、资本率以及净利润的影响。因此这一框架可以被用来将标准的信用风险压力测试扩展到含有不同风险源的复杂综合下的情形。

在评估不利的宏观经济情景的影响时，需要考察经济价值以及资本充足条件。经济价值条件能够基于经济基本面状况，以及简单地基于风险调整下的未来现金流折现情况，对银行的健康程度给出一个长远的判断。但以此为度量标准评估银行的稳定性还不够。比如说，可能有这样一种情况，某种获利途径，由于未来利润大于短期内某一段严重损失，使得短期银行资本充足率不足，但长期仍能获利的局面。另外，由于受市场或监管约束，银行的持续运营可能会因流

---

① 论文中还考察了 +/-一年的期限错配问题，得出结论认为这是非常重要的一个因素。但是 +/-一年对于掌握期限错配对银行风险的全面影响明显过于简单化了。

动性危机而遇到困难。评估银行短期到中期的风险需要为银行的账面价值削减，净利息收入以及资本要求作出一致性的规划设计。

本章其余部分安排如下：10.2 节简要介绍了总体框架；10.3 节讨论了一家虚拟银行资产负债表上的各种风险，以及对这家银行行为的一些假设。这一节还论述了把信用风险和利率风险与宏观变量，以及银行面临的经济压力相联系进行建模的过程；在这些基础构建工作的基础上；10.4 节用实例说明分别测量利率风险和信用风险高估或低估银行损失的原因；10.5 节思考了未来的挑战；10.6 是结论部分。

10.2　利率风险与信用风险整合框架

对于 Drehmann 等人（2008）提出的框架本节不会给出完整的说明，它的目的是去解释对这一框架主要的直觉上的认识，特别强调信用风险和利率风险的整合。

10.2.1　风险的整合

期限为 T 的一类资产 i 经济价值 EVA^i 被简单地定义为未来息票支付 C 和本金 A 的经风险调整之后的贴现值：

$$EVA_t^i = \sum_{k=1}^{T} D_{t+k}^i C_0^i A^i + D_{t+T}^i A^i \tag{1}$$

我们假定所有的资产都等同于子弹式债券——也就是说，只在到期日一次性偿还本金，定期支付固定金额的息票，息票金额已经在 $t=0$ 时确定。这样一种资产可以是，如无内含期权的固定利率债券或者简单的银行贷款。这一折现函数可以由下式表示：

$$D^i_{t+k} = \prod_{l=1}^{k} d^i_{t+l-1,\ t+l} \tag{2}$$

其中，d 是逐期对风险调整后的贴现因子，等于 $1 + R$ 的倒数，R 是风险调整之后的利率。在时间连续的情况下，R 等于无风险利率加上一个信用风险溢价。在时间离散的情况下以下关系式成立：①

$$R^i_{t+l-1,\ t-l} = E_t\left(\frac{r_{t+l-1,\ t+l} + PD^i_{t+l-1,\ t+l} \times LGD^i_{t+l-1,\ t+l}}{1 - PD^i_{t+l-1,\ t+l} \times LGD^i_{t+l-1,\ t+l}}\middle|\Omega_t\right) \tag{3}$$

其中 $r_{t+l-1,\ t+l}$ 是在 t 时刻就知道的 $t + l - 1$ 时刻与 $t + l$ 时刻之间的远期无风险利率。LGD^i 是借款者 i 的预期违约损失率，为简化，将其假定为常数。$PD^i_{t+l-1,\ t+l}$ 是直到 $t + l - 1$ 时刻仍然存在的条件下，借款者 i 在 $t + l - 1$ 时刻与 $t + l$ 时刻之间风险中性的违约概率。以 t 时刻可获得的信息集 Ω_t 为条件，取条件期望。

依据其契约性质，资产和负债需要被重新定价，因为息票利率的经验值是不能够被观察到的。为此，假定在发行时，某一证券的经济价值（一项资产或一项负债）等于其面值。这就表明在式（1）中，$EVA^i_{t=0} \mid \Omega_0 = A^i$。对于 $C^i_{t=0}$ 我们解得：

$$C^i_0 = \frac{1 - D^i_T}{\sum_{k=1}^{T} D^i_k} \tag{4}$$

式（3）和式（4）对于理解信用风险和利率风险影响证券的渠道是至关重要的。首先，预期风险溢价和预期无违约收益率曲线都取决于一套共同的宏观经济风险因素。因此未预期到的宏观因素的变化会影响到信用风险和利率风险。其次，未预期到的无违约收益率曲线的移动会改变借款者以及银行自身的信用风险。②

---

① 公式中假设息票和本金适用于同一违约损失率，并且流动性溢价为 0。推导请参见 Duffie 和 Singleton（2003，134）。

② 还可能存在信用风险对利率的反馈。然而，这样一种作用，部分地包含于以下用来模拟系统风险要素的宏观模型当中。

那么可以说，当经济条件改变时，证券的贴现因子 $[D(t+k)]$ 将瞬时调整来反映收益率曲线的变化、证券违约损失率（LGD）的变化以及PD的变化。但是，由于在证券被重新定价以前，息票利率都保持固定不变，证券的经济价值将会偏离于面值。只有证券被重新定价之后经济价值和面值才会再次相等，这时息票支付将反映出新的经济环境。

这些观点同样适用于银行的整个组合。但是虽然经济价值可以在瞬时反映出经济情况的所有变化，而收入只能依据银行资产、负债以及表外项目重新定价的特性缓慢调整。

银行的经济价值EVB，等于其资产的经济价值（EVA）减去负债的经济价值（EVL）：

$$EVB_t = EVA_t - EVL_t,$$

$$\text{其中，} EVA_t = \sum_{i=1}^{N} EVA_t^i,\ EVL_t = \sum_{i=1}^{M} EVL_t^i \tag{5}$$

N 表示银行资产负债表中不同资产的数量，M 表示不同负债的数量。

从管理监控的角度来讲，最重要的并不是负债的经济价值，而是银行按时按票面价值偿还负债的能力。因此，评价银行风险的首要条件是计算资产的经济价值是否低于负债的面值，其中

$$FVL_t = \sum_{i=1}^{M} L_t^i$$

10.2.2　短期—中期稳定性基准

经济价值条件不足以成为评估银行稳定性的度量标准。然而经济价值或许能表明银行的长期健康没有受到某种预期之外的宏观冲击的威胁，银行在短期到中期内可能仍然处于资本不足的状态。当一家资本充足率低下的银行遭遇监管干预或者流动性危机时，这为

风险评估提供了一种重要的视角。我们可以考察中期 W 内的所有阶段，银行的资本相对于它的风险加权资产（RWA，risk - weighted assets）是否保持在监管所要求的最小值 k 之上：

$$\frac{SF_t}{RWA_t} > k\text{，对于任意 } t < W \tag{6}$$

这里，SF 表示预期的股东基金。[①] 在内部评级法（IRB）下，压力评级的变化反映了每类资产的 PD 及 LGD 的变化（参见国际清算银行，2004）。

10.2.3 股东基金的规划

如上所述，未来的息票是不可观测的。我们假定在零时刻每一种资产的经济价值等于其面值。这使得我们能够得出最初的息票支付额。这一假设可以用于每一次资产或负债的重新定价。要预测 SF_s 还需另外 4 个假设。第一，某一类资产内的头寸敞口都是被无限细分的，即一类资产中的个别敞口是很小的。这一假设与基本巴塞尔公式 2（basic basel 2 formula）是一致的。第二，一旦存款到期，存款者将愿意将其存款按照同样的重新定价特性（滚动）延期，除非银行未履行责任而违约。第三，银行不会积极地管理其组合成分：一旦资产到期，银行将继续投资于与到期资产具有相同重新定价特性和风险特性的项目。但是银行会改变息票利率直到信用风险和无违约利率变化到能够反映新的经济环境的程度为止。第四，银行运用其自由现金流（净现金流）偿还到期的成本最高的负债，而不是将其投资于新的资产或者扩张其资产负债表。如果 SF_s 降幅高于账面价值的削减，银行将能够吸引到新的银行间存

---

① 为简化起见我们假定这就是银行的唯一资本。

款。这些行为假设在相当程度上是武断的，但它们是最为简单的存在可能性的规则。

推导未来每一时段的预期 SF 需要掌握预期净利润，净利润的增长来自于留存收益的增加（税后且股利发放之后的利润）或者损失的减少（无税收和股利支付）。[1] 因此 SFs 由下式计算：

$$SF_t = \theta\max(0; NP_t) + \min(0; NP_t) + SF_{t-1}, \tag{7}$$

其中，当银行支付税收和股利时，$\theta < 1$。

时刻 $t-1$ 到 t 之间的预期净利润（NP_t）等于预期净利息收益加上其他预期收入（OI_t）减去账面价值削减（WR_t）和其成本（C）。依次地，预期净利息收入是银行从其所有资产得到的预期总的现金流（CFA_t），减去银行为其负债支付的预期总的现金流（CFL_t）。

$$NP_t = (CFA_t - CFL_t) - WR_t + OI_t - Cost_t \tag{8}$$

其他收入和损失被假定为常数。

10.3　压力测试的基础构件（基本构成要素）

本节运用此前介绍的框架来讨论宏观压力测试的基本要件。

10.3.1　虚拟的银行

我们运用五个资产类，三个负债类，股东基金以及作为表外项目的利率互换，构建了一家虚拟的但符合现实性的银行（见表 10.1）。

---

① 即隐含的假设是只要可以，银行会按照其收益的一定比例支付股利。而且，假设损失不能被结转以抵消未来的税收。

表 10.1　　　　一个假设的资产负债表

期限							
	0~3个月	3~6个月	6~12个月	1~5年	>5年	非生息资金	总计
资产							
对银行的贷款和垫款总额	5 500	1 900	500	100	100	0	8 100
对客户的贷款和垫款总额	86 900	12 200	5 000	17 800	12 300	0	134 200
家庭总计	44 700	10 600	2 400	10 600	5 600	0	73 900
按揭	24 600	9 800	1 200	7 200	2 400	0	45 200
固定利率按揭	0	0	1 200	7 200	2 400	0	10 800
可变利率按揭	24 600	9 800	0	0	0	0	34 400
信用卡	20 600	800	1 200	3 400	3 200	0	28 700
对 PNFC/NPISH 信用总计[a]	42 200	1 600	2 600	7 200	6 700	0	60 300
国库券和其他债务性证券	6 700	2 300	2 100	3 400	3 200	0	17 700
总资产	99 100	16 400	7 600	21 300	15 600	0	160 000
负债							
银行同业存款	17 900	1 290	250	100	150	0	19 691
客户总存款	88 000	2 610	3 000	2 700	200	6 000	102 509
家庭总计	44 000	1 305	1 500	1 350	100	3 000	
PNFC/NPISH 存款总计[a]	44 000	1 305	1 500	1 350	100	3 000	
债务性金融工具	18 850	2 850	2 850	3 190	1 260	0	29 000
股东资金—股东权益						8 800	8 800
总负债（不包括股东资金）	124 750	6 750	6 100	5 990	1 610	6 000	151 200
总负债	124 750	6 750	6 100	5 990	1 610	14 800	160 000
表外项目	8 050	-8 050	100	-910	3 610		2 800
利率敏感性缺口	-17 600	1 600	1 600	14 400	17 600		

注：a PNFC 指私有的非银行公司，NPISH 指对家庭提供服务的非营利性机构。

我们将资产、负债、表外项目划分到五个重新定价组（re - pricing buckets）。资产负债表的构造需要满足股东基金、盈利能力（在股权收益和资产收益方面）、成本收入比率，以及利率敏感度缺口与一家商业银行的平均水平较严格地匹配。

表 10.1 的阴影部分是进行宏观经济压力测试时资产负债表中典型需要考虑的部分。表中突出强调了当不考虑负债与表外项目时简单的宏观压力测试会错误地估计银行风险的原因。另外，对于资产和负债重新定价的满秩矩阵，压力测试也常常不作解释。

10.3.2　压力情景与宏观模型

我们考虑在 2002 年用于英国金融部门评估方案（FSAP，Financial Sector Assessment Program）三个冲击的联合情形：英国住宅和商业财产价格下降 12%，英国平均工资增长率出乎意料地增加 1.5%，贸易加权的英镑汇率意外贬值 15%。所有这些情景从 2005 年第 1 季度开始出现，并对未来三年作预测。

正如其他宏观压力测试一样，一种宏观经济模型要能够抓住宏观数据之间的关联。我们采用英格兰银行季度模型。作为一个基准情形，我们用的是来自 2005 年 2 月英格兰通货膨胀报告中的项目，其中假定利率满足市场预期。这里的压力测试情景是基于英格兰银行季度模型构建的。其中压力的关键特点之一是无违约利率，在各个期限之间，变化十分剧烈。为货币政策对最初冲击的反映情况进行建模也很重要。与一般的宏观压力测试实务相一致，我们也假定一个机械泰勒规则。

通过建模，将不同资产类别的违约概率以及利率的无违约期限结构与宏观变量相联系，我们可以进行情景分析，并且针对正常的和高度不利的经济条件模拟经济价值和资本充足率。

10.3.3 信用风险模型

我们运用许多模型将 PDs 连接到宏观经济变量上。这些模型在 Bunn 等人 2005 年的论文中有所描述。可以用一个例子说明这类关于抵押贷款的违约概率，等式如下：

$$a_t = 1.23 + 0.30m_{t-1} + 0.086u_{t-1} - 1.06UD_{t-1} + 1.41a_{t-1} - 0.51a_{t-2} - 0.52LF_t, \quad (9)$$

这里 a 是 6 个月以上应付欠款的抵押额的对数值，m 是抵押收入杠杆，u 是失业率，UD 是未赎回股权，LF 是首次借款者的贷款对价值的比率。其他资产类别的 PD 模型由类似的等式表示。公司的 PD 模型将公司清算比率与宏观变量联系起来，信用卡 PD 模型将信用卡三个月以上的欠款与宏观变量联系起来。这些模型的一个关键特性是，利率敏感性变量，如收入杠杆，是 PDs 的重要决定因素。

在基本模拟中，我们假设 LGD 是固定的，在压力情景中也不会变化。我们假定，略低于产业平均数的数值显示银行间贷款的 LGD 是 40%，抵押贷款的 LGD 是 20%，信用卡的 LGD 是 80%，公司贷款的 LGD 是 60%。以下我们分析压力情景中 LGD 的增加所造成的影响。

在基本模拟中，不对银行自身的 PD 值建模。我们假定含风险的银行间曲线可以简单地通过在无违约期限结构上加一个 30 个基点的固定价差预测出来。

10.3.4 无违约名义期限结构建模

需要建立一个模型将政府的无违约收益率曲线与宏观变量相联系。可使用的不同收益率曲线模型有很多。我们使用一种与 Diebold

等人 2006 年提出的模型相似的期限结构模型考察英国的情况，其中包含三类潜在因素和三种可观测的宏观经济变量——GDP、通货膨胀率以及政策利率。运用英国的数据估计期限结构模型并且将其连接到宏观变量上，使得我们能够预测出在给定的某一宏观情景条件下各个期限乃至 10 年期的无违约收益率曲线。正如我们在图 10.1（B）中看到的，压力情景意味着各个期限无违约利率期限结构的一个强烈的增长。随着利率的实质性增加，压力情景同时暗含着银行资产面 PDs 的一个强烈增长。这一增长对于抵押欠款尤其强烈。

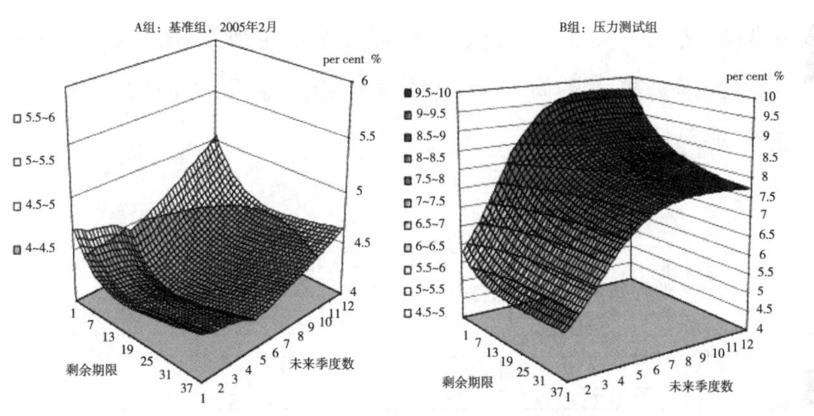

图 10.1　在未来十二个季度内，基于各自压力情景下的无违约期限结构的变化

10.4　实例模拟

基于以上论述的金融部门评估规划压力，本节用实例说明在以上一系列架设的条件下，冲击如何影响银行的稳定性。我们还放松了其中的一些假设，并对结果进行调查。

10.4.1 压力测试与银行行为概要

图 10.2 概括了进行压力测试的过程。假定银行在最初阶段开始运行。它具有一个最初的资产、负债以及表外项目的组合（见表 10.1）。这些项目的定价反映了基准宏观情景条件下的无违约期限结构和 PDs。假设金融部门评估规划冲击在之后立即发生。在第一阶段结束时，银行对需要重新定价的资产和负债进行了重新定价。由于宏观冲击，一些资产可能遭到违约，实现净利息收入。第一阶段之后，我们不再假设任何其他的宏观冲击。在接下来的季度中，越来越多的资产和负债逐渐需要被重新定价，以反映变化的宏观环境。

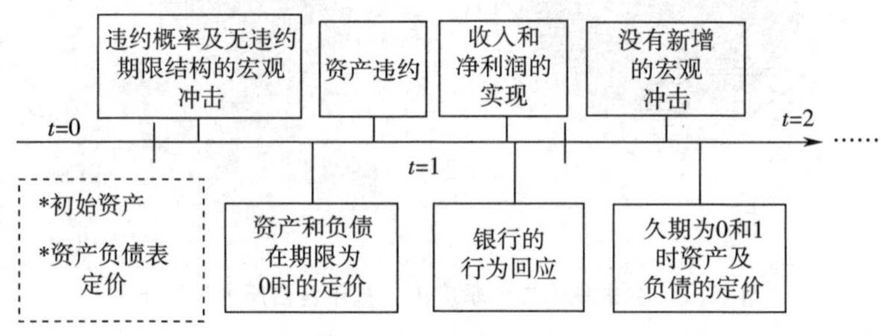

图 10.2　压力测试的步骤

10.4.2 对资本充足性的影响

从经济价值的角度判断，宏观压力显得并没有大到能够威胁虚拟银行稳定性的程度。在压力情景下，信用风险和利率风险的联合作用使银行的经济价值降低了 21%。尽管这代表了一种实质性降低，但是银行的经济价值仍然保持在正数水平上。

即使不违反经济价值条件，在短期或中期银行亏损以至威胁到其资本的情况也可能发生。因此，我们追踪了出现压力之后三年内银行的预期资本充足情况。虽然资本比率有实质下降，但是宏观压力似乎并没有威胁到银行的稳定性，因为资本比率一直高于监管的最低要求之上保持得很好（见图10.3）。

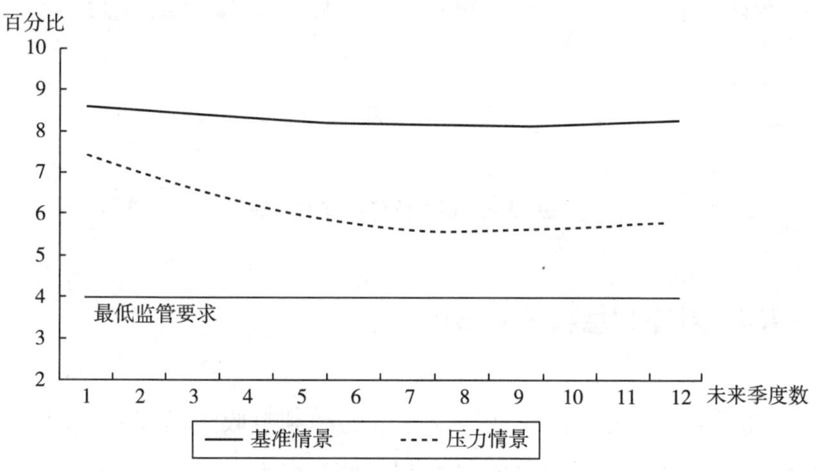

图10.3　风险加权资产中股东资金的比例

将压力情景出现之后银行利润的变化分解为与其账面价值的削减和预期净利息的收入是有帮助的。

10.4.3　对账面价值削减的影响

宏观压力出现之后，预期的账面价值削减值增加（见图10.4），对银行利润起到负面影响。最大的影响出现在11个季度以后。图中还显示出大部分预期账面价值削减值的增加是由无违约利率的急剧上升直接引起的。

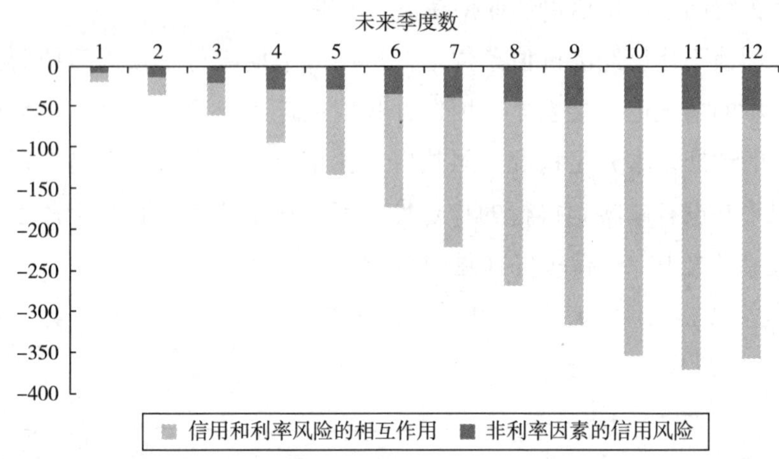

图 10.4　账面价值削减的影响

10.4.4　对净利息收入的影响

接下来我们考虑由宏观冲击导致的净利息收入的变化。图 10.5 解决了利率风险和信用风险对净利息收入的复杂影响。如缺口分析表明的，纯粹的利率风险会随着利润的减少而减少净利息收入。然而，纯粹的利率风险并没有考虑到利率对信贷质量的影响，也没有考虑到利率与其他信用风险决定因素的相互作用。信用风险的增加对净利息收入具有两种相反的作用。一方面，由于借款者在息票支付上违约因而造成对净利息收入的负面影响。另一方面，信用风险对净利息收入也有正面的影响，这是因为随着时间的推移，银行在为贷款重新定价时将增加信贷利差。正如我们在图 10.5 中注意到的，这种效果在第二年的时候尤其明显。可是，基本上我们认识到图 10.4 也许更表明压力对净利息收入的影响被低估。这是因为，如我们在 10.4.6 小节将要说明的，由于假定了银行自身信用风险保持不变，因此信用风险的积极影响被抬高了。

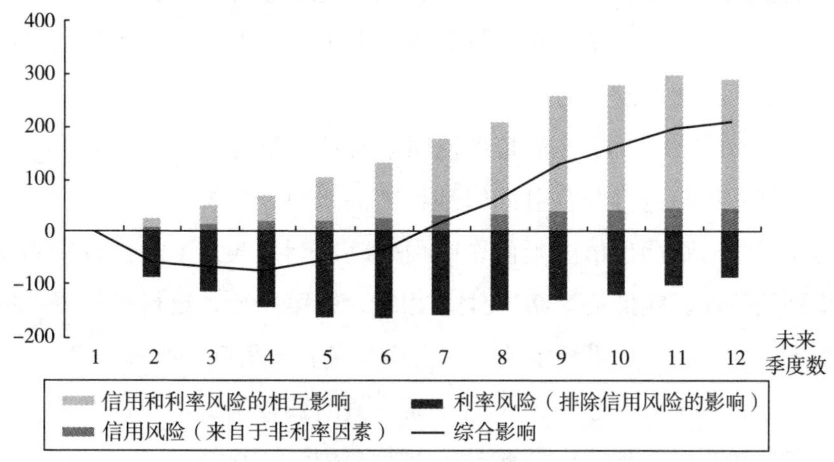

图 10.5　对净利息收入的影响

10.4.5　总效应

通过将账面价值削减和净利息收入的变化所产生的影响，与金融部门评估规划压力结合起来，我们可以得到如图 10.6 所示的对净

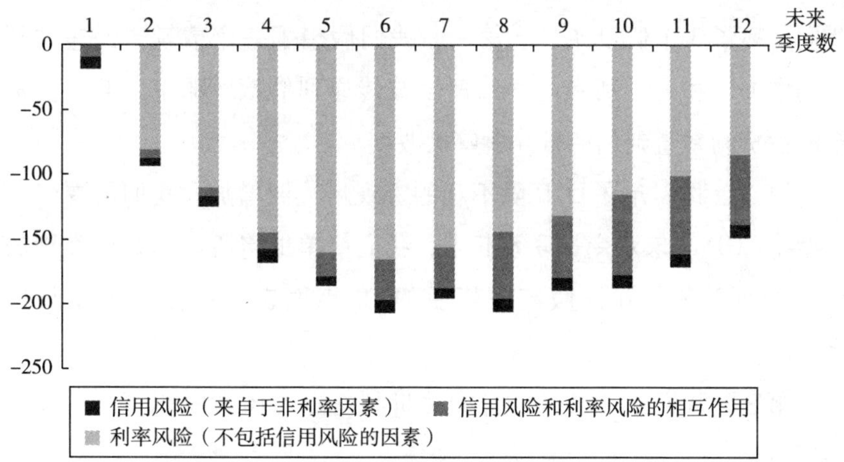

图 10.6　对净利润的影响

利润的综合影响。从图 10.6 明显地看出在金融部门评估规划冲击之后，利率的上升是净利润降低的主要原因，因为它驱使了利润的压缩和账面价值削减值的提高。

图 10.4 和图 10.5 清楚地说明了对整个组合而言需要对信用风险和利率风险进行联合且同时地评估的原因。如果压力测试只关注信用风险对账面价值削减的影响而忽略净利息收入，就会将净利润受到的负面影响低估 50% 以上。相反，在第三年，银行对其资产的很大一部分进行了重新定价，使得净利息收入得到一个补偿性增长。如果压力测试只关注于增长的账面价值削减带来的影响，那么在第三年里净利润受到的负面影响则会被高估将近 100%。

从图 10.6 我们还能够看出如果银行纯粹地基于其重新定价错配而采用一种灵敏度分析法评估更高的利率对其账簿的影响，三年里它会将冲击的负面影响低估约 30%。

10.4.6 敏感性测试

针对我们的假设，进行了许多敏感性测试。与上面的模拟相比，我们变换了 3 个假设条件。第一，我们假想了一个情景，无违约利率的增加以和可变利率同样的速度被传递到借款者那里，但这些资产的信贷利率直到到期日才能够被改变。

第二，我们允许 LGD 随不利的宏观环境而增加。我们需要建立模型将 LGD 与宏观变量联系起来，我们简单地将所有的资产类别的 LGD 增加 33%，并且假定在最后的 10 年里它将线性减少至长期水平。①

第三，我们允许银行自身的信贷利差随着压力而改变。通过使

① 大约 33% 的增长率是一个比较合理的假设，与 Frye（2003）的发现是一致的。

用有序概率模型（参见 Pagratis 和 Stringa，2009），我们将等级变化与宏观因素及资产负债表的变量联系起来。之后通过运用 2003 年至 2006 年英镑公司债的平均信贷利差期限结构，将隐含的等级映射到价差上面。如果银行的等级降到既定的临时值之下，我们还假定银行不再能够进入银行间市场。在这种情况下，银行将不得不通过债务市场，针对更低的等级，以更高的价差筹集更多的资金。

通过改变这些假设，我们发现在压力情景下，利润显著降低。银行在第二年之后被降级两次，依次意味着它在债务市场上不得不支付更高的价差。随着债务成本的上升，银行在第三年蒙受了损失。但是，银行的资本充足条件继续保持在 4% 的临界值以上（见图 10.7）。

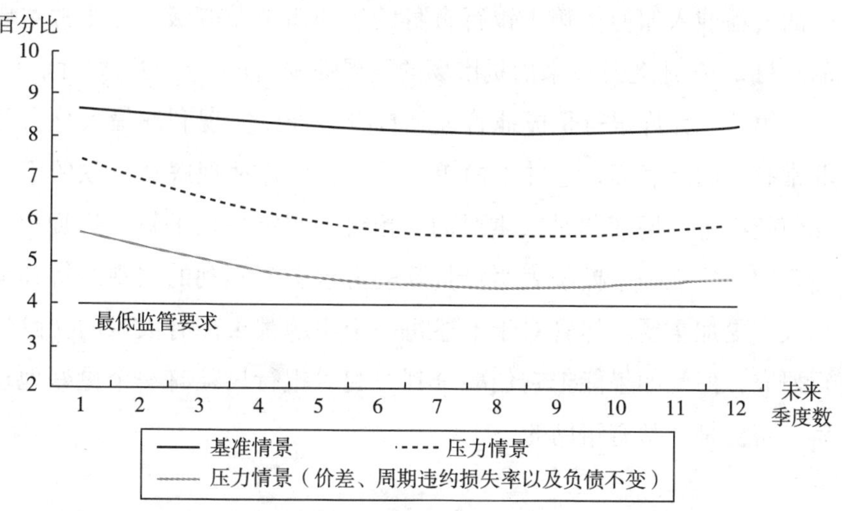

图 10.7　给定负债、不变价差以及周期违约损失率下的资本充足率

10.5　未来寻求宏观压力测试整合的挑战

我们已经讨论过一种压力测试，可以用来评估信用风险和利率风险之间的相互作用，以及它们分别在短期、中期和长期内对一家银行稳定性的影响。对于宏观经济压力测试仍存有许多挑战。

第一，在我们的框架中，没有考虑流动性风险。例如，在一种严峻的宏观经济压力下，存款人可能会提取其存款，即使银行的资本仍然保持在监管要求的最低值以上，从荷兰郁金香风潮（1634—1637 年）和英国南海泡沫（1717—1719 年），到 20 世纪 80 年代和 90 年代美国储蓄和贷款危机，还有近来 2007 年下半年开始的信用冲击，将银行运行的条件加入到宏观压力测试中是非常有帮助的。

第二，银行的流动资金头寸还依赖于银行间市场信贷的可得性。因此更好地理解银行间的贷款提供如何随着经济周期改变以及银行间的市场准入如何依赖于银行自身的违约概率及等级，是非常重要的。自 2007 年 8 月以来信贷市场的发展强调出这一点的重要性。

第三，允许银行积极地管理其自身组合以实现利润最大化会是非常有趣的。然而，这并不简单。最终，更好地理解对贷款的需求如何随经济周期变化是很重要的。相对于假定一旦重新定价贷款就会延期，建立一个模型表明对贷款的需求随着不利的宏观经济环境而改变更加重要。尽管对于上述每一个主题都可能有大量的文献进行研究，但是如果能把它们融合到一起对银行风险有一个更好地理解，将会是非常有帮助的。

10.6 结论

信用风险和利率风险是商业银行面临的两种最重要的风险。考虑到它们之间的内在关联，因而不能将其分别单独衡量。许多研究只着眼于利率风险和资产违约风险的联合作用。但是银行的收益性以及净值不仅依赖于资产的违约风险，还取决于总体信贷质量，负债情况以及表外项目，还有银行账簿的重新定价的特点。

对于宏观压力测试而言，理解这些相互作用是一项重大的挑战。衡量信用风险和利率风险对银行收益的联合影响，需要一套一致性的框架使得我们能够发现银行收益性与各种风险之间的复杂关系。本章阐明了一套理论，可以被用来计算一家银行的经济价值及其短期到中期的收益性和资本充足情况。这一应用说明了对资产、负债以及表外项目的利率风险和信用风险的影响进行联合评估的根本原因。

虽然这套框架相对简单，但它提供了一种能用来理解不同风险对银行的联合作用的工具。本章还讨论了许多扩展方向可供探索，以对银行风险有更好的理解。

参考文献

[1] Bank for International Settlements (2004), *International Convergence of Capital Measurement and Capital Standards*, Basel.

[2] Barnhill, T. M. Jr and W. F. Maxwell (2002), 'Modelling Correlated Market and Credit Risk in Fixed Income Portfolios', *Journal of Banking and Finance*, 26, 347 – 374.

[3] Barnhill, T. M. Jr, P. Papapanagiotou and L. Schumacher (2001), 'Measuring Integrated Market and Credit Risk in Bank Portfolios: an Application to a Set of Hypothetical Banks Operating in South Africa', *Milken Institute*.

[4] Bunn, P., A. Cunningham and M. Drehmann (2005), 'Stress Testing as a Tool for Assessing Systemic Risk', *Bank of England Financial Stability Review*, June, 116 – 126.

[5] Chen, C. and A. Chan (1989), 'Interest Rate Sensitivity, Asymmetry

and Stock Returns of Financial Institute', *Financial Review*, 24 (3), 457 -473.

[6] Curry, T. AND l. Shibut (2000), 'The cost of the Saving and Loan Crisis: Truth and Consequences', *FDIC Banking Review*, 13, 26 -35.

[7] Diebold, F. X. and C. Li (2006), 'Forecasting the Term Structure of Government Bond Yields', *Journal of Econometrics*, 130, 337 -364.

[8] Drehmann, M., S. Sorensen and M. Stringa (2008), "The Integrated Impact of Credit and Interest Rate Risk on Banks: an Economic Value and Capital Adequacy Perspective", *Bank of England Working Paper*, 339.

[9] Duffie, D. and K. J. Singleton (2003), *Credit Risk*, Princeton University Press.

[10] English, W. B. (2002), 'Interest Rate Risk and Bank Net Interest Rate Margin', *BIS Quarterly Review*, *December*, 67 -82.

[11] Flannery, M. J. and C. M. James (1984), 'The Effect of Interest Rate Changes on the Common Stock Return of Financial Institutions', *Journal of Finance*, 39 (4), 1141 -1153.

[12] Fraser, D. R., J. Madura and R. A. Wigand (2002), 'Sources of Bank Interest Rate Risk', *The Financial Review*, 37 (3), 351 -367.

[13] Frye, J. (2003), *LGD in High Default Years*, Federal Reserve Bank of Chicago, mimeo.

[14] IFRI - CRO Forum (2007), *Survey on Economic Capital Practice and Applications*, International Financial Risk Institute (IFRI) and Institute of the Chief Risk Officers (CRO).

[15] Jarrow, R. M. and S. M. Turnbull (2000), 'The Intersection of Market and Credit Risk', *Journal of Banking and Finance*, 24, 271 -299.

[16] Jarrow, R. M. and D. R. vanDeventer (1998), 'Integrating Interest

Rate Risk and Credit Risk in Asset and Liability Management', in *Asset and Liability Management: the Synthesis of New Methodologies*, Risk Books.

[17] Maes, K. (2004), 'Interest Rate Risk in the Belgian Banking Sector', *National Bank of Belgium Financial Stability Review*, June, 157 – 179.

[18] Pagratis, P. and M. Stringa (2009), 'Modelling Bank Credit Ratings: a Structural Approach to Moody's Credit Risk Assessment', *International Journal of Central Banking*, forthcoming.

[19] Sorge, M. (2004), 'Stress – testing Financial Systems: an Overview of Current Methodologies', *BIS Working Paper*, 165.

[20] Staikouras, S. K. (2006), 'Financial Intermediaries and Interest Rate Risk: Ⅱ', *Financial Markets, Institutions and Instruments*, 15 (5), 225 – 272.

[21] Voupt, J. V. and D. M. Wright (1996), 'An Analysis of Commercial Bank Exposures to Interest Rate Risk', *Federal Reserve Bulletin*, 77, 625 – 637.

第11章 荷兰商业银行之间联系的压力测试

伊曼·万·莱利维尔德（Iman van Lelyveld）
弗兰卡·李多尔普（Franka Liedorp）
马克·普若泊（Marc Pröpper）*

* 本章观点仅代表作者观点，并非荷兰银行的观点。

11.1　导论

荷兰已建立了很好的金融部门稳定性评估系统。IMF 于 2004 年发起“金融部门评估项目”使越来越多的人关注金融稳定性，荷兰中央银行金融稳定性的划分使人们开始研究各类相关问题。

以荷兰公布的半年度《金融稳定性概述》的分析为例，高度重视的支付系统中的操作问题和信用风险的作用会转移到金融公司中的稳固程度上。有时候这种分析非常贴近现实，就如同 2007 年年中用计算机模拟证券化情景一样（DNB，2008）。在这种情景下，要求银行计算他们近期实现证券化的成本。由于考虑到时间太短，所以在情景中发现流动性效应是很有限的。实际上，在 2007 年夏末，利用所谓的从起源到分布模型，银行对证券化发放贷款，然后通过特殊法人把它们出售给感兴趣的投资者，在这个过程中，银行的脆弱性开始浮出水面。提高次级抵押贷款违约率和对特殊法律实体资产的性质和价值的怀疑，导致了包括货款在内的结构化信贷产品的大规模降级，产生了赞助银行信用额度可能下降的不确定性。的确，有些银行不得不把证券贷款放回到他们的平衡表中。同样，其他结构化信贷产品市场干涸导致了价值的不确定性。从国际上看，许多银行面临着金融风暴的影响，它们的流动性和偿付能力状况都在压力之下。

另一个例子是，继续分析在银行网络中运行的荷兰银行，这将是本章的主要任务。在这种类型的分析中，我们研究了银行参与者间的相互作用。当然我们也了解这种风险在个别机构中也很重要，但是在这里这种个别风险不是重要的研究对象。我们将会讨论两个关于网络分析的例子：银行间同业拆借市场和银行间大额支付系统。

第一种分析考虑到在银行间同业拆借市场中银行违约的传导效应。在这个市场上购买和出售的流动资金大部分是无担保的短期资金。考虑到名义币值过大，即使小概率违约也会对系统造成相当大的风险。可以用多种方法估计银行间的关联。给定一个连接矩阵，每个银行都是可以被推导出来的。这一失误对其他银行和整个银行系统的影响是可以分析出来的。比如，在第一个银行破产后，剩下的银行的数量和类型，以及在总资产方面的损失都是可以测量的。

在第二种类型的分析中考虑到了荷兰银行间的大额支付系统中的网络拓扑结构。[①] 我们将简要讨论各种可行的网络分析方法，然后再转向灵敏度分析。比如，我们会将一些银行（节点）从网络中移除，看看这将对剩余的网络结构产生怎样的影响。

本章的设置是垂直型的。我们首先提供了一个简明的荷兰银行各部门的概况，作为下两节的背景。下两节会反过来讨论银行间同业拆借市场和银行间支付系统。最后，我们总结并讨论这两种相互关联的分析的结果。

11.2 荷兰金融概况

在 20 世纪最后几十年间，荷兰金融概况有一个明显的变化。全球化、集团化、银行间边界的模糊、保险和证券活动以及欧盟中单一市场的活动和欧元的产生等，所有这一切的改变都影响着荷兰金融状况。20 世纪 80 年代荷兰资本市场的自由化消除了对金融机构跨界活动的限制。随后在信息与通信技术方面的发展使得这些活动在经济上获利。但是，为了在全球金融市场上获得成功，荷兰的银行

① 泛欧实时全额自动清算系统。

首先要在本国实现规模经济和范围经济，然后再国际化。1990 年禁止银行和保险行业合并的条款的撤销刺激了荷兰的发展，为创建大型金融集团铺平道路。在禁令解除后，随即出现了一股购并狂潮（Van der Zwet，2003）。事实上，荷兰是“银行保险业”的开拓者之一。[①] 不仅跨部门实现了增长，而且能够扩大国际活动，跨国活动也实现了增长。

对于荷兰来说，银行部门非常重要。整个银行业的资产总值几乎相当于 GDP 的 6 倍，这个比值位于欧洲最高等级之中。在第一层股权中，荷兰最大的银行占据世界的前 25 名。此外，荷兰的银行部门是非常集中的。最大的三家银行持有总储蓄存款的 3/4。银行活动的其他测量方法，比如总资产或收入，得出的是同样的结论。而且竞争非常激烈，尤其是在住房抵押市场。

荷兰银行相当国际化。约 2/5 的总资产在国外，与此同时，超过一半的综合收入也是来自于国外。

市场的集中化和企业的大型化意味着所有审慎的考虑将很快转变为对金融稳定性的考虑。这有很多的后果。第一，自 1990 年以来，由于荷兰金融部门和产品部门的界限变得模糊，很明显，无论在审慎监管还是在企业营运监管方面，都需要更多的合作。合作的一个重要原因是，部门法规可能无法捕捉整个金融集团的风险特征。金融集团需要综合的审慎监管。而且，荷兰金融集团数量的增加伴随着传统上不同产品之间界限的模糊。一个荷兰的实例是与人寿保险相结合的抵押政策，这种混合金融产品体现在银行业、证券业和保险业三个行业。具有混合特征的复杂产品的统一监管方法可以保障公平的竞争环境。同样地，充分进行企业行为监管要求产品和市场与相应法规的一一对应，不论谁是部门的供应商。

---

① 银行保险模型是在多方支持下提出的。前几年花旗集团等企业集团进行跨部门扩张，这与多元化收购相似。详细内容见 Lelyveld 和 Knot（2008 年）对跨部门并购价值影响的分析。

第二，在荷兰这样一个高度集中化的银行体系中，事实上很难在系统稳定性，包括最后贷款人功能和审慎监管方面划清责任。近期的经验证明，同样的问题在其他国家也存在。而且，在新兴复杂产品，跨部门的集约化和跨国界的连接发展下，对金融稳定性事件的关注和宏微观审慎监管风险的相互传播增加的情况，这并非巧合。考虑到银行部门的高度集中，系统审慎的监管被合适地安放在了中央银行内部。

11.3 银行间同业拆借市场

11.3.1 文献回顾

在一个小型且不断发展的银行间同业拆借市场模型中，基本上采取的办法包括利用银行间的关系建立双边矩阵，然后让一个（或以上）银行违约，无论是随机的还是依赖于评估银行对风险灵敏度的模型。作者受到数据可用性的影响，采取多种方法确定矩阵。比如，Upper（2007）提供了一个很好的评论，因此，本节将只提供一个简明的总结。①

最近才开始将银行间同业拆借市场的结构分析作为金融部门传导源。通过机构之间的连接类型和理论知识可以洞察直接传染和间接传染（De Bandt and Hartmann，2001）。从银行间的直接（金融）联系可以得到直接传染的结果，如信贷风险暴露。间接传染是通过对银行健康的预期和在其他银行发展的情况下本部门的应变能力而

① 这部分是建立在 Van Lelyveld 和 Liedorp（2006）的研究基础之上。

得到的。银行对资产价格波动等类似事件的处理，不能造成银行间的直接联系，因此，不能产生直接传染效应。虽然这两种传染渠道可能独立运行，但是显然直接传染和间接传染不是相互排斥的，甚至可能是互为因果。比如，一个银行的失误可能通过直接的联系导致其他银行的失误，如果存款人是银行间联系的纽带（无论这种假设是真是假），那么可能进一步引起银行破产。在本节中，我们把重点放在直接联系上或者是银行间的直接传染。

文献中很清楚地表明，银行同业拆借市场的结构对于传染来说至关重要。它决定了在整个银行系统中，一个冲击对单个银行的影响。Allen 和 Gale（2000）区分了三种类型的银行同业市场的结构。第一种类型，他们定义了一个完整的结构，在这个系统里，任一银行都对称的，且和其他银行联系在一起。第二种类型是不完整市场结构，在这种结构中银行只能与邻近的银行相联系。这种类型的一个特例是由 Freixas 等（2000）提出的：货币中心结构。在这种结构中，货币中心银行和其他银行对称的连接在一起，而其他银行相互之间并没有联系。第三种类型是不完整市场结构，在这种结构中有两个或者多个独立（但是内部连接）市场同时存在。由于多样化效应，一个完整的市场结构可能为防止单个银行遭受意外流动性冲击，提供最高水平的保障。但是，当冲击不是孤立的存在于一家银行或存在于一个银行集群时，这样的结构也可能更容易通过银行系统传播冲击。

几个世纪以来人们一直进行着实证研究，试图建立银行同业市场结构和风险传导模型。这些研究包括 Elsinger 等（2006），Degryse 和 Nguyen（2007），Upper 和 Worms（2004），Van Lelyveld 和 Liedorp（2006），Mistrulli（2007），Blavarg 和 Nimander（2002），以及 Wells（2002），这只是一部分而已。这些研究中大部分人使用资产负债表或者大量可以找到的数据为代表，确定银行同业市场结构。Blavarg 和 Nimander（2002），Mistrulli（2007）使用报告的双边数据创建风险传递模型。Mistrulli（2007）对意大利事件做了总结，即基于总预算数据进行的估计可能会低估传导的风险。[①] Mueller（2006）利用从瑞士国家银行获得的数据对瑞士银行同业市场进行了探索。应用网络分析，她洞察了系统重要性的银行和可能的传导路径。Furfine（1999）估计了美国银行同业市场的传导风险，但是利用从联邦支付结算系统获得的双边数据建立了银行同业市场结构。这些研究中的大部分发生传导效应很小，尤其是因为高损耗率是罕见的。

这项工作在几个方面都和这些研究有关系。首先，我们的分析都是基于资产负债表数据和大部分可以获得的数据进行分析的。其次，我们利用不同的损失率测试在不同冲击下系统的强度。但是，我们在描述第二个变量时，把银行自己的输入和他们的双边输入合并在一起。这为测试最大风险暴露数据提供了机会，最大风险暴露能够用来估计银行间市场结构。

11.3.2 数据描述

由于这是常见类型的方法（Upper，2007），我们首先构建了银行同业风险矩阵。N 个银行间的联系结构将由 $N \times N$ 风险矩阵来表示（见图 11.1）。列代表了银行的资产，而行表示银行的负债。因此，在图 11.1 中矩阵元素 X_{ij} 代表了银行 i 对银行 j 的负债。总的行数和列数（即每家银行总的银行同业借贷，a_j 和 l_i）是已知的。显然，一家银行是不能自己借钱给自己的，所以矩阵主对角线上的元素都为 0。[②]

---

① 然而，这个结论是基于不同方法的结果的比较。其中一种方法是最大熵，另一种是双边暴露数据。给定意大利银行间市场的货币中心银行结构，这样看来最大熵、最大价差的假设是不适合的。

② 并不是所有的银行既是借款者同时也是贷款者。实际上，银行不需要在银行间市场上表现得过于活跃。

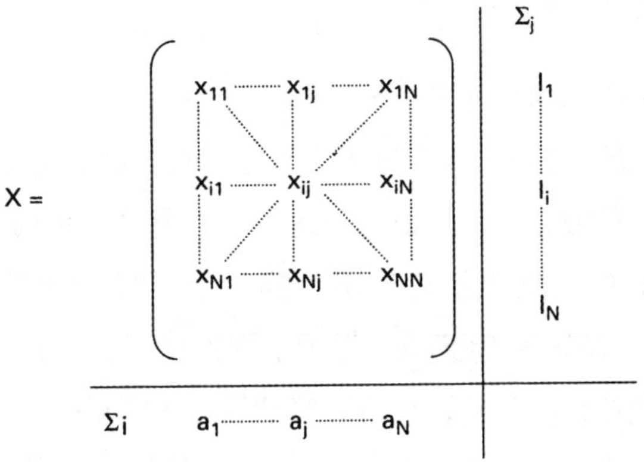

资料来源：Upper and Worms（2002）。

图 11.1　同业银行拆借矩阵

在荷兰，很难估计矩阵的元素，同样也没有信息记录提供双边风险。一个经常使用的替代信息来源是最大风险暴露报告。基于这样的报告并利用假设，即大额风险分布在跨银行交易对手之间和银行同业市场本身是一样的，我们可能利用 RAS 算法估计一个借贷矩阵。① 我们研究的一个重要贡献是比较两类结果，一种是基于大额风险数据，另一种是基于从十家大型机构获得的数据。正如前面所讲的，荷兰银行部门的集中化特征，保证了超过总资产 90% 的覆盖面。鉴于这两种数据来源，我们构建了两个矩阵，用于 11. 3. 3 节中所述的情景分析。

11. 3. 3　情景分析

我们的基本方法是，假设参与的银行之一突然违约，那么这个特定银行的（部分）风险暴露将变得毫无价值。如果某一银行与这

① Blien 和 Graef（1997）。

一倒闭银行的风险暴露大于其一级资本，那么这个银行也会发生违约（我们称之为第一轮违约）。接着，如果其他银行与这两个或多个倒闭银行的风险暴露大于其一级资本，这些银行也会发生违约（我们称之为第二轮违约）。这个过程一直会持续到没有更多的银行可以违约。通过这种方式，一家银行的违约可以导致一系列银行的违约。由于没有可靠的数据表示违约下的损失率，我们设置几个损失率（25%，50%，75%和100%）。对于个别银行有一个情景，在这个情景下银行突然违约。另外，也有一些情景是多家银行共同违约。

完全异质的冲击是罕见的，因此，我们假设单一银行倒闭，是由于一些外部冲击可能是一系列相当强的冲击。很可能多家银行会由于一个冲击同时受到影响。而且，破产往往要持续一段时间，因此，其他银行能够及时采取措施。相反，操作风险事件的性质和巴林银行事件不同。在巴林银行事件中，一个单一的交易活动导致了整个银行的消亡。在这个情景下，触发失败的因素和巴林银行的不同，其他银行也没有受到这一冲击的直接影响。此外，这种苛刻的情景分析有助于确定可能的传导序列和路径。根据经济和危机状态建立违约概率分布模型，可能在将来是一个进步的方向（Elsinger 等，2006）。

在此我们不会呈现完整的分析，但是会提供一部分分析类型，然后会在 11.3.4 节给出结论。正如前面所讲的，我们使用的是大额风险数据和调查的数据。情景分析给我们提供了可能出现的结果的分布。图 11.2 左侧面板显示了每轮破产银行的累计数量分布和每个损失率下的平均数（根据破产银行大额贷款数据），右侧面板显示了每轮破产银行的累计资产分布和每个损失率下的平均数。① 标题中“受影响的资产”代表的是破产银行的总资产。银行破产后，可能会遭受损失，但是如果受影响的资产不会立即贬值的话，那么银行遭

① 在这些测算中，最初银行的违约是被排除在外的。

受的损失不能包含在受影响资产的计量里。然而，每一次损失确实在今后的几轮冲击中，使各银行更容易受到损失。从两幅图中可以看出，当损失率提高时，累计影响明显提高。当我们使用的损失率为 75% 时，传导路径持续的时间更长，因为与较低的损失率相比，损失率为 75% 会产生更多轮的冲击。如果有较高的损失率（100%），那么在这个过程的早期所有受到影响的银行会破产，也就是说所有受到影响的银行在前一轮就已经受到了影响。因此，在下一轮中已没有受影响的银行存在。

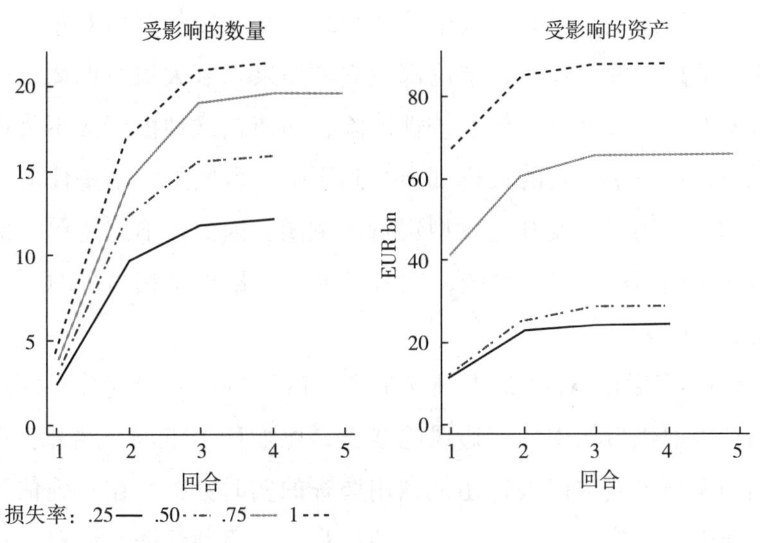

数据来源：Van Lelyveld 和 Liedorp（2006）。

图 11.2　模拟失败的累积效应

随后，我们把通过大额贷款数据得到的结果和利用调查数据得到的结果进行了对比，发现大额贷款数据非常接近调查的实时数据。值得关注的其他措施（此处未显示）包括破产银行（总资产的）规模和传导效应规模之间的关系：规模大的银行会有更高的风险吗？此外，我们更详细地分析了不同的损失率得到的结果的敏感度。最后，我们分析荷兰银行同业市场的稳定性会在哪个地理区域产生最大的风险。这种风险测量被证明和我们的分析相关性最大，因为在某一地理区域外国交易对手的风险暴露对荷兰银行部门会产生最大的影响。如果这些情景引发了系统中一家大银行的破产，那么更多的银行和更多的资产将会受到影响。

11.3.4 结论

我们的分析表明，荷兰银行同业拆借市场最重要的风险源于国外竞争对手的风险暴露，其中欧洲和北美是主要的竞争对手。不管使用的信息来源是什么，结论都成立。如果一家大银行倒闭，全国银行同业市场似乎只分析系统性风险，即使在这种极端或不可能的情况下，也不是所有的银行都会受到影响。事实上，不是任何一家银行的倒闭都会引发其他大型银行的倒闭。因此，不能用单一的多米诺效应刻画荷兰银行系统，优秀对手的数量也是相当少的（即损失是有限的）。

分析还表明，基于最大熵（最大分散）的风险暴露分布不适用于估计集中化市场中的双边风险暴露，比如荷兰市场。此外，不管是利用大额风险数据报告还是利用调查的实时数据，在精确估计银行同业市场风险方面都没有明显的进步。这两种数据来源对银行同业市场的系统性风险给出了充分并类似的概述。但是，在个人银行层面有实质性的不同。工作的前提是，调查得到的数据是一种更可靠的信息来源，因为它们更有针对性，这就意味着大额风险数据报告不适合用于监测某一特定银行的同业风险暴露。但是，为了在宏观层面上估计传导效用，大额风险数据便成了一个适当的（和更容易获取的）数据来源。

在以前研究的基础上，我们得到的最重要的结论是，为了使我们的分析更具信息化，关于国外对手的风险暴露信息是必不可少的。

当最大的传染效应从本国市场流出国外，我们不清楚这会对国外的竞争对手产生怎样的影响，我们也不知道这会对荷兰银行产生怎样的反作用。在这一领域的其他研究也遇到了同样的问题。在一个类似银行同业拆借市场这样日益完整的市场中，也许将各种分析综合起来会更有成效。

从总体上看，我们的模拟结果表明传染违约事件不可能发生，尽管我们并没有完全排除这种可能性。一个重要的告诫是，我们无法模拟行为反应。尤其是当危机随着时间的推移而扩大时，构建一个参与银行反映市场事件的模型非常重要。同样，我们也不清楚银行违约的概率。

11.4　支付网络系统

通过分析银行支付系统的模式，有人对荷兰银行间的联系提出了不同的观点。在这里，我们重点研究的是由荷兰中央银行控制的大额支付系统，它是以欧元计价的欧洲体系的一部分。在这个支付系统中，参与者主要是一些银行，他们互相之间调用大额资金。这些支付反映了来自银行客户的经济交易（例如，雇主向雇员发放工资），或者是银行自身账户的交易（例如，银行同业贷款）。与 11.3 节中所提观点有一个重要区别在于，通过支付现金流提供的信息更加难以捉摸。在银行同业拆借市场，只要一家银行对其他银行有风险暴露，它们便被联系起来。在支付系统中，如果支付结束，那么银行间的联系也就不存在了。最近这一过程发生很快，并且不依赖于其他条件。

本节重点介绍了荷兰支付系统研究中的一个主要方面。本节首先会利用传统方法做一个描述，然后介绍网络分析方法。最后我们会展示这些方法的用途，比如，用来分析重要银行的倒闭，或者分析 2007 年的次贷危机。

11.4.1 支付网络的传统描述

从传统上来说，人们一直都用交易量、转让价值、参与人数等描述支付网络。依照这些指标，荷兰银行系统是一个积极的、中型网络系统，因此可以作为一些更小国家的典范。表 11.1 中的数据表明欧洲的 TARGET 系统和美国的 Fedwire 系统都是同阶的大额支付系统。荷兰的大额支付系统（Top）显然比较小，尽管它的平均交易价格相对较高。

表 11.1 主要日常支付指标比较

[Top（NL）、TARGET（EV）、CHAPS（VK）、Fedwire（VS）]

	Top	TARGET	CHAPS	Fedwire
参与人数	155	10 197	N/A	6 819
交易量	151 000（18 100）	312 000	116 000	519 000
价值（十亿）	151（173）	1 987	297	1 634
转让价值（百万）	9.9（9.5）	6.4	2.6	3.1

资料来源：Top（DNB），Target（ECB bluebook），CHAPS and Fedwire（BIS）. 除荷兰大额支付系统数据为 2005 年 6 月至 2006 年 5 月，其他系统的数据均为 2005 年度。

11.4.2 网络类型

最近的网络分析的关注点并不是个人银行或网点，也不是很关注网络参与者使用的技术术语，而是各个网点之间的关联。比如友谊，重点不在于个人，而是他们相互之间的关系。人们认识多少人？又有多少人知道他们？他们多长时间联系一次？用什么交流手段？

他们朋友们的朋友，是不是互相也是朋友？交际网络和其他类型的网络已经得到发展，下面我们将对其中一些进行讨论（见专栏 11.1）。[1]

专栏 11.1　网络属性

最基本的网络属性是节点 (n) 和链接(l) 的数量。前者常用来表示系统的规模。链接相对数/链接的可能数决定了网络的连接性 (c)。此外，它还是两个节点之间存在连接的可能性。最后，相互性表示把链接反方向的连接起来。路径是指相关联的节点和链接的交替序列，它起始于一个节点，终止于一个节点。如果链接代表单位长度，那么节点 i 和节点 j 之间的路径长度 l_{ij} 表示两个节点之间的最短路径。网络偏移率 (e) 是指观测到的最大路径长度。

一个节点 i 和其他节点的链接数量决定了节点度 (k_i)。在一个有方向的网络中，这些连接包括传入链接和传出链接，相应地决定了入度 (k_{in}, i)，出度(k_{out}, i) 和节点度(k_i)，即 $k_i = k_{in}, i + k_{out}, i$。每一个链接的作用便是当做它的起始节点的出度，或者终止节点的入度。一个网络的平均度 (k_{avg}) 是链接的相对数/总节点数。最大的入度和最大的出度取决于最大的度值和各自平均度值的最大偏差。

相邻节点之间的关联度提供了网络结构的额外信息。在一个不相关的网络中，一个节点的度和它邻近的节点没有关系：你很受欢迎并不意味着你的朋友也很受欢迎。因此，关联度提供了一些信息，即节点是只与和自己有着相同度的节点相连，还是与和自己有着不同度的节点相连，又或者两者之间没有任何关系。

---

① Dorogovtsev 和 Mendes（2003）对这种方法的应用作出了简单介绍。

用来描述关联度的另一个概念是聚类系数（C_i），它是一个节点的两个相邻节点之间无同享链接的概率。它标志了一个节点与周围节点的连接密度。在社会环境中该系数的意义变得异常清晰，在社会环境中它表示朋友的相互了解程度。从树状网络到完全连接网络，聚类系数的范围从0到1。

如上所述，时间维度在支付网络的分析中非常重要。从短期看，发生的交易很少。连接的数量，或者其他连接的方法也会变少。随着观察期的增加，交易数量也会增加。通常，网络用每天发生的数据进行计算测试。但是，这是不是最佳时期尚不清楚。图 11.3 中，我们展示了几种重要的网络计量方法随时间的发展情况（X 轴的单位是分钟）。X 轴取对数，在某些情况下，Y 轴也取对数。

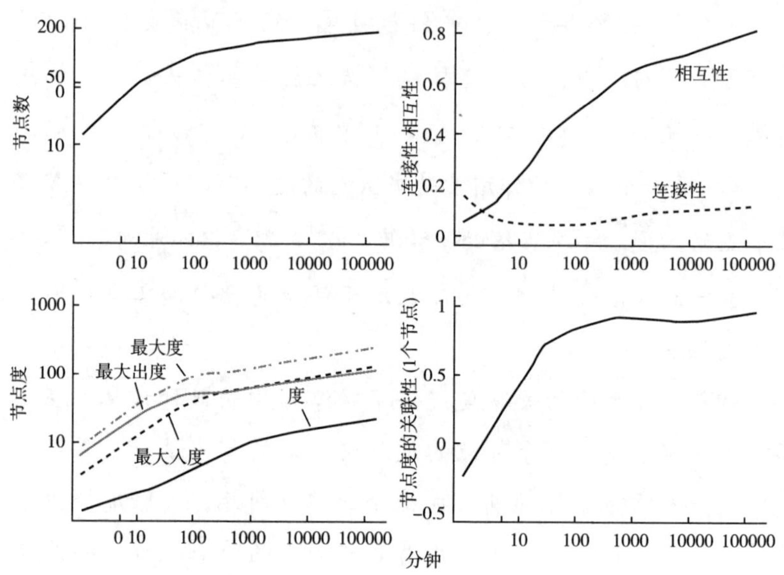

资料来源：Propper 等人，2008。

图 11.3 网络测度

图 11.3 表明，网络的主要发展时期是在网络形成的第一个小时内，随之而来的增长（最多一天）更加的循序渐进。测量到的网络大小（左上）是，在第一个小时有 88 ±6 个节点，在第一天有 129 ±5 个节点。连接性（右上），即实际可能的连接部分，为节点和连接的相对增长提供了更好的视野。这种方法表明，在任何时段上，网络仍然很稀疏。连接度在一分钟后迅速从 0.16 ±0.12 下降，大约 30 到 60 分钟后，连接度下降到最低点 0.04 ±0.01，一天后，缓慢的增长至 0.07 ±0.00，257 天后增长至 0.12。第一个小时内节点的断开减弱了连接性，因为连接的增长和节点的增长不同步。但是一个小时后，情况发生了改变。在任何时候网络都保持着低连接性。即使在 257 天后，所有理论上可能存在的连接上的 88% 都没有被用于单个交易。相反地，那些反方向的连接在第一个小时内快速增长到平均值 0.44，一天后缓慢增长到平均值 0.63. 这表明如果在一个方向有一个链接，那么很可能在反方向也有一个链接。

11.4.3　冲击的敏感性

鉴于网络测试方法的描述，我们现在将讨论如果从系统中移除一个参与者，会对网络产生怎样的影响。正如我们无法模拟适应性行为，这是一个静态的工作。从系统中移除一定数量的节点，不管移除的顺序如何，最终都将产生同样的结果。移除节点的顺序（或路径依赖）揭示了某些节点对系统特别重要。

在图 11.4 中，我们展示了移除节点后，一些方法（*Y* 轴）的变化，这些节点从最高度连接的节点（“ -1”）到低度连接节点有序移除。如同（左上面板）显示的度值一样，网络变得越来越小，甚至稀疏。而且，它使得剩余节点的路径长度增加了。在第七个节点移除的过程中，这种现象被伴随的单一节点与其最短路径的损失所掩盖。特别地，右上面板中显示，路径长度，最大路径长度或者偏移度，分别从2.2增加到2.5，从3.3增加到4.2。左下角图示表明本地结构开始被打破。聚类系数，或者说是连接密度，从0.40下降到0.23。与其他节点相比，移除两个节点到四个节点对聚类系数有不同比例的负面影响。出度从-0.38增加到-0.14。最近的第二近的节点的聚类系数的结果促进了结构的分解（右下面板）。

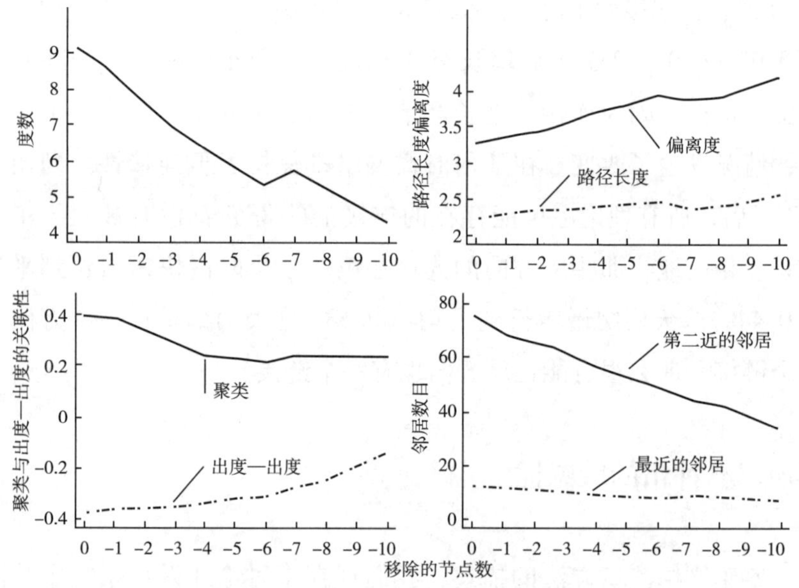

图11.4 网络节点移动的影响

分析表明，尽管荷兰金融部门相当集中，但是移除重要的银行并不会产生如同典型的中心—外围结构一样的效果，在中心—外围结构中，移除一个外围银行几乎不会影响网络，而移除一个中心银行会使结构立即崩溃。

这些网络方法也可以用来分析金融部门中实际发生的事件，比如2007—2008年的次贷危机（见专栏11.2）。

专栏 11.2　2007 年金融风暴

网络测量方法也可用来分析始于 2007 年银行关系的结构问题产生的影响。由于对手们缺乏信心，最近一些国外流动性信用市场迅速枯竭，从大额支付系统的支付方式上我们也可以看出这个问题。毕竟，支付方式是反映经济机构行为决策的仅有的方式。为了分析市场风暴是否影响支付方式，我们在图 11.5 中选取了几种方法进行分析。虚线代表 2006 年的数据，实线代表 2007 年的数据。垂直线代表了我们认为的一些积极或消极的事件。得出的结论是，在调查期间，这些事件并没有对支付系统的网络结构产生重大影响。支付系统中发生的严重破坏会不可避免的显示在讨论的方法中。当 2007 年调查动荡时期的支付活动（此处未显示）比 2006 年相同时期高时，似乎的确会对网络测量水平产生影响。此外，相关的积极或消极事件并没有产生任何影响。

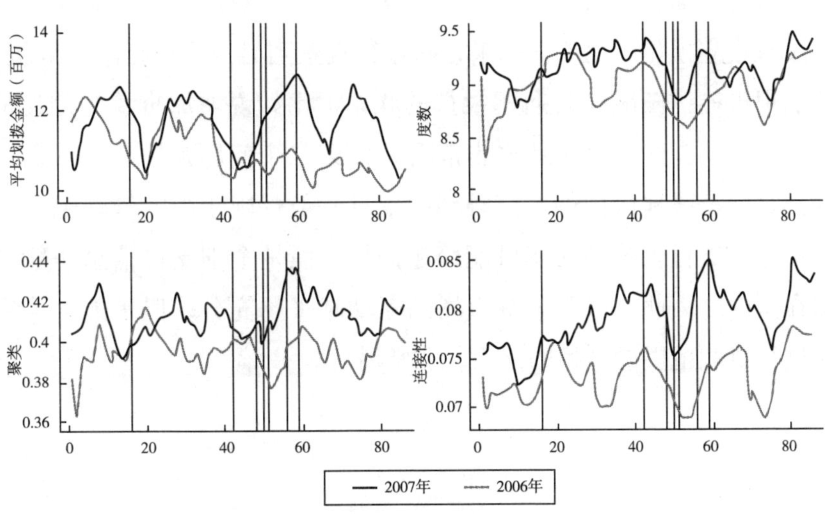

图 11.5　传统系统测量和网络的选择的发展

11.5 总结

本章讨论了荷兰金融市场中衡量风险的两种不同的方法。首先，我们分析了银行同业市场，在这个市场里银行间互相进行短期借款。接着，我们讨论了大额支付系统。在分析中，我们试图通过阐明市场结构来揭示隐藏的风险，在市场结构中参与者相互之间都有联系。然后，我们通过一系统的测试检验结构的抗压性。在银行同业市场的案例中，我们分析了银行违约会带来何种结果。我们把第二轮效应考虑进来，但是对参与者的反应没有建立模型。当无法得到损失率的有效数据时，我们通过一组损失率计算结果。在荷兰支付系统的案例分析中，我们通过一个一个移除重要银行来进行实验。我们也看到了2007—2008年国际金融危机为我们提供的“自然实验”。

尽管这种分析对评估金融部门的稳定性极其有用，但是这一领域的研究仍面临很大的挑战。如上面所说的，我们并没有对参与者的反应建立模型。比如，如果一家银行观察到另一家银行陷入危机，他们很可能试图减少与问题银行的联系，比如说增加贷款。尤其是在压力时期，建立反应函数非常困难。[①]第二个问题是搜集的数据一般都是国家或地区内的。接触到的信息一般仅限于国家管辖范围内的信息。支付系统的动作可能跨越国界，但是个别支付信息一般被留在国内。因此，尽管金融市场的互动越来越充分，但是数据采集和进行更宽范围的分析的能力，非常滞后。

① Heijmans等人提出一种可行的方法是使用实验计量模型（2008）。

参考文献

[1] Allen, F. and D. Gale (2000), 'Financial Contagion', *Journal of Political Economy*, 108, 1 – 33.

[2] Blåvarg, M. and P. Nimander (2002), 'Interbank Exposures and Systemic Risk', *Sveriges Riksbank Economic Review*, 2, 19 – 45.

[3] Blien, U. and F. Graef (1997), 'Entropy Optimizing Methods for the Estimation of Tables', in I. Balderjahn, R. Mathar and M. Schader, *Classification, Data Analysis and Data Highways*, (eds.), Springer Verlag.

[4] De Bandt, O. and P. Hartmann (2001), 'Systemic Risk, A Survey,' *CEPR Discussion Paper Series*, 2634.

[5] Degryse, H. and G. Nguyen (2007), 'Interbank Exposures, An Empirical Examination of Contagion Risk in the Belgian Banking System', *International Journal of Central Banking*, 3, 123 – 171.

[6] DNB (2008), *Overview of Financial Stability in the Netherlands*.

[7] Dorogovtsev, S. N. and J. F. F. Mendes (2003), *Evolution of Networks*. Oxford University Press.

[8] Elsinger, H., A. Lehar and M. Summer (2006), 'Risk Assessment for Banking Systems', *Management Science*, 52, 1301 – 1314.

[9] Freixas, X., B. Parigi and J. C. Rochet (2000), 'Systemic Risk, Interbank Relations and Liquidity Provision by the Central Bank', *Journal of Money, Credit & Banking*, 3, 611 – 638.

[10] Furfine, C. H. (1999), 'Interbank Exposures, Quantifying the Risk of Contagion', *BIS Working Paper*, 70.

[11] Heijmans, R., R. Bosman, F. v. Winden and K. Abbink (2008), 'Stress Situations in Large Value Payment Systems, An Experimental Approach', mimeo.

[12] Mistrulli, P. E. (2007), 'Assessing Financial Contagion in the Interbank Market, Maximum Entropy Versus Observed Interbank Lending Patterns', *Bank of Italy Working paper*, 641.

[13] Mueller, J. (2006), 'Interbank Credit Lines as a Channel of Contagion', *Journal of Financial Services Research*, 29, 37 – 60.

[14] Pröpper, M. H., I. P. P. Van Lelyveld, and R. H. Heijmans (2008), 'Towards a Network Description of Interbank Payment Flows', *DNB Working Paper Series*, 177.

[15] Soramäki, K., M. L. Bech, J. Arnold, R. J. Glass and W. E. Beyeler (2007), 'The Topology of Interbank Payment Flows', *Physica A*, 379, 317 – 333.

[16] Upper, C. (2007), 'Using Counterfactual Simulations to Assess the Danger of Contagion in Interbank Markets', *BIS Working Paper*, 234.

[17] Upper, C. and A. Worms (2004), 'Estimating Bilateral Exposures in the German Interbank Market, Is There a Danger of Contagion?', *European Economic Review*, 48, 827 – 849.

[18] Van der Zwet, A. (2003), 'The Blurring of Distinctions between Different Financial Sectors, Fact or Fiction?', *DNB Occasional Studies*, 2.

[19] Van Lelyveld, I. P. P. and K. Knot (2008), 'Do Financial Conglomerates Destroy Value?', *Journal of Banking and Finance*, forthcoming.

[20] Van Lelyveld, I. P. P. and F. R. Liedorp (2006), 'Interbank Contagion in the Dutch Banking Sector', *International Journal of Central Banking*, 2, 99 – 134.

[21] Wells, S. (2002), 'UK Interbank Exposure, Systemic Risk Implications', *Financial Stability Review, Bank of England*, December, 175 – 182.

第12章 压力测试的完整方法：奥地利系统性风险监测系统（SRM）

麦克尔· 鲍斯（Michael Boss）
杰拉德·克瑞恩（Gerald Krenn）
克劳斯 · 普尔（Claus Puhr）
马丁·萨默（Martin Summer）*

* 奥地利国民银行（OeNB）。本文观点是作者自己的观点，不一定代表奥地利国民银行的看法。

12.1　导论

系统性风险监测是一个量化的风险评估模型的新方法，目的是进行银行系统的金融稳定性分析。中心思想是现代风险管理工具和银行同业拆借市场网络模型的结合，该银行同业拆借市场框架也适用于中央银行。模型在概念方面和实际应用方面都有关键创新。概念部分由银行系统的网络构成观点组成，而适用于机构日常工作的整体框架的构建形成了实际应用部分，这个机构负责维护金融稳定。把风险管理中的新旧概念和现实世界的适用性结合起来，是 SRM 发展背后的指导原则。

为什么会出现对银行系统风险进行分析的兴趣？传统风险分析的焦点在于个体机构，那么我们从异于传统方法的新方法中能得到什么新的见解呢？如第 11 章看到的，单一银行隐藏了两种重要的因素，这两种因素能导致银行破产，在极端情况下会导致金融中介的大规模破产：第一，银行间可能相互联系，任何一个不利的经济冲击都可能直接导致多家银行同时违约；第二，处于困境的银行可能对银行间负债违约，因此导致其他银行也跟着违约，于是产生了多米诺效应。金融系统的大规模破产（常用系统性风险来形容）是产生巨大经济和社会成本的原因。意识到引起风险的最大动因隐藏在单一机构中，于是人们产生了建立类似 SRM 这样的模型的兴趣，SRM 允许对可用数据进行新的解释，这种方式指出了危机发生前潜在的系统性风险的形成。

为了整合系统性风险的两种成因，SRM 必须分析所有银行的市场风险和信用风险。与此同时，我们必须研究金融联动及其在冲击传播中的作用。主要的挑战在于寻找一个易处理的方式，建立系统性风险两种主要成因的整合模型。在 SRM 框架中，这项任务由网络系统模型执行。自从银行违约风险（尤其是联合违约风险）处于银行稳定性的核心位置，网络模型及其对违约事件的识别能力是最重要的研究任务。除了分析银行违约，SRM 还提供了市场风险、信用风险和传染风险的损失分布，以及这些风险类型的组合。[①]

当然，模型也有另一个优势：它可以估计还未出现的情景。这包含了严重金融危机情景下的实验。对金融系统中特定压力情景影响的一个清晰的认识，使得维护金融安全的机构有了更有意义的价值。[②]因此，奥地利政府开发 SRM 的另一个原因是为开发先进的银行系统压力测试工具。

本章对 SRM 在理论方面和实用方面都做了介绍。12.2 节将对奥地利银行体系及其监管框架给出详细的描述；12.3 节讨论了 SRM 的理论框架；12.4 节对输入的数据做了详细的介绍；12.5 节讨论了目前模型的应用；12.6 节描述了模型的输出如何应用于奥地利国家银行（OeNB）的日常实践中；12.7 节给出了三个压力测试的例子；最后 12.8 节给出了结论。

12.2 奥地利银行系统

12.2.1 银行系统的结构

和其他欧洲国家相比，奥地利有着最密集的银行体系。2007 年底，奥地利有 870 家银行正在运作，拥有总资产 10730 亿欧元。

---

① 相关研究见第 3 章。

② 见第 7 章。

在过去，集中化过程仍在继续，奥地利的信贷机构从1997年底的995家下降到现有水平，然而，据不完全统计，在这十年间奥地利的总资产从4306亿欧元上升到9000亿欧元。这种发展主要得益于奥地利银行体系的分层部门的集中化，从奥地利金融市场委员会（FMA）发布的执照来看，这种分层部门仍然占了奥地利银行的绝大多数。[①] 根据行业和规模，表12.1给出了一个奥地利银行体系结构的概述。

SRM系统中考虑了奥地利所有的银行，但是没有欧盟成员国银行分支机构与报告上显示0资产的银行，这些银行总资产为0是因为它们没有任何经营性业务，尽管它们在法律上存在，这使银行的总数变为824家。

过去十年来，另一个重大进步是奥地利银行体系下分层部门中的小银行形成了集群，这些分层部门通过跨行担保计划，越来越依赖于中央机构。这一发展产生了几个相对较大的银行组织。而且，奥地利银行的传统多部门结构在最近几年发生了重大变化，这种多部门结构源于历史业务和所有制的不同，如今，大多数的银行正在像统一性银行一样有效运作。最后，最重要的发展发生在千年之交，也就是中欧、东欧和东南欧（CESEE）经济稳定之后。银行业务进入了一个持续扩张的道路，由经济的强劲增长推动，目标是欧盟一体化。欧盟15国利用大规模私有化的优势，开始大规模进入市场。奥地利银行抓住了它们早期扩张的机会，在银行业总资产的控制方面成为了最大的外国投资者。几个奥地利银行的成功跨国多样化策略，使得系统的整体利润增长非常稳定，中欧、东欧和东南欧的利润率仍然很高。尽管在形势不明的情况下，适用于欧洲水平的利润率可能会下降，但是这种正面影响预计将持续下去。

---

① 分层部门指的是储蓄银行和诸如来富埃森银行（Raiffeisen）、大众银行（Volksbanken）的信用合作社。

表 12.1　　奥地利银行系统的概况（截至 2007 年底）

按门类划分								
	联合持股银行和私有银行	储蓄银行	国有按揭银行	瑞福森信用合作社	大众银行信用合作社	建造与贷款协会	特设银行	欧盟成员国国有分行及办事处
成员数目	51	56	11	558	69	4	93	28
总资产（10 亿欧元）[a]	251	150	88	222	69	21	87	11
按大小划分								
	超大型银行		大型银行		中型银行		小型银行	
按总资产大小对银行的定义	6 家最大的银行		超过 20 亿欧元		介于 5 亿到 20 亿欧元		低于 5 亿欧元	
成员数目	6		47		74		743	
总资产（10 亿欧元）[a]	411		326		68		94	

注：

a 总资产是基于非合并报表的数据。

b. 不包括特设银行。对银行集团而言，仅包含母公司。

资料来源：奥地利国民银行（OeNB）。

12.2.2　奥地利的监管框架

由于全球金融市场的复杂性不断增加，奥地利金融市场委员会作为一个完整的金融监管机构，成立于2002年4月。虽然奥地利金融市场委员会负责银行执照的发放、授权和通知程序、银行监管，但是奥地利国家银行负责（部门）监管过程，这一权利被2008年2月修订的《奥地利国家银行法》扩大了。①

由于奥地利银行体系对800多家独立银行的现场监测需要考虑时间和人力资源，所以要在检查频率方面作出一点让步。因此，在奥地利的监管过程中，非现场分析起着重要作用，奥地利国家银行和奥地利金融市场委员会非常重视非现场分析模型的精确发展是为了充分利用两家的资源。自2002年以来，奥地利国家银行便开始了几个项目，目的就是开发新的工具用于量化金融稳定性分析和非现场银行监管。② 其中包括系统性风险监测。③

12.3　SRM的理论依据

SRM主要的目的是其在奥地利银行体系稳定性分析中的应用。为了实现这一目的（作为系统层面的风险分析工具），SRM必须由一系列风险估计模型组成，这些模型适用于奥地利银行的个体公司层面。SRM满足这个要求主要是因为下面两个特征：第一，系统中

---

① 奥地利国家银行分析和检验主要关注两个方面：银行现场检验和个体银行分析。对监管报告数据而言，奥地利国家银行经常对个体银行风险水平进行日常评估和合规的检查。

② 在这些项目中，奥地利国家银行的金融分析和研究是与奥地利金融市场委员会、维也纳大学、应用科学大学、福拉尔贝格记忆维也纳科技大学的合作进行的。

③ 详见奥地利国家银行、奥地利金融市场委员会（2005）。

市场风险和信用风险的影响是由银行同时进行计算的，因此便于对依赖相同风险因素的不同银行进行评估；第二，奥地利银行体系的银行同业传染风险可以通过一个网络模型得到明确计算。图 12.1 展示了 SRM 下的模型的基本结构。

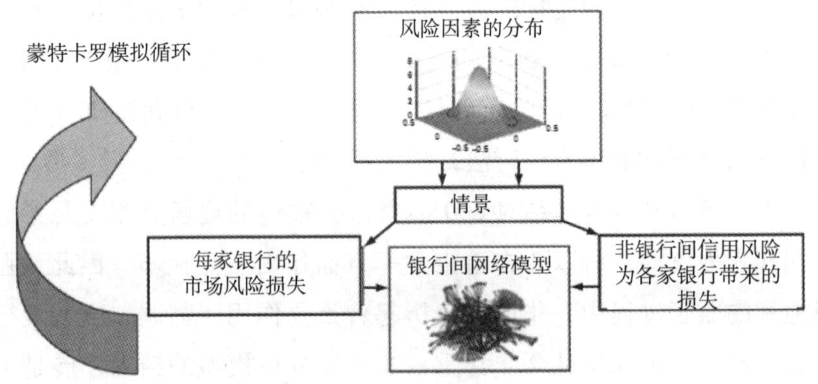

资料来源：奥地利国家银行。

图 12.1 SRM 的基础结构

从图 12.1 可以看出，SRM 利用了蒙特卡罗模拟。在每一个仿真模拟中，情景来自于风险因素的多变量分布。风险因素是指在市场价格水平和市场利率水平的四分之一的对数差分值，可以影响违约概率的宏观经济变量。① 风险因素的分布是基于历史数据建立的。一旦情景被确定，SRM 会为奥地利银行体系的每家银行设定一个损失数值。② 这些数值反映了银行本季度内发生的潜在损失。③ 这由面临市场风险的银行部门（图 12.1 的左侧部分）和面临信用风险的非银行同业贷款组合（右侧部分）分别进行。这可以作为网络模型的输

---

① 就利率而言，简单查分可以替代对数查分。详见第 12.4 节。对宏观经济变量而言（例如失业率），简单查分可以替代对数查分。

② 市场风险头寸可以从情境中获益，银行也可能从中遭受损失。

③ 保持不变的资产负债表是衡量信用和市场风险的合理假设。然而，对于信用而言，一个季度的测试区间稍短；而对市场风险而言，一个季度的时间范围又过于长。

入（图12.1底部），它决定了银行承担银行同业负债的能力，这些负债来自其他银行的实际支付。在银行同业市场，如果一个银行无法还清借款，这在技术上可以称之为破产。网络结算算法不仅可以在第一轮立即确定破产，还可以确定传染性破产。立即破产通过市场和信用风险损失（根本性违约）发生于第一轮危机，而传染性破产是由其他银行的破产（传染性违约）引起的。在蒙特卡罗模拟中通过计算多种情景的结果，在系统中产生了一系列的风险参数。它包括蒙特卡罗模拟总数中银行破产的相对频率，它可以被解释为三个月内违约的概率，或者信用风险、市场风险、银行间传染风险的损失分布。

除了对银行体系的现状分析，SRM可能通过多种方式进行压力测试。比如，压力测试可以提前为一个或者多个风险因素定义压力值，例如反映加息。其他风险指标可以从它们的多变量状态分布中提取，在这个约束条件下特定风险指标处于它们的压力值。但是，其他类型的压力测试也可以在SRM框架内进行（见12.5.2节）。

图12.1中方框形成了SRM框架的主要部分。下一节会简要描述如何对这些组成部分建模。[①] 但是，需要指出的是，也有可能存在每一个组成部分建模的替代方法。

12.3.1　风险指标模型

在SRM中，不确定性由外部风险和内部风险共同决定。外部风险动因取决于影响非银行同业风险值的多变量风险指标分布决定，而银行同业风险值在网络模型内部决定。利用常规资产负债表的假设，SRM中的不确定性已存在三个月以上，因此这三个月也可作为

① SRM基础资产模型的详细描述见Boss等人（2006）的研究。科学依据在Elsinger等人（2006）的研究中给出。

风险指标的基准期，即风险指标指的是一个季度内的差异。当风险指标分布被用于蒙特卡罗模拟时，为了随机选取数据和条件分布，以防特定风险指标达到预定值时进行压力测试，它应该考虑一个有效的算法。

风险指标的选择取决于银行资产组合数据的可得性。一方面是依赖于市场风险指标的头寸，如利率、股票指数、汇率等。另一方面是对信用风险敏感的个人贷款，信用风险又反过来受宏观经济基本面的驱动，宏观经济基本面对家庭和公司的违约率也有影响。如果市场风险指标有很强的自相关性，那么对于宏观经济市场指标来说，滞后值有很大的影响。因此，我们要用向量自回归（VaR）对宏观经济风险指标进行预处理，最后 VaR 模型的残值会纳入风险指标的多变量分布中。

为了得到多变量风险指标分布，我们用到了连接函数方法，其中包括两个步骤：首先选取一个单变量边际分布模型，然后分别计算风险指标的因变量。①

边际分布模型的选择取决于三个月密度预测的统计样本，这些预测是由一组合理的与 SRM 相关的时间序列模型得出。这种方法是选取一个单一边际模型去覆盖所有风险指标，而不是为每个风险指标都选取一个最佳模型。这种策略的动机是在考虑了新的风险因素后，模型仍能保持简单且全面。备选边际模型的目的就是简单，但又能包括很多典型事例，观测这些事例是为了形成利率的时间序列：波动性聚合效应和厚尾效应。② 这就需要考虑正态分布、t 分布、把以分配为中心的核估计结合起来的模型，以及以极值理论为基础的

---

① 见第 5 章。

② 可以高频率地使用特殊的因素（如市场风险因素），但是还应在 SRM 中每季度演绎一次。

广义帕累托分布。[①]由于波动聚集效应，也考虑到单变量GARCH（1，1）模型，即GARCH残差可以拟合边际模型。通过使用一项结合了Kolmogorov－Smirnov检验的测试程序和一项在DeRaaij和Raunig（2002）进行的测试，我们了解到，结合了GARCH（1，1）的极值理论模型可以得出全面的样本分布预测。

一旦选择了边际分布模型，风险因子之间的相关性会分别通过连接函数方法计算出来。用边际分析和连接函数方法单独确定多变量分布，这一事实被称做Sklar's theorem（见Nelsen，2006）。SRM使用了一组t连接函数对相关性建模因为这个模型容纳了金融市场数据间典型事件的相关性，即两个风险因子间极端关联变动的概率要高于多变量正态分布结构的相关性变化（尾部相关性）的概率。[②]风险因子的分组不同，其尾部相关性的水平也就不同。SRM使用了以下四种风险因子：宏观经济风险因子、利率、汇率和股票价格指数。

12.3.2 市场风险模型

为了评估市场风险，我们必须确定面对市场风险因素，特定银行投资组合价值的变化。从这一方面来说，监管报告给出了粗略的银行投资组合的图片以及他们与风险因子的相关性。[③] 基于现有数据，SRM中的风险因子包括：（1）四种不同期限和主要货币的利率；（2）国内和世界股票市场的股价指数；（3）主要货币对欧元的汇率。

各种数据都详细说明了银行的总风险暴露。因此，期权是通过

---

① 对于后一分布详见McNeil和Frey（2000）。

② 关于分组t连接函数在信用风险上的应用，详见Daul等人（2003）的研究。

③ 市场风险可用的报告数据详见第12.4.1节。

它们潜在的 delta 加权计算的。比如，根据巴塞尔资本监管法规对市场风险监管的标准化方法，对称利率衍生产品要被分解为普通债券。对于每一个银行，包含市场风险指标的投资组合价值变动是这样确定的：首先，各风险因子乘以各自的风险暴露；然后，把这些结果加总。这将会计算出投资组合价值变化的一阶近似值，如果忽略由于复杂衍生工具的风险暴露产生的非线性效应和通过潜在的依赖共同作用于风险因子产生的效应。

12.3.3 信用风险模型

在市场风险模型中，市场风险因子的某种组合通过一种确定性的方式计算资产组合的损失。与此不同的是，宏观经济风险因子的某种组合不会确定单一信用损失的数值，而是确定出信贷组合损失可能的整体分布。因此，SRM 通过信用风险模型为体系中的每家银行计算信贷损失分布，然后从这些分布中随机抽取数据，计算信贷损失。

SRM 中使用的信用风险模型是基于 CreditRisk +（见 Credit Suisse，1997）的，CreditRisk + 适用于明确考虑违约概率对国民经济的依赖。但是，信用风险的计算也可以根据其他方法得出，如蒙特卡罗模拟。在一个特定工业部门中，贷款的平均违约率被认为是宏观经济风险因子的函数，通过历史数据可以估计出这些宏观经济风险因子的参数。函数的形式是一组宏观经济风险因子和一个白噪声的线性组合。这种形式确保了违约率只能从 0 到 1 中取值。历史违约率的季度数据作为平均违约率的实时数据，可用于 13 个行业和几个商业周期。在选择过程中，我们将为每一个部门模型选取宏观经济风险因子预定义池中四个变量的最大值，这个选择过程旨在识别简单模型。根据给定的宏观经济风险因子的值可以确定部门平均违约率，需要将从多变量风险因子分布中提取的残差用于宏观经济 VaR 模型和相应的评估模型中。

工业部门的平均违约率不能直接用于信用风险模型中，因为个别债务人评级适用于中央信用登记系统。从这些评级中，个别债务人的违约率和下季度部门平均违约率的相应变化挂钩，通过把部门违约率和宏观经济变量联系起来的模型，可以得出下季度部门平均违约率。在信用风险模型中使用的个别债务人的违约率等于中央信用机构记录的违约率乘以模型预测的下季度部门违约率与实际部门违约率的比值。

一旦债务人违约概率确定了，信用风险模型便完全服从于 CreditRisk + 框架。根据宏观经济风险因子的实时数据，贷款违约率被认为在某些条件下是独立的。为了有效计算出投资组合的损失分布，CreditRisk + 将相似的风险暴露纳入一篮子风险暴露中，同时利用了这样一个事实：如果违约率很小，并且债务人之间的违约事件是相互独立的，那么债务人样本里的违约数量近似服从泊松分布。这个分布中的参数通过预期违约数得到，也就是说，通过样本中单个债务人违约率的总和得到。

当 SRM 不断从多变量风险因子分布中提取宏观经济风险因子时，得出的违约率本身就是随机的。最终，信贷损失分布的结果表明，在极端情况下的损失概率要高于有着固定违约率的模型的损失概率。

12. 3. 4　网络模型

一旦计算出在系统中每家银行的市场风险头寸暴露和非银行同业贷款的损失数值，就可以使用网络模型。网络模型回答了这样一个问题：在各种损失减少了银行初始资本的情况下，银行能否在三个月的期限后归还银行同业间的负债？如果一家银行没有留下足够的资金归还银行同业间的负债，那它就面临着破产。破产银行股份的价值变为0，债权人的债务价值在比例共享原则下，由剩余资产的价值实现。这种债权价值的潜在减少可能会导致更多的银行破产。网络结算算法实现了这一价值的调整过程，由于银行同业系统中债务债权持有的复杂性，能够实现这一过程是一项了不起的工作。除了银行在三个月期限中发生的市场风险和信用风险造成的损失和银行初始资本头寸，银行同业间的双边债务和股权持有矩阵对于网络模型来说是一个至关重要的输入参数（见12.4.3节）。

SRM网络模型是Eisenberg和Noe（2001）在Elsinger（2007）提出的模型的扩展，SRM的创新之处在于模型中包含了银行同业间的股份持有。在银行破产的情况下，虚拟结算算法必须满足三个标准：（1）有限责任。这要求银行的总支付不能超过银行的现金流；（2）债权优先。除非银行能够还清所有未偿还的债务，否则银行股东不能获得任何价值；（3）按比例分担原则。如果银行破产，所有债权人将按照他们债权的比例得到偿付。SRM网络模型的另一个创新是，它有可能在银行同业债务中引入一个资历结构。但是，这种功能没有用于SRM当前的工具中，因为没有可得的银行同业负债资历的数据。

通过网络模型，不仅有可能得到关于个别银行破产的信息，还有可能获得关于系统稳定性的见解。如果一个银行不能偿还债务而其他银行却可以，那么这个银行的违约我们称之为基本违约。如果一个银行由于其他银行不能偿还银行同业间的债务发生破产，我们称这种违约为传染性违约。这种区分考虑到了由于风险因子变动引起的直接破产，以及通过银行同业间的联系产生的破产传染效应引起的间接破产。

12.4　SRM 数据输入

SRM 使用了两类不同的数据：（1）报告给奥地利国家银行的个别银行的数据，反映它们资产负债表资产和负债的头寸和监管信息，比如监管资本；（2）从外部获取的时间序列数据，反映市场和宏观经济风险因子的历史性变动。第二类的时间序列数据从奥地利国家银行的宏观经济数据库中取得，本章的下一节将会描述其他输入数据。

12.4.1　市场风险模型中的数据

为了评估市场风险，根据监管报告需要考虑资产负债表中资产和负债在外币、股权，以及利率敏感性项目中的净头寸。对于外汇风险，我们使用的是银行报告中的美元、日元、英镑和瑞士法郎的净持仓量。至于股权风险，国内和国外的股权风险暴露是有区别的，其中国内的风险暴露使用的是奥地利交易指数，而国外的股权风险暴露使用的是报道中的所有外国股市指数之和。对于利率风险，欧元、美元、日元、英镑和瑞士法郎相对于四个一篮子期限的净持有量是从利率风险统计数据中得到的。一篮子期限是指潜在工具的重新定价期限，包括：最高 6 个月、6 个月到 3 年、3 年至 7 月以及 7 年以上。为了评估这些一篮子期限的净头寸，我们使用的是对应货币的三个月、一年、五年以及十年期的利率。利率、汇率以及股价指数的历史时间序列从 Bloomberg 金融数据库中可以得到。在某些情况下，为了得到 Bloomberg 中没有的季度时间序列数据，我们也从其他地方获得数据。因此，他们大多数数据的起始时期可追溯到 1970 年，但至少也是 20 世纪 80 年代初。

12.4.2 信用风险模型中的数据

为了分析信用风险和监管报告，奥地利国家银行中央信贷资料库提供了银行机构对非银行机构进行借贷投资组合的详细信息，其中包括贷款人对借款人信誉的评估，即信用等级。在 SRM 中，对国内客户的个人贷款风险特征由两部分组成：上面谈到的信用等级和客户所属部门的违约频率，这些数据可由奥地利债务信息采集员 Kreditschutzverband von 1870（KSV）数据库得到。

中央信贷资料库包含大量影响信用风险的资产负债表中各项目的数据、贷款损失准备金、抵押资产以及对公对私贷款超过 35 万欧元的银行内部债务人评级。银行的内部评级报告给中央信贷数据库，由奥地利国家银行映射到一个标准尺度上，这个标准尺度为每一个债务人分配了一个违约率。在债务人对多家银行都有借款的情况下，银行对这一特定客户分派的评级会有所不同，这就是为何 SRM 使用违约的最高评级，即最危险的等级。

关于 SRM 系统中贷款的分类，国内对非银行机构的贷款分类方法被用于 13 个部门，这个方法是以 NACE 对债务人的分类为基础的。此外，根据外国银行和非银行机构的 9 个区域部门，对跨境贷款进行了分类，这 9 个部门至今发展成了 18 个。对于没有达到中央信贷注册资格的国内贷款，可以从监管报告中得到信息，监管报告提供了对国内非银行机构提供贷款的数量。而对于国外的贷款则没有可比较的数据统计。但是，我们可以假设最大的跨境借贷部分超过了 35 万欧元的门槛，因此会丢失少量的关于跨境的小额借贷风险的信息。

KSV 数据库提供了自 1969 年以来，大部分 NACE 分支机构破产数量的季度数据时间序列。奥地利统计局对各部门公司总数的数据进行了补充。这影响到了 13 个国内工业部门历史观测违约频率的时间序列的计算，因为它等于各部门的公司总数除以破产公司的数量。因此违约频率的时间序列也可以被解释为部门平均违约率。为了构建私人部门和农村部门的破产统计信息，我们会使用奥地利整体经济中其各自的违约频率，因为在私人部门和农村地区，我们得不到关于违约数量和样本规模的可靠信息。非本地部门的违约率是根据信用评级计算的各违约率的平均，这个信用评级是在一个特定的外国机构，由银行对客户指派的。

12.4.3　网络模型中的数据

SRM 中的网络模型需要一个反映国内银行间双边关系的矩阵，这个矩阵依据负债和股权作为数据录入。但是，根据监管报告和中央信贷注册库，银行同业贷款和奥地利个人银行负债矩阵只能得到部分重建。因此，需要估计风险暴露的完整双边结构。通过熵的最大化，其中考虑到了在部分信息约束的情况下估计，银行同业负债矩阵可以以这样一种方式进行估计，那就是它满足可用信息的所有约束条件。从中央信贷注册库和监管报告中获得的信息对银行同业负债矩阵的以下方面都做了约束：（1）每个单元格的下界；（2）每行加总之和的准确值（总的银行同业贷款量）；（3）每列加总之和的上界和下界（总的银行同业负债量）；（4）对应奥地利银行体系的七个部门的银行同业负债矩阵的低阶矩阵行列总和的下界。

因为这些约束条件存在一些不一致，所以熵最大化的算法不能收敛于所有的约束条件。因此，第一轮的估计考虑到了所有的约束条件，并优先考虑单元格下界这一条件，紧接着第二轮估计我们忽略关于部门子集的约束条件，并优先考虑第一轮的结果。现在该算法就收敛了，但是，相对于小银行，奥地利银行体系倾向于为大量的进入者赋予较小的数值，也正因为如此，信息很难获取。当银行同业间的实际关系可能无法对其进行判断时，将收敛后低于1万欧元的值取0，迭代估计时将优先考虑上一过程产生的矩阵，迭代过程一直持续到收敛后所有进入者的值都不低于1万欧元。

除了银行同业间的贷款和借款，SRM也通过奥地利银行在其他国内银行相互持股定义奥地利银行体系网络。概念的整合很简单，因为在奥地利国家银行监管报告制度下，持股量将被直接报告出来。

12.5 SRM的应用

12.5.1 常规模拟

SRM常用于对未来经济情况对普通的（即无压力的）银行的影响进行常规模拟。在每次的循环模拟中，选取的情景都包括一组宏观经济和市场风险指标。这些风险指标可用于计算经济状况对银行风险的影响，假定银行的资产负债表在一个模拟季度中保持不变。继上述步骤，估计的市场和信用风险损失会减少银行的资本头寸，这些资本头寸决定了银行是否能够偿还它的银行同业负债。不能偿还负债的银行将会违约，反过来，又会引起其他竞争对手的违约。

在SRM常规模拟中，从风险因子的联合分布中提取的情景会产生在经济学上一致的风险参数，如概率和分布，这些风险参数在SRM中是作为输出，而不是像其他压力测试工具一样作为预测点。SRM中的每个单个模块可以个别的关闭，或者替换成别的模型。特别地，根据SRM压力测试的能力，这些特征产生了一系列可能的敏感性分析、模拟和稳健性检验。

12.5.2　压力测试

SRM 的框架可以在多种不同的方式下进行压力测试。通常情况下，压力测试是指为它们压力值设置一个或多个风险因素。它可以适用于市场或宏观经济风险因素，宏观经济风险因素强调压力下的违约率，这个违约率是通过将宏观变量和国内违约率联系起来的模型计算的，在 12.3.3 节中讲到过。同样，这个违约率也可以直接得出。压力测试的影响是为了单一情景设计的，通过计算风险因素的压力值，或者是基于一个完整的蒙特卡罗模拟，在这个模拟中，压力下的风险因素是固定的，其余的风险因子取自风险因子的联合分布。从联合分布中提取的情景可以有条件的作用于固定风险因子，或者无约束条件的作用于固定风险因子。另一个解释压力测试的方法是，在银行同业市场清算前对银行资本进行直接冲击。冲击的大小可由一个普遍的方法确定，即强迫一个银行违约或者按每家银行贷款投资组合的固定份额减少它们的资本。原则上，定义和计算压力测试的多种方法都可以任意结合。然而，根据人们所熟知的压力测试技术，下面将会讨论使用 SRM 进行压力测试最常用的方法。

一、单一情景下的压力测试和敏感性分析

在这些压力测试的简单类型中，它们压力值被赋予了一种或多种风险因素，对于这种单一情景下的压力测试，市场风险和信用风险投资组合被重新估价。最后，银行同业市场经过清算确定基础性违约和传染性违约。这些压力测试可以基于单一的风险因子，包括宏观经济风险因子、市场风险因子、部门或区域违约率（情景分析）。压力本身可以这样被确定，或者是根据它们相对于基准日的绝对或相对变化，或者根据指定的压力水平，如历史上最糟糕情况下

的部门违约率。由于违约率，其他风险因子被设置为0，或者固定为它们在基准日的值。如上面提到的，为了以一个单一的基准评估不同的风险类型，可以关掉SRM中一个或多个模块。比如，为了进行一个典型的市场风险敏感性分析，可以暂时不运行信用风险模型。

二、压力测试模拟和宏观压力测试

压力测试模拟类似于单一情况下的压力测试。但是，在压力测试的模拟中，SRM资本化的蒙特卡罗的基础。这会产生许多情景，在这些情景中，一个或者多个风险因子被赋予它们的压力值，其余的风险从联合风险因子分布中提取。这是在无条件约束的情况下进行的，即当进行常规模拟时，抽取所有的风险因子，然后重新设置风险因子的值。类似地，国内部门和非国内部门的违约率在第一种情况下也可以测试。

但是，SRM中压力测试最完善的方法是，首先将风险因子固定在其指定的压力值上，然后在确定的风险因子的联合分布中抽取情景。这个过程利用了一个SRM的主要特征，即使用一组t值进行风险因子联合分布的建模。这种方法解释了一个现象，就是通常提到的相关性破产，即风险因子间的随机依赖性在压力时期可以偏离正常时期。

因此，通过在风险因子的条件分布中抽取情景，所有的风险因子将会产生一致的压力情景，这就是为何这种压力测试可以被视为宏观压力测试，宏观压力测试通过是指几种风险因子同时存在的压力测试。事实上，如果只有一个风险因子设定了明确的压力值，而其余风险因子没有设置明确的压力值，这也是一个问题。通常情况下，在宏观压力测试中，通过一个结构化模型或者向量自回归模型可以产生一致的宏观情景。通常这些模型不能解释这样一个事实，统计的危机情景下的风险因子的依赖性会偏离正常时期下的，然而通过连接方法，它可以在SRM内部做明确的解释。但是，用于估计风险因子联合分布的时间序列必须包含压力时期，这是为了能够捕获到估计模型中的潜在尾部依赖性。在12.7.1节我们讲述了压力测试模拟的例子。

三、银行资本的压力测试

SRM框架内的另一种类型的压力测试指的是在银行同业市场清算前，对银行资本进行冲击。这些冲击可以是异质的，也可以是系统性的。前一种类型的压力测试是通过在清算前为银行资本赋予一个低于整体银行同业负债的值，模拟单一银行的违约行为。最终，银行不能满足它的银行同业负债，这也会影响到其他银行的支付能力，因此，允许通过银行同业市场对传染性风险进行评估。

但是，可以通过两种方式概括这个概念：通过SRM，它可能（1）扣除银行所有的资本金；（2）把对单一银行的异质冲击扩展到系统性危机，在这个系统性危机中，一家或多家银行的资本会受到影响。原则上来说，扣除和资本数量可以通过依赖压力情景的函数决定，也可以通过银行的资产负债表头寸决定。比如，SRM被用来分析奥地利大公司客户违约对银行的影响，通过在银行同业市场清算前扣除它们80%的优质资本。12.7.2节中给出了基于外币借款产生的风险的详细例子。

12.6　SRM数据输出

12.6.1　SRM得出的结果

基于个人银行投资组合和蒙特卡罗模拟，SRM提供了矩阵形式的主要结果，在这些矩阵中可以计算一系列不同的统计量。每一个矩阵的维度都是银行数×情景数。信用风险、市场风险和传染风险的模拟结果存储在不同的矩阵里，其中包括每一家银行在每一次情景下，遭受每一个风险的损失，这就是为何传染风险涉及银行同业风险间银行负债的总和。而且，SRM 中存在一个同样大小的矩阵，记录了银行在每一种情景下的状态，如根本性违约、传染性违约或者不违约。

这些数据可用来分析各种方法下的模拟结果。首先，损失矩阵可用于计算损失分布下的统计量，比如损失的期望、标准差、信用风险、市场风险、传染风险以及总风险的分位数。其次，为了评估风险承受能力，损失涉及到了资本和其他风险缓冲区，如准备金（见专栏 12.1）。最后，反映银行违约的矩阵可以用来计算银行的基础性违约率、传染性违约率和总违约率，通过相应的违约数/总的模拟次数。通过矩阵也可以计算单个银行或是整个系统的损失量以及违约率。目前，SRM 提供了规模的加总数据，根据内部非现场银行分析的数据相似度定义了的奥地利银行部门和同类机构。

专栏 12.1　利用资本评估银行的恢复能力

银行资本的界定对于 SRM 至关重要，就如同 SRM 界定银行的风险承受能力一样，即当 SRM 内银行违约时，可以用多少缓冲承受市场风险、信用风险以及传染风险造成的损失。另外，以前由贷款损失准备金甚至于利润产生的狭义的资本（如一级资本、二级资本）是可以被计算的。因此，SRM 为界定资本从狭义范围到广义范围提供了几种说法。这些定义包括：（1）一级资本；（2）奥地利银行法定义的调整资本；（3）奥地利银行法定义的调整资本加上现有的正常贷款损失准备金加上特殊的贷款损失准备金。

SRM 一般使用第三种定义。选择的资本定义不同，模拟所得的结果也会不同。

但是，在如下 SRM 更高版本中，试图通过资本的定义改变银行资金拖欠的标准规范：首先，作为一个附加的重要风险缓冲区，应该考虑到利润。其次，由于在实践中，在银行所有的资本被耗尽之前银行就有可能破产，那么，如果它们的资本充足率或一级比率低于规定值的 4% 时，它们就被认为是不履约。

而且，违约矩阵又可以当做未来银行同业传染性风险分析的基础。通过定义一系列的情景（每个情景都是与外生性违约有关），可以用它研究由基础违约引起的传染性违约，或是有传染性违约引起的基础违约。另外，系统性事件的违约率可以由违约情景数/情景总数得到，其中在违约情景数中，资金拖欠量或者说是总资产中的坏账股份超过了预定的门槛量。很显然，当宏观经济风险因子和市场风险因子也同样作为输出数据被存储在矩阵时，这些情景也同样适用。

12.6.2　公布结果

SRM 中常规模拟和各种可能的压力测试的结果，会定期地向内部人员和外界公布。另外，特定的模拟是以事件为基础运行的，范围从国际金融稳定性评估，如金融部门评估计划，到以事件为基础的内部风险评估，如特定银行的监管问题或是市场发展评估。

一、奥地利金融稳定性报告的公布

一般公众的信息来源于奥地利国家银行双边金融稳定性报告，

包括总的压力测试结果。自从2006年SRM开始压力测试以后，这些压力测试的结果一直基于三个SRM的压力测试模拟和一个无压力下的常规模拟，把这个无压力模拟作为基准情景。① 此外，在FSR第11期中，由于SRM的引入导致的方法上的改变。在同一期的特别话题中，也刊登了关于SMR研究的详细描述。②

二、奥地利银行业务分析的综合

为了对风险进行监管，SRM的结果纳入了奥地利银行业务分析（ABBA），这是一个由FMA和奥地利国家银行联系建立的监管框架，在奥地利受到了非现场监管的驱动。③ ABBA的主要目标是进行银行的分类，为的是确保监管过程中有效分配资源。独立监管工具结果的系统化完成了这种风险定位，产生了一个季度报告，这个报告提供了单一奥地利银行的一致的风险评估。④

尽管SRM最初一直被当做评估风险的工具，但是对单个银行水平分析的结果证明，它非常精确强大，足以容纳ABBA框架的结果。另外，将传染风险加入到ABBA分析工具中优于将其纳入到SRM中。因此，对个体银行的季度ABBA加总过程的SRM结果使得宏观审慎金融稳定性和银行监管之间的缺口得以补偿。

三、监管信息系统

在把SRM的结果整合进ABBA框架后，奥地利监管信息系统每季度都会公布银行对银行基础的详细结果。这些结果向内部权威机构公布，包括市场、信用、传染风险的绝对和相对损失，以及三者

---

① 更为详细的案例见第12.7.1节。
② 见Boss等人（2006）的研究报告。
③ 关于宏观监督和微观检查之间的联系，详见第13章。
④ 见奥地利国家银行、奥地利金融市场委员会（2005）。

之和的平均数。同样，这些结果也适用于无压力的常规模拟和三个标准压力下的情景。另外，系统性压力测试的结果是现成的，这些系统性的压力测试通过清空银行资本，模拟每家银行的资金拖欠。这向监管者提供了银行的以下信息：（1）产生传染性资金拖欠的原因；（2）通过银行同业间的传染受到的影响。而且，单个银行根据资本得出的相对结果，和银行体系的总和以及分汇总有关系，如部门、规模、质量（见专栏12.2）。

专栏12.2　进行特殊模拟

SRM的使用不仅限于阶段性的评估和报告。事实上，它在各种方法上都有使用，比如它对银行资本冲击的承受力的检测被证实非常有用。从奥地利西部地区高额外向贷款面临的风险到个别银行在金融危机时期最需关注的问题，这些问题都急需解答。

要解决这些问题的主要原因是，SRM是一个发展完善的软件工具。奥地利国家银行权威的分析师被授权可以通过他们的电脑进入SRM图形用户界面，这为他们提供了进行预定义模拟的可能性，而且他们也可以自己设定单个模拟的参数。

紧接着这种真实的特殊模拟实验，SRM进行了各种一次性的演习，然而，这种演习是事先被计划好的。比如，12.7.3节又重新描述了最近完成的金融部门评估规划。

12.7　SRM压力测试的例子

本节讲述了三个例子，强调了如何使用SRM进行压力测试。第一个例子讲的是一个标准模拟和三个压力测试下的模拟，情景是从风险因子的联合分布中提取。第二个例子是在银行同业市场清算前，对银行资本进行冲击。第三个例子讲的是，2007 年，如何使用 SRM 评估多时期宏观经济压力情景对奥地利银行体系的影响更新奥地利金融部门评估项目（继 FSAP－2007 之后）。

12.7.1 标准的 SRM 模拟

自 2006 年以来，由于内部原因会定期计算标准 SRM 模拟的结果，也会在总体水平上将其公布在奥地利金融稳定性报告上（见 12.6.2 节）。它包括了一个无压力的基准情景和两个压力情景模拟，压力情景假设了欧元利率上升了 120 个基点，国内违约率增加 1 倍。

根据信贷风险、市场风险、传染风险和总风险的基准模拟，图 12.2 显示了奥地利银行体系总体上损失分布的密度函数，其中总风险指的是前三种风险之和。模拟所需要的数据起始于 2007 年底，因此可以得到 2008 年第一季度的损失分布。2008 年第一季度，信用风险损失的期望值约为 8.6 亿欧元，同一时期由于市场风险预期产生的利率约为 0.1 亿欧元。传染性风险的损失期望值可以忽略不计，因此，总损失的期望约为 8.5 亿欧元。

该图同样显示了一些常用概率下的损失分布的分位数。比如，在 20 多个案例中，损失分布中 95% 的分位数对应的损失量并没有超过 90% 的分位数对应的损失量，严格来说，不超过的概率有 95%。从总的风险类别看，2008 年第一季度，信用风险总损失不超过 10.5 亿欧元的概率有 95%，市场风险总损失不超过 11.2 亿欧元的概率有 99%，传染风险总损失不超过 13.6 亿欧元的概率有 99.9%。信用风险是总风险中最重要的组合部分，在 99.9% 的分位数下，市场风险造成的损失量约为 2.4 亿欧元，银行同业间的传染风险约为 1.8 亿

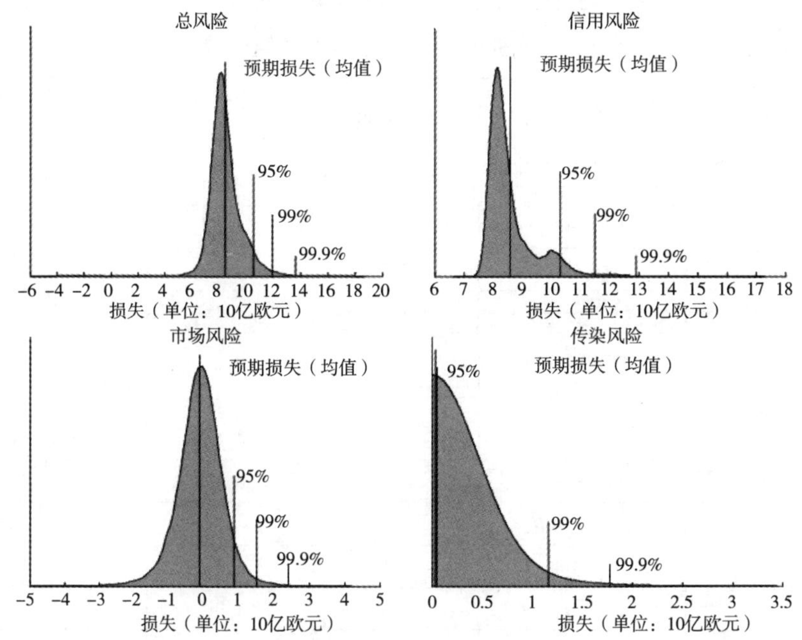

图 12.2　奥地利银行系统加总损失分布的密度函数

（基准为 2008 年第一季度的模拟）

欧元。从图 12.2 损失分布的正区间，我们不能看出贷款损失准备金。另外，为了解释银行承受风险的能力，我们可以考虑一下资产和负债之间的关系，这可能是作为对抗风险的最后一个缓冲区。

这就是在表 12.2 中呈现结果的目的，表 12.2 显示了损失的期望值，2008 年第一季度整个奥地利银行部门损失分布的分位数。除了基准模拟的结果外，表中还包括了两个压力情景下的结果。对于信用风险、银行同业间的传染风险和总风险，出现负值意味着相应的贷款损失准备金超过了期望值或是相关损失分布的分位数。在市场风险中完全没有考虑风险准备金，以致负债代表了存在利润。

在无危机情景的模型下产生的总风险的平均值是 1.8%。这意味着，2007 年底的初始风险准备金为 9.9 亿欧元，超过了预期的损失，

表 12.2　　对奥地利银行体系 2008 年第一季度的基准分析和压力测试模拟分析结果

%		基准模拟	将国内违约概率加倍	将欧元利率提高 120 个基点
总风险	损失期望值	-1.8	-0.1	-0.4
	95% 分位	0.9	2.7	2.1
	99% 分位	2.8	4.5	3.9
	99.9% 分位	4.5	7.7	6.7
信用风险	损失期望值	-1.6	0.1	-1.6
	95% 分位	0.6	2.4	0.6
	99% 分位	2.5	4.1	2.4
	99.9% 分位	4.0	6.4	4.7
市场风险	损失期望值	-0.2	-0.2	1.2
	95% 分位	1.1	1.2	2.0
	99% 分位	1.9	1.9	2.4
	99.9% 分位	3.0	3.2	2.8
传染风险	损失期望值	0.0	0.0	0.0
	95% 分位	0.0	0.0	0.0
	99% 分位	1.4	1.4	1.4
	99.9% 分位	2.2	2.4	2.4

注：本表显示了 2008 年第一季度，在相关风险门类下，损失的期望值占资本的百分比和百分位。在计算源自信用风险的损失时，已经把该机构对国内和国外非银行、对国外银行债权的损失准备金考虑在内，并做了相应调整。在计算源自奥地利同业银行传染风险的损失时，考虑到它对应于国内银行的信用风险，已经把该机构对国内银行的损失准备金考虑在内并做了相应调整。相应地，总风险根据总的损失准备金进行了调整。

资料来源：奥地利国民银行（OeNB）。

由于银行同业间的三种风险，比 2008 年第一季度提高 1.4 亿欧元。至于信用风险，由于向非银行机构和外资银行提供贷款所持有的准备金超过了预期损失大约为资本总额的 1.6%。至于银行同业间的传染风险是由预期损失得到的，其占资本的百分比很小。在市场风险中，没有考虑风险准备金；因此，表中列出的值可解释为预期利润，占资本总额的 0.2%。在分位数中，从所有单个风险类型中遭受的风险超过了损失准备金高达 4.5 个百分点，相当于总风险分布中 99.9% 的分位数的值。

在压力测试中，假设国内客户的违约率为实际值的两倍，但是测试结果表明影响非常有限，贷款损失准备金仍比预期总损失要高，虽然只高出 0.1 个百分点。这是因为双倍的国内违约率只把预期信用风险损失提高了 16%，从 8.6 亿欧元提高到 9.9 亿欧元，因为预期损失中最主要的部分是已经违约的贷款。但是，在双倍违约率的分位数中影响较大。在 99.9% 分位数位置，与信用风险准备金相应的损失占资本的 7.7%。但是，需要注意的是，在压力情景中，分位数和危机情景与危机情景假说相一致。假设压力情景发生的概率为 0.1%，两种事件同时发生的概率占 0.0001%，也就是说这个复合事件预计每一百万个季度发生一次，或者说是每 25 万年发生一次。其中两种事件指的是发生压力情景和损失分布的分位数超过 99.9% 的情景。

欧元区利率上升了 120 个基点可能对预期总损失的影响较小，尽管预期市场风险损失很大，占资本总额的 1.2%。但是，当预期的信用风险损失相对于基准情景没有改变时，总的信用风险准备金比总的预期损失高于资本的 0.4%。损失分布的分位数的表达结果和其他的市场风险预测模型的结果相似：较高的分位数，由于损失相对于资产减少时压力测试的影响，在 99.9% 的分位数下市场风险损失依然略小于基准情景情况。

没有一个压力情景表明对银行同业市场的传染性风险有很大的影响。而且，在两种压力情景下，奥地利银行体系的资本充足率依然高于监管要求的 8% 的最低标准。

12.7.2　外币贷款违约的传染分析

与加入欧元区的其他国家相比，奥地利银行的外币贷款量相当高，尤其是在瑞士法郎上。[①] 这就引发了一个问题，由这些贷款的外汇利率风险引起的间接信用风险会怎样影响奥地利银行体系的总体稳定。虽然在 SRM 框架内没有明确的外币贷款的间接信用风险模型，但是这个问题可以通过压力测试解释，这个压力测试就是 12.5.2 节中所讲的，在银行同业市场清算前对银行资本进行冲击。

本例的压力测试把潜在的根本和银行违约的传染效应分析为，持在每家银行大量外币贷款造成损失的结果，持有份额从 0.5% 到 100% 不等，为了简化，假定既定违约损失为 100%。相对量来自于清算前银行的资本，由于受到初始冲击而导致的银行违约，由此在银行同业市场产生的多米诺效应可以得到分析。

如图 12.3 中所见，所有的银行可以失去 15% 的外币贷款投资组合而不产生拖欠。但是，银行高达 50% 的外币贷款可能会被注销而不产生任何的传染性拖欠或者是一定数量的根本上的拖欠。如果低

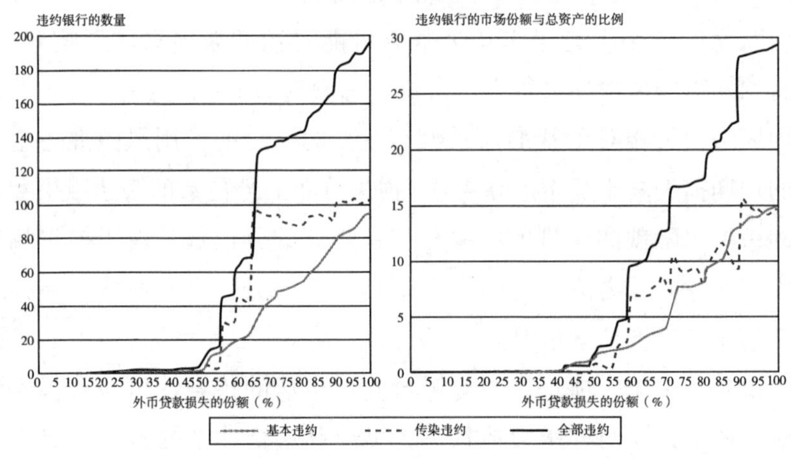

数据来源：奥地利国家银行。

图 12.3　外币贷款损失带来的银行违约（基于 2007 年年底的数据）

① 在 2007 年 12 月，外币贷款与国内消费者总贷款的占比为 16%，为 467 亿欧元的流通贷款额。

于这个门槛量，只有拥有有限市场份额的少量银行会受到影响。在高达 30 家银行的传染性拖欠中，我们可以观察到一个显著性的提高，那就是外币贷款的损失份额达到 55%，尽管相对市场份额有限。另一个显著的提高是，在占市场份额 7% 的时候，失去 60% 的外币贷款和超过 40 家的银行有传染性拖欠。在 65% 的时候，传染性拖欠的数量高达 100 家，尽管市场份额的相对增加依然缓和。达到银行外币贷款投资组合总损失的份额的增加不会导致更大的传染性拖欠，尽管银行拖欠的数量已高达 200 家，相当于奥地利银行体系资产的近 1/3。

从这个测试中我们能学到什么呢？首先，只有对奥地利银行的外币贷款投资组合进行非常严峻不现实的冲击，才会对银行体系的稳定性造成桎梏。但是，给定的极端情景，也就是说超过 50% 的外币投资组合有拖欠，通过传染性违约，根本性违约的数量可能会翻倍。其次，结果清晰地反映了奥地利银行体系的部门结构和外币借款的分布。在奥地利的西部地区，外币借款更加普遍。最后，这些银行占有较高的外币借款份额，在压力测试的初始阶段就受到了影响。传染性违约数量的急剧提高可以被追溯到奥地利银行体系特定子部门的三级结构。由于存在许多典型的小银行，所以市场份额的相对增加不太显著，大多数是由一些单个机构的违约引起的。受影响银行市场份额的另一个主要增长可以被追溯到中型银行，它的子部门有大量的外币贷款。总之，我们得到的结论是，在真实的情景中，外币贷款不会对奥地利银行体系的总体稳定产生威胁。尽管只有在非常严峻不真实的情景下，才能观察到对区域性水平的系统影响。

12.7.3　金融部门评估规划压力测试

2007 年在金融部门评估规划过程中，经常使用 SRM 进行压力测试。除了进行敏感性压力测试外，SRM 还可以适用于评估宏观经济压力情景的影响。这个情景可以用来估计持续的全球经济衰退对奥地利银行体系的影响，这次全球性的经济衰退开始于 2007 年第三季度一直持续了三年。奥地利国家银行的季度预测模型根据宏观经济变量执行情景，这导致了两年间 GDP 的增长率为接近于 0 的负值，相当于第二次世界大战后奥地利经历的长期经济衰退。

当全球经济低迷以季度为频率设置为三年时，那么在多时期压力测试的背景下，有必要用 SRM 对原始框架做些改变。第一，计算中不考虑市场风险，因为考虑市场风险就要求考虑额外的假设，这个假设是关于银行对经济环境改变的反映。第二，为了减少模拟时间，对宏观经济风险指标不进行模拟；相反，根据情景对国内违约率的影响，违约率受到了直接冲击。但是，与 12. 3. 3 节描述的模型相似的模型被用来估计不利的宏观经济状况对国内信用风险的影响。对于奥地利整个经济来说，全球经济低迷的情景导致了违约率相对于基准提高了 71%。第三，为了在多时期环境下评估奥地利银行同业间的传染风险，每个季度后银行就会进行清算。如果在一些时期银行违约，为了避免双倍的传染效应，它的下一季度的银行同业风险暴露会被忽略。假设资充充足率（CAR）低于 4% 的门槛量作为违约标准。第四，与 SRM 实际的标准工具相比，在这个压力测试中考虑到了银行利润，假设与 2007 年 7 月的基准线相比，利率一直下降，与基准利润相比，季度利润下降了 17%。假设预期损失被贷款损失准备金完全抵销，并且由于违约上升造成的附加损失和银行同业间的潜在损失会影响第一栏的利润。只有在利润不足以弥补这些损失的时候，资金才会被耗尽。相反，资本不会通过利润增加的方式增加，假设每个时期都向股东发放股利。

表 12. 3 展现了总的银行体系、子部门和根据总资产中所占股份得到的相应分布中资充充足率（CAR）的影响结果。由于一些银行

表 12.3　全球下行趋势下的奥地利金融部门评估规划情景的影响（2007 年更新）

全球化的下行趋势：传导机制对资本充足率（CAR）的影响														
	资本充足率	季度资本充足率数据（2007/09～2010/06）												总体影响
	2007/06	Q1	Q2	Q3	Q4	Q5	Q6	Q7	Q8	Q9	Q10	Q11	Q12	
全部系统	12.6	12.6	12.6	12.6	12.6	12.6	12.6	12.6	12.5	12.5	12.5	12.4	12.4	-0.22
规模加总														
超大型银行（6）	11.5	11.5	11.5	11.5	11.5	11.5	11.5	11.5	11.5	11.5	11.5	11.5	11.5	-0.06
大型银行（22）	13.3	13.3	13.3	13.2	13.2	13.2	13.2	13.1	13.1	13.0	12.9	12.7	12.6	-0.66
中型银行（39）	18.2	18.2	18.2	18.2	18.2	18.2	18.2	18.1	18.0	18.0	17.8	17.7	17.5	-0.70
小型银行（635）	16.2	16.1	16.1	16.1	16.1	16.0	16.0	15.9	15.8	15.6	15.5	15.2	15.0	-1.18
部门加总														
股票银行（34）	13.6	13.6	13.6	13.6	13.6	13.6	13.6	13.6	13.6	13.5	13.5	13.5	13.4	-0.16
储蓄银行（8）	10.9	10.9	10.9	10.9	10.9	10.9	10.9	10.9	10.9	10.9	10.8	10.8	10.8	-0.03
抵押银行（5）	10.5	10.5	10.5	10.5	10.5	10.5	10.5	10.5	10.5	10.5	10.5	10.5	10.4	-0.10
瑞弗森银行（561）	13.1	13.1	13.1	13.1	13.0	13.0	13.0	13.0	12.9	12.9	12.8	12.7	12.6	-0.50
国民银行（64）	12.3	12.3	12.3	12.3	12.3	12.3	12.2	12.2	12.2	12.1	12.1	12.0	11.9	-0.38
特殊目标银行（30）	16.2	16.0	16.0	15.8	15.8	15.6	15.5	15.2	15.1	14.7	14.5	14.0	13.7	-2.45

续表

	资本充足率	季度资本充足率数据（2007/09～2010/06）												总体
	2007/06	Q1	Q2	Q3	Q4	Q5	Q6	Q7	Q8	Q9	Q10	Q11	Q12	影响
银行资本充足率的分布（视银行总数为100）														
>12%	75.6	75.2	75.2	75.2	75.1	74.9	74.4	73.2	72.4	71.2	70.2	68.7	67.0	-8.69
10%～12%	16.7	16.8	16.8	16.7	16.4	16.2	16.5	17.2	16.8	17.7	17.8	16.4	16.4	-0.28
8%～10%	7.7	7.8	7.7	7.8	8.3	8.4	8.7	8.5	9.5	8.8	9.5	11.1	11.1	3.42
4%～8%	0.0	0.0	0.1	0.1	0.1	0.3	0.3	0.7	1.0	1.9	1.9	3.3	4.8	4.84
<4%	0.0	0.1	0.1	0.1	0.1	0.1	0.1	0.3	0.3	0.4	0.6	0.6	0.7	0.71
银行资本充足率的分布（视银行总资产为100）														
>12%	41.5	41.2	41.2	41.2	41.1	41.1	41.0	40.4	40.3	40.1	40.0	39.9	39.7	-1.78
10%～12%	52.5	52.6	52.6	52.6	52.6	52.6	52.4	53.0	53.0	53.1	53.2	52.4	51.1	-1.43
8%～10%	6.0	6.0	6.0	6.0	6.0	6.0	6.2	6.2	6.3	6.2	6.3	6.9	7.4	1.43
4%～8%	0.0	0.0	0.1	0.1	0.1	0.1	0.1	0.1	0.1	0.2	0.2	0.5	1.4	1.41
<4%	0.0	0.3	0.3	0.3	0.3	0.3	0.3	0.3	0.3	0.3	0.3	0.3	0.4	0.37

不能弥补额外的预期信用风险损失，整体的 CAR 会下降 0.22 个百分点，尽管总利润能够弥补额外的损失。但是，当六家最大的银行可以用利润弥补信用风险损失时，对总的 CAR 的影响仅有 0.06 个百分点。对于一些部门集群，特定目的银行受到的影响最大，CAR 下降了 2.45 个百分点，达到了 13.7。

一些很小的银行跌落到 8% 的线以下，有的甚至跌落到 4% 以下。但是，投资不足的银行只占奥地利银行体系总资产的约 1.4%，一些破产的银行所占份额低于 0.4%，这样就更加确定了一个观点，即只有很小的银行才会受到压力情景的严重影响。这些受到严重冲击的银行的典型特点是：资本金不足，很低的甚至是负的利润。此外，实际上所有的银行都被规划在奥地利银行体系的一个层级部门中，而且很可能受益于部门内的一个解决方案，因此，可以规避实际的资金拖欠。①

由于不考虑部门内那些模糊的保证，以至于所有的银行都跌落 4% 的 CAR 门槛，产生多米诺效应。然而，包含银行同业传染风险的结果表明，这个影响仅略高于不考虑传染风险的模拟结果。这个结论可由一个事实验证，即没有一家重要银行受到严重影响。

2007 年在金融部门评估规划中 SRM 的使用指出了它未来发展的一些重要方向。此外，把奥地利银行的子部门整合到网络模型中，考虑到它们在区域中很强的参与性，这对奥地利国家银行来说非常重要。

12.8　结论

对于银行体系的风险评估来说，SRM 是一个新的框架。它的第

① 这表明部门内的合并和资本注入。

一个创新是把焦点放在了对整个银行体系的分析上，而不是对单个的机构进行分析。从概念上来说，它可能通过测量一组风险因子对银行的影响把这种视角和相互间的信用关系的网络模型联系起来，这是SRM的第二个创新。不过，最重要的是SRM把这二者结合了起来。如同本章所说，这种如同输入数据一样极易应用的框架对于监管机构来说非常适用。此外，它展示了如何在SRM中进行压力测试。作为一个压力测试工具，通过使用风险因子分布中得出的模型，它考虑到了一系列的压力情景。但是，通过它的模块结构，SRM也考虑到了压力测试的传统方法，比如敏感性分析。这些方法也被套用在了SRM中。

当然，在尝试发展更好的系统性风险评估量化模型时，SRM只是第一步。这个模型有一些好处但也有一些限制因素。从限制方面看，可能最相关的是只能分析同一时期的数据。主要的优点是SRM的机械化特征。通过分析可以假设给定了投资组合头寸，它们的值由风险因子决定。由于对于短期风险分析来说这种机械化视角很有用，它包含模型中主要参与者行为的几个方面。[①]它不必是最优行为的成熟模型。关于银行行为的一些以实证为基础的假说可能已经向前迈了一大步。看到目前的债务危机，国际资本市场不同部门中存在的流动性问题发挥着很大的作用，其中包括银行同业市场。这些行为方面，比如银行不情愿进行信贷延期，因为它们不能评估资产，机械化模型也不能解释风险。

此外，模型没有考虑各种行为、资产负债表和资产价格间的相互影响，这三者在银行所承受风险中起到了很关键的作用。未来发展的最大的挑战是是否能以一种简单的方式在模型中加入这些问题。这个扩展是很大的进步，因为它不仅为银行体系的风险暴露提供了

---

① 详见第3章。

更丰富更真实的画面，它也使得更长期的预测成为可能。

带着这些限制因素我们考虑一下模型的优点。系统的视角可以揭示总体风险暴露，传统银行监管体制依赖于单个机构的评估，无法看到这种风险。SRM 最大的限制因素也体现在它的主要优点里，即模型不依赖于行为经济学中的复杂理论。事实上，这个模型只是一个工具，这个工具是用新奇方法解释可用数据的。给定负债和资产结构的现实冲击情景的结果可以通过机构的技术性破产揭示。它机械化的特点将银行数据直接和模型相联系，这也是它适用性的原因。设计这个模型是为了挖掘已存在的数据来源。尽管这些数量还不完善，SRM 表示除了令人畏惧的复杂的项目，金融稳定性的量化也是可能的。

我们希望中央银行的研究员们和寻找系统性风险的量化模型的国际机构也能对 SRM 感兴趣。我们相信我们的观点和结果是令人鼓舞的，因为它们表明了值得去做的事情。限制因素是未来研究的一个挑战。在这些挑战中，使资产负债表更易处理这一环节也许是最重要的。

参考文献

[1] Alessandri, P., P. Gai, S. Kapadia, N. Mora and C. Puhr (2007), *A Framework for Quantifying Systemic Stability*, Bank of England, mimeo.

[2] Blien, U. and F. Graef (1997), 'Entropy Optimising Methods for the Estimation of Tables', *Classification, Data Analysis, and Data Highways*, Springer.

[3] Boss, M. (2002), 'A Macroeconomic Credit Risk Model for Stress Testing the Austrian Credit Portfolio', *OeNB Financial Stability Report*, 4.

[4] Boss, M. , T. Breuer, H. Elsinger, G. Krenn, A. Lehar, C. Puhr and M. Summer (2006), 'Systemic Risk Monitor: Risk Assessment and Stress Testing for the Austrian Banking System', *OeNB technical document*, available upon request from the authors.

[5] Boss, M. , G. Fenz, G. Krenn, J. Pann, C. Puhr, T. Scheiber, S. W. Schmitz, M. Schneider and E. Ubl (2008), 'Stress Tests for the Austrian FSAP Update 2007: Methodology, Scenarios and Results', *OeNB Financial Stability Report*, 15.

[6] Boss, M. , G. Krenn, C. Puhr and M. Summer (2006), 'Systemic Risk Monitor: A Model for Systemic Risk Analysis and Stress Testing of Banking Systems', *OeNB Financial Stability Report*, 11.

[7] Credit Suisse (1997), *CreditRisk + . A Credit Risk Management Framework*, Credit Suisse Financial Products.

[8] Daul, S. , E. De Giorgi, F. Lindskog and A. McNeil (2003), 'The Grouped t – copula with an Application to Credit Risk', *Risk*, 16, November.

[9] DeRaaij, G. and B. Raunig (2002), 'Evaluating Density Forecasts with an Application to Stock Market Returns', *OeNB Working Paper*, 59.

[10] Eisenberg, L. and T. Noe (2001), 'Systemic Risk in Financial Systems', *Management Science*, 47, February.

[11] Elsinger, H. (2007), *Financial Networks, Cross Holdings, and Limited Liability*, OeNB, mimeo.

[12] Elsinger, H. , A. Lehar and M. Summer (2006), 'Risk Assessment for Banking Systems', *Management Science*, 52, September.

[13] International Monetary Fund (2008), 'Austria: Financial Sector Assessment Program Technical Note – Stress Testing and Short – Term Vulnerabilities', *IMF Country Report*, 08/204, July.

[14] McNeil, A. and R. Frey (2000), 'Estimation of Tail – related Risk Measures for Heteroscedastic Financial Time Series: an Extreme Value Approach', *Journal of Empirical Finance*, 7, November.

[15] Nelsen, R. B. (2006), *An Introduction to Copulas*, Springer.

[16] OeNB/FMA (2005), *Off – site Analysis Framework of Austrian Banking Supervision – Austrian Banking Business Analysis*, Vienna.

[17] Papke, L. and J. Wooldridge (1996), 'Econometric Methods for Fractional Response Variables with an Application to 401 (k) Plan Participation Rates', *Journal of Applied Econometrics*, 11, November.

第13章 从宏观到微观：法国信用风险压力测试的经验

穆里尔·梯赛特（Muriel Tiesset）
克莱门特·马丁（Clément Martin）*

* 本章观点仅代表作者观点，并非法国银行委员会和法兰西银行的观点。

13.1　法国压力测试框架的主要特点和目标

由法兰西银行委员会采用的压力测试方法是基于信用风险模型的简化，即借款代理偿还债务的能力是由其资产的价值和债务的名义价值之间的差额决定。因此，压力测试的环节无疑包括两个互补的步骤。首先，建立模型将资产作为一个在随机震荡实现下随着时间调整的变量，这个变量本质上要么是特殊的（特定代理人）要么是系统的（宏观经济）。在此背景下，我们的压力测试将隐含地由量化这些震荡（或者风险因素）对借款者资产的价值的影响组成。其次，根据默顿（1974）观点，资产价值和名义债务价值之间的比较决定借款者的违约行为。当债务价值超过资产价值的时候违约便会发生。因此，超过一年期范围的信用风险的测量，就是违约率。《巴塞尔协议Ⅱ》的规章制度——也就是对信用风险估值的内部评级法——为我们提供了一个压力测试的合适结构。符合瓦西塞克（2002）的观点，我们压力测试的目的在于评估系统的和/或者特殊的风险因素如何影响银行贷款组合违约率的变动。

在《巴塞尔协议Ⅱ》的内部评级方法中，最低资本要求是通过银行贷款组合中违约事件发生引起损失的分布确定的。重点强调未预期的损失，取决于置信度为 99.9% 的损失分布。反过来，通过银行账户的贬值考虑预期的损失（超过分布的平均损失）。因此，《巴塞尔协议Ⅱ》计算自有资本取决于四个不同的基本因素：违约率、给定违约损失率、违约暴露敞口和相关的系统风险（两个借款者违约之间的联系，取决于特殊的——信用质量，但是也取决于共同的系统性因素，通常认为这两个借款人经营的宏观经济情况）。原则上讲，压力测试可以集中研究信用风险模型中的每一个参数。虽然在实践中，监管者通常认为一些参数比其他一些对经济和金融波动更加敏感，即 PDs 和 LGDs。此外，最近一些关于压力测试的工作已经开启这一领域，并提供一些对压力情况下“与系统因素的相互关系”的变化理解的深刻见解。[①]

因此，法国压力测试工具箱的起源很显然是受到《巴塞尔协议Ⅱ》的启发，但也是由于一些重要数据问题使然。有趣的是，法兰西银行作为《巴塞尔协议Ⅱ》下的外部信用评级机构（ECAI），近期达成一项关于法国公司内部评级制度的协议。同时，法国中央银行保存并定期更新所有超过 25 000 欧元公司贷款的信用登记，即使是由法国居民银行提供的贷款。合在一起看，这两个信息的来源能够帮助获得法国银行企业投资组合整体损失的分布，并分析在压力条件下分布的变形。在这一阶段可以分析信贷数量向更高风险组合的移动，并评估由于这种移动造成的额外潜在损失，包括预期的损失和未预期的损失。在这个意义上，我们不能仅局限于对违约率的分析，而是要利用整个的损失分布。所以，这个压力测试框架中包含由冲击造成损失的信息、风险加权资产（RWA）信息，也有《巴塞尔协议Ⅱ》下自有资本需求数量的信息。

为了度量一个压力事件发生后的额外资本需求，同样也有必要推断冲击后隐含偿债能力比率的分子如何变化。虽然我们的框架还没有解决在潜在风险上升方面银行供应政策问题的方法，但是我们详细分析了宏观或者金融方面的冲击对银行收入的影响。采用一级近似，的确可能考虑来自未预期压力事件的损失增加直接影响到银行的一级资本的水平。最终，我们的全球评估能够在一个“加压的”偿付能力比率的基础上完成，如服从《巴塞尔协议Ⅱ》的一级资本比率。

对于冲击的性质和解释，一个清楚的选择是首先进行基于情景

---

① 见 Avesani 等人（2006）或 Goodhart 等人（2004）。

的分析——符合 2004 年国际货币基金组织金融部门评估方案进行的测试——这并不排除在第二轮可能实施微观基础的压力测试和银行部门恢复能力的敏感性分析。①大部分情况下，压力测试步骤由一些综合信息开始（宏观的或金融风险因素），结束于作为一个整体的银行部门以及单个银行的恢复能力。此外，还发展了一些特定的工具以支持场外监督员的检查，也就是为他们提供根据单个银行资产负债表结构对其预期损失基于宏观层面的评估。②

最后最重要的是，我们需要考虑通过压力测试模拟获得结果的准确解释是什么。关键在于检测危机环境中压力测试的结果，例如始于 2007 年中的国际金融危机。这种"基本指标调查"的目标在于更好地识别这种压力测试包括什么和不包括什么。2007—2008 年国际金融危机是一个很好的剧烈冲击的案例，可以作为标杆管理目标使用。它始于很多划定界限的美国市场上次级贷款拖欠率的巨幅增加，以整个证券化市场的危机而迅速结束。由于缺乏透明度，这场危机从基于潜在贬值的次级资产的复杂产品扩散到大部分信用衍生产品，包括资产抵押证券（ABSs）、债务抵押债券（CDOs）、资产抵押商业票据（ABCPs）和特殊投资工具（SIVs）的所有类型。在危机的某个确定阶段，最初激增后的三四个月里，大部分的分析认为这次危机本质上是财务危机，它的影响能够通过银行交易订单的贬值度量。无疑，当看到大型跨国银行披露的贬值，认为这个危机是轶闻趣事的假设似乎是不可能的。然而回到压力测试框架，很显然其在分析第一轮危机的影响时毫无作用。

从那时起，故事继续发展。最初关于信用和商业周期永久去藕的假设逐渐被忽略。超出国际金融危机对美国经济衰退的直接影响外，不同的传播渠道都在危险中。特别注意的是，在银行的资产负债表中低品质资产的去杠杆化和再中介化可能会触发贷款市场新的

① De Bandt and Oung (2004).

② Système d'Aide à l'Analyse Bancaire, 2nd version (SAABA2).

情况，这种情况可以总结为再融资的高成本和银行交易对象的低品质。此外，除了信贷市场，其他一些金融市场也受到了打击。因此，宏观经济和宏观金融风险现在显得更加可信。毋庸置疑，我们的压力测试框架可能获得一些关于以下方面影响的有趣结果：较低增长前景、较高的再融资比率、金融市场上较低的资产价格、银行资产负债表和损益账户中较低的信贷供给（紧缩信贷）或客户较低的品质。从这个意义上来说，金融危机对银行部门潜在的第二轮影响，如最近的一次，可能会被我们的宏观压力测试捕捉到。

我们通过以下安排介绍法国银行委员会发展和使用的不同压力测试工具。13.2 小节论述宏观压力测试框架的结构并提出情景分析的发展；13.3 小节重新回顾关于企业贷款质量的特定冲击事件，更多地符合银行信用风险分析；13.4 小节涉及基于微观的压力测试以及与宏观冲击的潜在联系；13.5 小节是结论。

13.2 法国银行部门通过宏观经济情景的压力测试

宏观压力测试框架的核心是基于一个对公司信用等级变动的分析，包含宏观经济因素和银行部门恢复能力相互关联的信用风险模型。因此，用于量化法国银行部门抵抗不利宏观冲击能力的度量标准，能够以损失分布的整体移动为基础，反过来以压力下风险加权资产（RWA）的估计为基础。作为结论，除了损失，有可能发展一个基于偿付能力比率的度量标准。

我们建议通过对一级资本比率的影响测试法国银行系统的恢复能力。[①]两个同时发生的宏观经济冲击的效果的确影响银行系统的一

① 法国银行体系由八个最大的银行集团的集合代表。

级资本比率：在分母一边，由于宏观的冲击银行客户信用状态的恶化增加了银行的风险加权资本（RWA）；在分子一边，由于银行盈利能力的下降使得抵押资产净值（权益）减少。然后用压力下的一级资本比率（由 s 定义）与法国银行部门的实际比率（来自基准情景）相比较。

定义 γ_t^s 为宏观经济冲击（s）在 t 时刻对总体的影响，与基准情景（由 0 定义）的最初水平相比较如下：

$$\gamma_t^s = Tier1_t^0/RWA_T^0 - Tier1_t^s/RWA_T^S \tag{1}$$

其结果是，我们框架中的优势之一在于综合性和宏观情景设计（带有一个附属的宏观经济模型）与它们对银行特有数据影响之间的明确关系，利用一个简单的度量标准报告压力测试的结果，即压力下的一级资本比率（见图 13.1）。

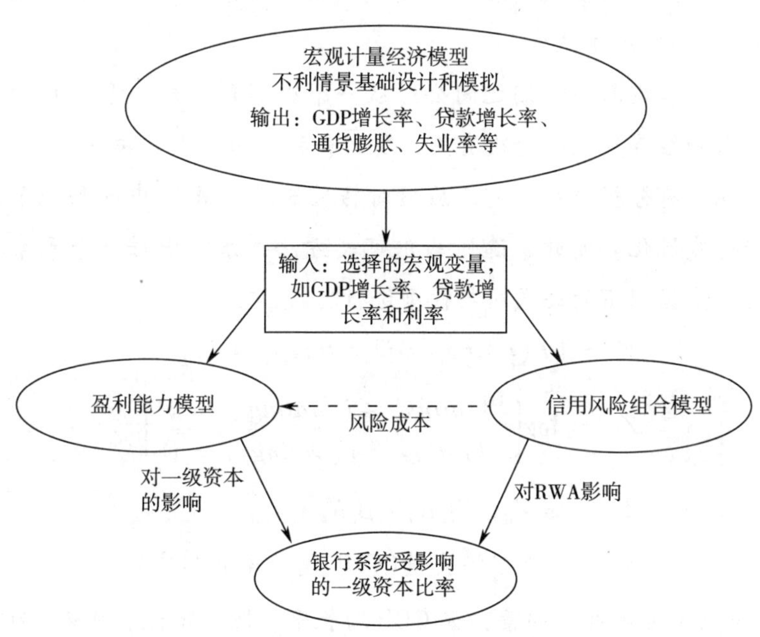

图 13.1　法国宏观压力测试框架概况

13.2.1 公司信用风险模型：压力情景对风险加权资产 RWAs 的影响

在不同的风险模型中，通常假设信用风险转移矩阵不随时间改变，但可能会随着经济周期变动，银行信贷资产组合的结构可能会被扭曲（见专栏 13.1）。

专栏 13.1 信用风险的移动模型

在银行的公司投资组合中，利用从一个级别到另外一个移动的可能性计算未来风险加权资产的估值。这些可能性构成一个"转移矩阵"。历史的转换矩阵是利用法兰西银行制定的评分系统获得（"评分"）。①

我们假设两个时期之间公司从一个级别到另外一个级别的转移要么和经济周期的阶段有关，要么和利率的变化有联系。

在所有分析进行之前，应该对转移矩阵（Mt）中的每一个元素进行线性化。因此，选用马尔可夫方法，系统中每一个元素都有可能依据以下的公式对数模型进行转换：

$$M_t = [P(rating_t = j \mid rating_{t-1} = i]_{ij}$$

$$Z_{i,t} = \log\left[\frac{P(rating_t \leqslant j \mid rating_{t-1} = i)}{P(rating < j \mid rating_{t-1} = i)}\right]$$

$$Z_{ij,t} = \theta_{ij} Z_{ij,t-1} + \alpha_{ij} + \beta_{ij} X_t + \varepsilon_{ij,t}$$

$$X_t = \text{宏观经济变量(GDP 增长率和利率)}$$

$Z_{i,t}$ 是利用宏观经济因素，如 GDP 增长率、短期和长期利率作为回

① 参见附录 1 对法兰西银行"评分"的简短说明。

归量进行的计量经济学估计。因此，使用压力下的宏观因素，我们能够用一个逆向工程过程重组“压力下”转换矩阵 M^s。

因此，一个压力下贷款组合 P^s 能利用最初知道的组合 P_{t-1}，通过信贷登记中银行的企业披露报告组成的评分系统计算得到：$P_t^S = M_t^S \cdot P_{t-1}$。

所以，知道了压力下投资组合的整体风险结构，就有可能结合《巴塞尔协议Ⅱ》的准则在预期损失（EL）和未预期损失（UL）增加的基础上测量额外的资本需求量（详见附录1）。

我们调查在损失分布的移动（向右）和变形（包括一个潜在的较大托尾）两个方面观察到底宏观风险因素有多大程度的影响。这就使得我们的信用风险方法比传统的信用风险方法通常只看重违约事件的模型更加综合。利用这类框架（尽管解释起来更加复杂），打开了伴随着对经济和/或对金融市场冲击而来的信用风险如何发生全球性改变的视野。

这第一步为我们提供在受到压力时期对银行部门风险加权资产（RWA）潜在增加（或者减少）的估计（见后面13.2.3小节对压力情景测试的描述），有两种不同效果的差别。首先，在经济衰退冲击之后，由于对贷款组合规模的向下调整，可能会存在“体积效应”。结果是可能会减少由银行负担的风险总量，并减少风险加权资本的数量。若其他条件不变，这就能够提高银行的一级资本比率。相反，随后的“风险效应”可能会由公司参与者信用质量的下降而使银行的一级资本比率下降。之后的影响的确能增加整个的风险加权资本。因此，对宏观压力测试的解释将包含识别在压力事件发生后一段确定时期内这两个影响中的哪一个会控制另外一个。

在此背景下，我们更确切地认为这种方法是动态的，并且在对经济有隐性影响的宏观或者金融冲击发生时，在一定程度上结合了非金融参与者以及银行可能的反应（尽管这个框架中并没有对信用需求和供给方面明确的表述）。

13.2.2 银行盈利能力的决定因素

De Bandt 和 Oung（2004）开发并由法国国际货币基金组织金融部门评估方案使用的模型，将净利率差额看做银行盈利能力的替代变量。然而正如 ECB 已经指出的，朝向非中介化的趋势揭示了在银行收益中非利息收入份额的增加。在法国银行净收入中佣金费用和交易收入的份额，在过去的几年里由于银行业务混合的重大变化而明显增加（见专栏 13.2）。

专栏 13.2 法国利息收入份额连续下降

近些年来，法国大银行集团试图增加非利息收入的比例，以便在低利率及国内市场激烈竞争时期维持令人满意的盈利能力。这些因素会导致贷款利率差价的持续紧缩。因此，包括净银行收入的利息收入的份额实质上会收缩。另一方面，佣金收入份额则在增加。特别地，包括支付票据的管理和客户交易佣金的金融服务供给占据了大部分。并且交易收入份额也在增加，伴随远期金融工具在交易时的更多不稳定性和较大的贡献。

非利息收入的增加可以由与综合宏观经济环境相关的不同因素解释，同时可以具体到法国银行产业的其他因素。在很多国家解释非利息银行收入增长的因素包括：技术进步、金融市场管制放宽、产业整合以及由于激烈竞争带来中介收入的下降趋势。依据法国的规定，有可能针对高度多样化的商业行为采用一种通用的银行模式，包括进一步促进佣金收入的资产管理。同时，在法国金融中介机构之间的竞争特别激烈，在这里贷款利率差价相比欧洲平均水平较小。这种竞争也能解释很多中介收入中地区多样化情况的增加，如法国银行扩展到在利润和业务量均有较高增长潜力的地区。

如同其他主要国际银行一样，法国银行从“放款加转销”模式中获取灵感，在这种模式里中介业务的商业行为转化为可以在金融市场上流转的产品。

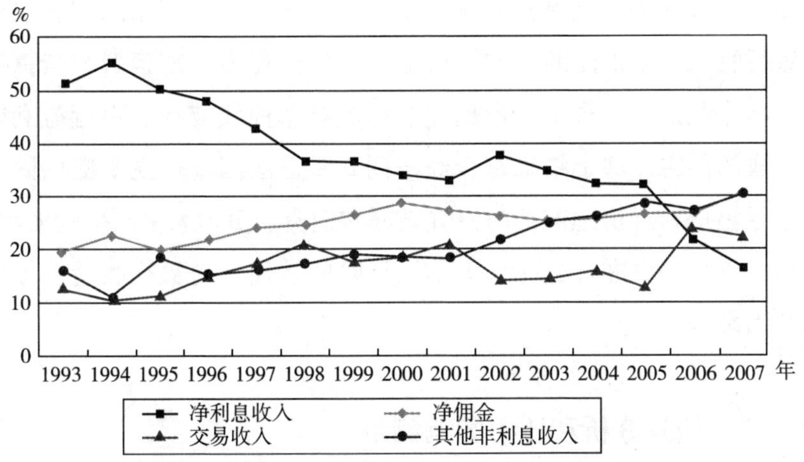

资料来源：监管委员会。

图 13.2　银行净收入结构

考虑到最近的这些变化，更可取的是评估银行盈利能力的主要决定因素以便解释银行损益账户中宏观或金融冲击的主要传播渠道。特别要注意的是，Lehmann 和 Manz（2006）、Rouabah（2006）分别关注瑞士和卢森堡银行系统，观察收入来源宏观的和银行特有的驱动力，比如利差、佣金和费用、交易活动的收益和损失等。

为确定决定法国银行盈利能力的主要因素及对银行收入冲击传递主要潜在的渠道，我们从宏观经济和金融因素及银行特有的因素对银行盈利能力（根据资产收益率，ROA）进行回归。使用 ROA 作为内生变量，我们能够暗含地考虑非利息收入（零售和金融服务费、交易收入等）和净利息收入（中介收入）的波动。[①]认为主要的决定性因素有国民生产总值（或者选择股指回报率）、短期和长期利率差价调整后私营部门贷款的增长（替代利率差价）和特定的信用风险（由银行的规定贷款损失准备金率表示）。

毫不惊讶的是，回归分析结果表明，较高的 GDP 增长或者较高的股票回报——方程中另外一种代替 GDP 的解释变量，增加银行的收益。通过（替代利差）利率差价调整的私营部门信用的增长也能对银行收入产生正面的影响，这是通过中介行为（零售费和贷款利率）带来的。另一种估计量也能表明收益率曲线波动对银行盈利能力造成的伤害。这个结果符合经济的直觉，法国银行主要提供固定利率零售贷款（房地产部门）并披露它们资产负债表中利率的波动。最后，贷款损失准备金（作为信用风险的替代）对银行收益有很强的负面影响。

13.2.3 情景分析和压力影响测量

对选择的宏观和金融情景的模拟以法兰西银行发展和/或使用的宏观经济模型（Mascotte 和 Nigem）为基础，目的在于欧元体系制度下进行的“广泛的宏观经济设计练习”。[②]首先，这些模型模拟的基准情景定义为对两年期间内法国经济的预测。特别地，Nigem 模型通过一种国际化多国家方法估计宏观经济冲击的反馈效果。

---

① 参见附录 2，关于方法描述和估计结果。

② Mascotte 模型是法国的一个宏观经济计量模型，参见 Baghli 等人（2004）。Nigem 模型是由伦敦英国国家经济和社会研究所（National Institute of Economics and Social Research，NIESR）发展的国际新凯恩斯宏观经济计量模型。

宏观模型具有提供一个分析框架的优势，这个框架能够使不同的传导机制符合宏观经济行为。但是，这些种类的模型没有包含任何关于在经济中金融约束的假设，例如甚至在没有任何经济意义的情况下房屋所有者获得他们所需要的所有信贷。这的确是一个严重的限制，我们通常在宏观经济模型中加入额外的假设消除这些障碍。

因此宏观压力测试基于多步骤的过程。对情景的选择显得特别重要。与基准情景相关，压力情景定义为充分存在不利条件但是合理的，反映出专家们对当前风险环境观察的观点。[①]大部分压力情景的影响都在银行系统层面进行测试，以八个最大的银行集团为代表。[②]宏观压力测试的首要目标之一是对潜在系统风险的观察。考虑到一些潜在的限制，有可能在独立银行层面上进行压力情景的影响模拟。[③]

模拟的两种宏观冲击的类型。

短暂冲击是在一段时间内逐渐实施的。在几个季度之后（两个到四个，根据冲击的强度和持久性），压力下的变量开始跳回到它们的初始水平，这个会达到压力测试两年水平线的末端。在这种背景下，冲击发生之后的第一年里基本上就可以观察到冲击的最大影响力（见表 13.1）。

这些类型的冲击通常被描述为来自对外部或者内部需求修正的需求冲击。最近大部分压力测试既包括导致法国经济陷入衰退的外部需求冲击（对法国商品的全球国外需求下降 20%），又包括内部需求冲击（居民消费和投资的联合减速）。

---

① 法兰西银行经济部门的经济学家对压力情景进行了讨论。

② 这些银行代表了银行部门 85% 的资产。

③ 大部分估计是在银行系统层面进行的，即使它们包括一些特殊的因素（即在资产回报率估计中）。因此，我们推断，所有从系统层面发现的作为结果的关系同样适用于单独的每个银行。不过，法国八个最大银行集团都是多样化的，并在一定程度上（在集团水平）有比较近似的商业组合，这种推断可能提供一些对独立银行恢复能力方面的观察，作为一种近似。

表 13.1　　　　短暂“需求”冲击的压力影响*

		宏观经济影响						对银行部门的影响					
		对 GDP 增长率影响（ppt）		对私营部门贷款增长的影响（ppt）		对税后净利润增长率影响（%）		RWA 增长率的变化（ppt）				Tier－1 比例的变化（bp）	
								数量影响（ppt）	风险影响（ppt）	数量影响（ppt）	风险影响（ppt）		
	情景	2008 年	2009 年	2008 年	2009 年	2008 年	2009 年	2008 年		2009 年		2008 年	2009 年
短暂冲击	对法国商品的世界需求下降 20%	－1.2	－0.4	－0.6	－1.2	－30.5%	－11.4%	3.9		－3.7		－55	－17
								－0.6	4.2	－1.2	－2.4		
	对消费和投资的冲击	－1.2	－0.6	－3.0	－3.4	－27.7%	－9.8%	2.6		－7.5		－46	18
								－3.0	5.3	－3.4	－4.1		

* 与基准情景不同。

- 自 2008 年 1 月起，我们观察到全球对法国商品的需求下降 20%，导致在接下来的两个季度 GDP 负增长。法国活动受到影响（消费和投资的下降、贸易差额赤字等）导致内部全球需求和延迟的贷款增长的急剧紧缩。这反过来会引起银行利润的重大下降（2008 年为 -30.5%，2009 年为 -11.4%）。由于经济衰退引起的企业信用质量降级，增加了风险加权资产（RWA）的增长率，在压力期（第一年）风险影响已清晰地显现出来。因此，一级资本比率的偿付能力受到负面的影响。
- 由内部需求冲击引起的经济衰退对一级资本比率有类似的影响，但是在数量和风险影响之间有不同的最大值。

  永久冲击完全考虑压力周期内的事件及自始至终在整个时期内的维持。这些冲击经常被称为市场冲击或货币政策冲击。最近大部分的压力测试模拟这些冲击的三个类型（见表 13.2）。
- 美元兑欧元贬值 20%。这个情景会导致法国商品竞争力的下降。对活动的影响是边际的，大部分法国商品的国际交易在欧元区内完成。但是，法国银行有外汇交易行为，美元的突然贬值可能对它们的投资组合产生重要影响。这些影响通常会被对冲，但是贬值可能会间接影响金融市场，降低一些特定资产如利率的价格，并可能潜在地使冲击在金融市场蔓延。最终，银行的利润受到影响，但由于向下调整银行资产负债表的规模使得 RWA 下降，其中关于贷款的方面占优势地位（数量影响）。
- 整个欧元收益曲线向上平行移动 200 个基准点。这个压力情景对偿付能力比率有重大的影响，即使在两年后影响仍然存在。利率的增加导致银行客户信用质量的恶化；风险影响的增加明显地影响 RWA 的变动（在投资组合风险方面相比较基准线 RWA 的增长率上升 10.6%），这引发了一级资本比率超过百分之五十的急剧下降。

表 13.2　永久市场或政策冲击的压力影响*

		宏观经济影响						对银行部门的影响					
		对 GDP 增长率影响（ppt）		对私营部门贷款增长的影响（ppt）		对税后净利润增长率影响（%）		RWA 增长率的变化（ppt）				Tier－1 比例的变化（bp）	
								数量影响（ppt）	风险影响（ppt）	数量影响（ppt）	风险影响（ppt）		
	情景	2008 年	2009 年	2008 年	2009 年	2008 年	2009 年	2008 年		2009 年		2008 年	2009 年
永久冲击	美元相对欧元贬值 20%	－0.3	－0.1	－1.0	－0.6	－6.8%	－4.5%	0.1		－1.1		－11	－0.3
								－1.0	1.1	－0.6	－0.5		
	欧元收益曲线平行移动（＋200 个基点）	－0.2	－0.3	－1.3	－1.3	－7.8%	－13.3%	－3.3		9.7		16	－54
								－1.3	－1.8	－1.3	10.6		
	3 月期 Euribor 增加 200 个基点、10 年期 OAT 增加 100 个基点	－0.1	－0.1	－0.9	－0.8	－16.5%	－31.8%	－3.0		7.3		6	－46
								－0.9	－2.0	－0.8	7.8		

*　与基准情景不同。

- 收益曲线的远期反转（3 个月期欧元同业拆借利率上升 200 个基准点，10 年期政府债券收益率上升 100 个基准点）。这个情景对银行偿付能力的影响与收益曲线平行移动相似。然而，这个结果的发生在对分子的影响（在那个情景中更显著的）和对分母的影响（不显著）有不同的混合效果。

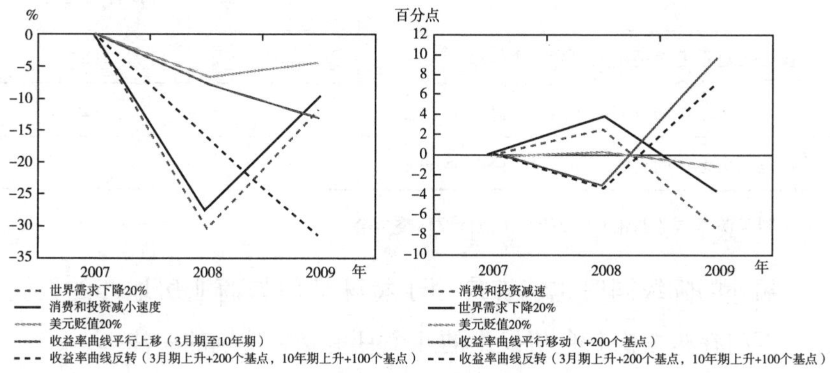

图 13.3　压力情景对银行盈利能力和风险加权资产动态的累积影响

13.3　基于特别/临时信用冲击的企业信用投资组合压力测试：分析银行业务部门的集中风险

从更加宏观导向的视角看，法国银行委员会也举办统一的“降级”压力测试，以此检测直接关系到企业投资水平的潜在漏洞，如行业集中度风险。这个压力测试应用于整个法国银行系统和八个主要的法国银行集团。①

这种敏感性分析依赖于模仿银行贷款组合的平均信用质量在一到两个接触点进行的降级，利用法兰西银行的等级量表为基准（见

① 在这一章中，我们仅发表了整个银行体系特定信用冲击的结果。

表 13.3)。冲击的影响解释为资产组合违约率（PD）的瞬间增加，并且其他情况相同，同时发生了银行一级资本比率的瞬间下降。

表 13.3　　特定冲击对法国银行法人资产组合的影响

信用冲击	对违约率的影响（%）	对一级资本比率的影响（基点）
法国公司对手的信用质量下降一个等级	57	-87
法国商用房地产同行的信用质量下降一个等级	15	-29
法国商用房地产同行的信用质量下降两个等级	23	-42

资料来源：法兰西银行（SCR），银行评估委员会。

额外的降级同时也能够应用于特殊部门如商业房地产的披露，这个部门在过去次贷危机发生的几个月里受到特别的关注。

银行的企业投资组合信用等级中一个级别的震动使得违约率平均增加 57%。[①]银行商业房地产披露信用等级一个（两个）级别的震动会导致整个企业披露的违约率上升 15%（23%）。即使对于极端的压力情景，对偿付能力的影响的模拟结果仍然吸引法国银行部门，但是这个模拟也存在资本方面不可忽略的成本。当特别部门的情景显示出在一个或几个银行中特殊的集中风险时，可能会引起这些银行对那个部门披露信息的特别监督。

13.4 法国银行信用投资组合风险状况的微观监督和潜在的微观/宏观联系

自 2006 年以来，法国银行委员会就开始使用“银行分析支撑体

① 2008 年 3 月底开始的资产投资组合。

系”——SAABA2，在这个体系中采取信用风险的方法实现新的控制环境《巴塞尔协议Ⅱ》，集中关注法国银行的信用资产投组合未来潜在的损失（EL和UL）。这个测试的结果也主要用于支持它们对独立银行日常监管中本地及异地的监督者。

13.4.1　SAABA2的方法论：测量独立水平下的信用风险状况

基于信用风险是银行的主要风险的前提，设计SAABA2体系能够从事每个银行制度详细的信用投资组合分析。此外，依据计算EL数量的缩放因素模拟和标准化特定信用冲击。因此，这个体系计算出一个压力下的巴塞尔－2比率，并得出关于独立银行承受损失能力的结论（见专栏13.3）。

专栏13.3　SAABA2体系：独立水平下的信用风险状况的测量

这个体系的方法论包括银行的一级资本偿付能力比率和每个银行所有未偿付的个人信贷对象。其整合了《巴塞尔协议Ⅱ》IRB主要的投资组合结构参数（PD，EAD，LGD）。[①]主要过程总结为以下三步：

---

① SAABA2使用一些内部和外部的信息来源，包括法兰西银行数据（公司披露和违约率估计）和银行委员会（“BAFI”数据库的咨询数据），以及一些来自现场监督检查或者影响研究的附加结果，比如最近的巴塞尔委员会定量影响研究（quantitative impact study，QIS5）。外部的来源还包括标准普尔（S&P）国家风险数据（sovereign and corporate default rates from foreign exposures）。

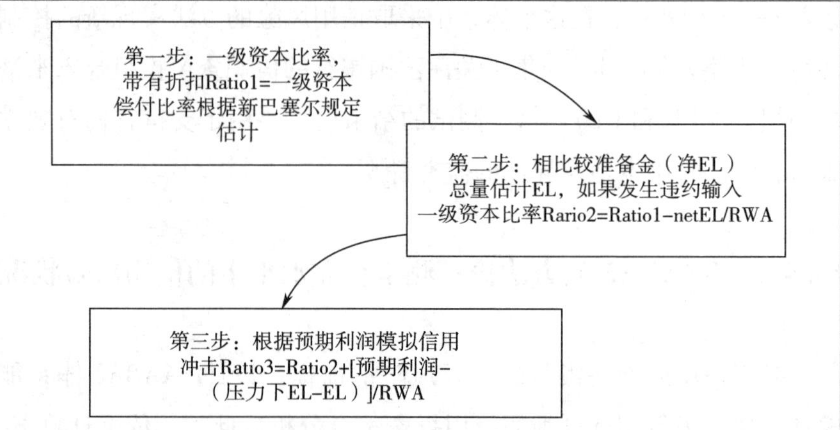

首先，计算出最初的新巴塞尔一级资本比率。采取保守的方法认为一级资本比率受到不充足预计贷款损失的影响。

然后估计给定投资组合的 EL（零售、公司、银行间等）；这一步是 SAABA2 体系的核心，并且与补充数据库中得来不同类型数据的简单框架相一致。

最后，模拟信用风险冲击，通过“压力下 EL”或者相当于“未预期的损失”（UL）反映由于冲击的发生对银行偿付能力水平的影响。在这里，UL 并不是通过模拟情景估计的，而是通过 EL 的水平确定：UL = λEL。

最初设定缩放比例因素 λ 的值为 3，这一个值与巴塞尔银行监督管理委员会给出的《巴塞尔协议Ⅱ》QIS5 中查到的一致。然而，这个因素是这个体系的参数并且很容易被改变。

SAABA2 分析工具是基于微观层面，但扩展到某些宏观/微观方面也是可行的。特别地，模拟的信用压力是完全特别的（没完全依据预期的损失调整外生冲击），也没有定义在更广阔的宏观经济情景。考虑一些如与独立银行分析相关联的宏观经济推断的潜在限制，冲击（UL）的调整能相对容易地与我们之前描述的宏观压力测试框架相联系。

13.4.2　一个虚构的例子

表 13.4 显示了一个虚构的法国大型银行集团基于 SAABA2 体系的信用投资组合。这个银行涉及国内市场不同的市场分割，授予企业、房屋所有者或公共管理者信用。同时也活动于货币市场。大部分贷款损失来源于零售和公司资产组合。

表 13.4　　虚构银行的信用投资组合（百万）

	披露	违约率（%）	给定违约损失（%）	预期损失	未执行披露	未执行损失	披露总计	损失总计
国内								
同业贷款	70 000	0.18	24.0	30.2	35	8.4	70 035	38.6
零售	200 000	2.15	25.8	1 111.90	1 550	400.2	201 550	1 512.00
公共行政	11 000	0.10	10.0	1.1	45	4.5	11 045	5.6
公司	250 000	1.23	50.0	1 538.50	13 000	6 500.00	263 000	8 038.50
国内小计	**531 000**			**2 681.70**	**14 630**	**6 913.10**	**545 630**	**9 594.80**
国外	200 000	0.43	50.0	429.8	3 308	1 654.00	203 308	2 083.80
总计	**731 000**			**3 111.50**	**17 938**	**8 567.10**	**748 938**	**11 678.60**

资料来源：SAABA2 — 银行委员会。

利用银行信用投资组合中预期损失数量的一个缩放比例因素［$\lambda=3$］模拟特定信用冲击。[①]这个标准符合关于 IRB 方法 95% 的置信水平。因此，调整后的一级资本比率下降了近 40%。这个影响非常重要，然而压力下的一级资本比率仅保持在 4% 以上的临界值（见表 13.5）。

---

① 研究银行不充足的贷款损失准备金影响其一级资本率 20 个基点。

表 13.5　　SAABA2 偿付能力分析　　单位：%

偿付能力分析	
一级资本比率	7.2
调整的一级资本比率	7.0
压力下调整的一级资本比率	4.2
全球监测偿付能力比率	10.7

资料来源：SAABA2 — 银行委员会。

13.5　结论

至此，我们关于压力测试的目标已经发展到一个工具盒，其中加入了我们大部分的努力，包括在从上到下整合宏观压力测试联系，其本质上是观察系统风险，以及更加直接的应用与独立银行风险监督的特别敏感性分析。方法论多样化的需求也引导了这个工具盒的原理，用来识别和降低潜在的模型风险。模型风险的确存在两个方面。首先，估计中所得的对风险因素的错误描述会增加。其次，一些模型可能由于风险预测能力而不能完全地反映事件的尾声。

同时，在“压力下”偿付能力比率中考虑一个冲击延迟影响的问题很重要。特别地，如果模型没有很好地捕捉影响发生的正确时间，可能出现的情况是在冲击后一段确定期间内观察的“压力下”分子和分母无法得到保证，并且这可能使从压力中得出的银行偿付能力的估计结果发生偏离。

我们未来的研究目标为观点和方法论的多样化以及提供对已存在工具额外的洞察力。

例如，压力事件中资产相互关系如何变化的问题，对于估计额外调整相关资产的数量很重要，这个资产是银行承受冲击并在冲击发生时避免受到太大影响的必要部分。

此外，为模型进行基准的测试找到有趣的方式也是很有必要的。第一个可能性是去银行对相同类型的情景从头到尾进行测试。第二个补充的方法是从过去剧烈的危机中吸取经验，如始于2007年的国际金融危机，来源于我们对历史的或者假设的与银行风险评估相关情景的观察和多样化压力测试练习中的风险样本，例如包括流动性风险和利率风险。

以相同思路考虑，我们现在拥有的工具在未来发展中的明显兴趣点之一是在压力测试练习中在宏观/微观的关联上加入更多的重点，考虑独立银行各自的特征，找到评估其对潜在宏观影响更好的应对方法。

最后，在当前使用宏观压力测试框架时主要的挑战之一是解决从金融部门到实体部门反馈影响的问题，包括信贷周期、金融部门和金融部门监管等问题。

附录1　信用风险转移模型

根据法兰西银行的“分数”估计了等级。[①]这个分数概括了包含影响违约可能性因素的信息。法兰西银行收集违约信息，并利用它们资产负债表中公司特有的变量进行违约预测（营业比率、盈利能力、利润和债务结构等）。然后依据列队方法编制公司的等级计算的过渡矩阵。模型依照 Wei（2003）and Wilson（1997a，b）的方法。

1.1　用过渡矩阵模仿商业周期的效果

我们考虑一个过渡矩阵 $M_t = (P_{ijt})_{1\leqslant i,j\leqslant D,\ 0\leqslant t\leqslant T}$，$t$ 时刻 P_{ijt} =

---

① 更多细节参见 Bardos（2006）。

$P(S_t = i \mid S_{t-1} = i)$ 表示在 t 和 $t-1$ 的间隔等级从 i 变化到 j 的概率。S_t 表示 t 时刻的等级种类（$S_t = 1,\cdots,7$, D）。[①] $P(S_t)$ 是 t 时刻违约的概率，取决于风险等级 S_t（根据分数估计所得）。等级量表显示了一个符合要求的间隔尺寸。自 2002 年以来利用六个风险级别对这个分数进行了重新校准。

我们利用 1989—2002 年的季度数据对模型进行估计。时间序列的长度足以确保结果的稳定性。使用三个典型的部门（工业、服务业和运输业，占法国公司披露的 51%）计算信用转移矩阵。

我们估计对数形式转换的转移风险和带有经济变量的国家违约风险 D，如下所示：

$$z_{ijt} = \log\left(\frac{P(S_T \leqslant j \mid S_t = i)}{P(S_t > j \mid S_t = i)}\right) = \log\left(\frac{\sum_{k=1}^{j} P_{ikt}}{\sum_{k=j+1}^{7} P_{ikt}}\right)$$

$$= \alpha_{ij} + \mu_{ij} z_{ijt} + \beta' X_t + \varepsilon_{ijt}$$

$$z_{iDt} = \log\left(\frac{P(S_t)}{1 - P(S_t)}\right) = \alpha_{iD} + \mu_{iD} z_{iDt-1} + \beta' X_t + \varepsilon_{iDt}$$

X_t 是宏观经济因素的矢量，由 Mascotte 模型（GDP 增长率、利率）提供的一个输入（基准线和压力情景）。在稳态（没有宏观因素的影响），特质风险（$\alpha_{ij} + \varepsilon_{ijt}$）驱使风险转移。模型动态的详述得到信用等级变化的持续转移效果，显示了公司投资组合的多样性。公司对外部冲击做出不同的反应，调整的速度也会明显不同。

估计量由回归每一个宏观经济变量上 z_{ijt} 构成（GDP 增长率、利率）。结果并不总是有意义的，这有时候取决于：（1）模型微弱的解释力和（2）无意义的估计。一部分方差可以确切地由特殊变量（公司特有的）获得，没有在框架中考虑这些变量。为了抵消这个估

---

① 7 是最高的质量等级［也就是标准普尔中（S&P’s）AAA 等级］，1 是最差的一个（标准普尔中 CCC 等级）。

计的一些限制，我们选择一个保守的方法，假设 α% 是估计量 $\beta_{1-\alpha}$% 的四分位点。估计的系数通过相应的标准方差进行调整。

然后信用转移模型受到压力。例如，假设 GDP 增长率为宏观经济因素，我们有：

$$\mu = \begin{pmatrix} 0.04 & 0.07 & 0.09 & 0.26 & 0.35 & 0.20 \\ 0.44 & 0.37 & -0.01 & -0.03 & 0.11 & 0.14 \\ 0.28 & 0.42 & 0.27 & 0.45 & 0.59 & 0.56 \\ 0.10 & 0.19 & 0.30 & 0.45 & 0.83 & 0.73 \\ -0.08 & 0.08 & 0.35 & 0.25 & 0.47 & 0.62 \\ 0.04 & 0.02 & 0.34 & 0.38 & 0.25 & 0.20 \\ 0.10 & 0.17 & 0.31 & 0.51 & 0.51 & 0.52 \end{pmatrix}$$

$$\alpha = \begin{pmatrix} -0.46 & 0.80 & 1.65 & 1.85 & 2.07 & 3.21 \\ -1.34 & 0.02 & 1.71 & 2.98 & 3.50 & 4.48 \\ -3.09 & -1.14 & 0.39 & 1.02 & 1.40 & 2.45 \\ -5.06 & -2.71 & -0.81 & 0.36 & 0.40 & 1.28 \\ -7.08 & -4.30 & -1.64 & -0.88 & 0.57 & 1.46 \\ -7.24 & -5.72 & -2.51 & -1.67 & -0.94 & 1.41 \\ -6.68 & -5.20 & -3.61 & -1.99 & -1.46 & -0.63 \end{pmatrix}$$

$$\beta_{95\%}^{GDP} = \begin{pmatrix} -12.08 & -11.00 & -11.57 & -13.02 & -14.16 & -15.27 \\ -11.84 & -7.65 & -13.56 & -22.86 & -22.02 & -26.01 \\ -19.12 & -7.61 & -6.89 & -7.03 & -7.17 & -19.83 \\ -14.70 & -10.95 & -8.48 & -5.48 & -4.85 & -15.75 \\ -25.56 & -18.84 & -8.90 & -8.86 & -4.89 & -12.07 \\ -15.25 & -11.31 & -9.69 & -7.98 & -6.21 & -6.10 \\ -17.28 & -8.41 & -7.85 & -6.64 & -5.40 & -2.63 \end{pmatrix}$$

矩阵的系数与经济学直觉相一致，如 GDP 增长率的降低使降级到升级可能性的比率下降。

1.2 处于压力下的信用投资组合的资本需求

给定关于基准情景 l_0 下初始的信用投资组合为 $B_{l_0}[(S_0)_{i=1,\cdots,7,D}]$，初始风险结构为 $(S_0)_{i=1,\cdots,7,D}$，我们模拟关于给定压力情景 l 下 T 水平投资组合信用质量的变化，如下：①

$$B_l[(S_T)_i]=B_l[(S_{T-1})_i]M_T^{(l)}=B_l[(S_{T-2})_i]M_T^{(l)}M_{T-1}^{(l)}=\cdots$$
$$=B_{l_0}[(S_0)_i]\prod_{k=0}^{T}M_{T-k}^{(l)}$$

这里 $M_{T-k}^{(l)}$ 是在 $T-k$ 时刻给定情景 l 的转移矩阵。

我们假设 LGD = 45%（《巴塞尔协议Ⅱ》标准方法），通过估计每个 $t=1,\cdots,T$ 时刻的未预期损失（UL）得到资本需求量：

$$EL[(S_t)_i]=LGD\cdot B[(S_t)_i]$$
$$UL[(S_t)_i]=CreditVar_{99.9\%,t}-EL[(S_t)_i]$$
$$=B[(S_t)_i]\cdot IRB[P(S_t)]$$

IRB 公式假设公司的资产回报遵守 Merton - Vasicek 过程：②

$$IRB[P(S_t)]=\Big[LGD\cdot\Phi\Big[[1-\gamma[P(S_t)]]^{-1/2}\cdot\Phi^{-1}[P(S_t)]$$
$$+\left(\frac{\gamma[P(S_t)]}{1-\gamma[P(S_t)]}\right)^{1/2}\cdot\Phi^{-1}(99.9\%)\Big]-P(S_t)\cdot LGD\Big]$$

及以下《巴塞尔协议Ⅱ》IRB 企业的相互关系：

$$\gamma[P(S_t)]=0.12\cdot\frac{1-\exp[-50\cdot P(S_t)]}{1-\exp(-50)}$$
$$+0.24\cdot\frac{\exp[-50\cdot P(S_t)]}{1-\exp(-50)}$$

---

① 根据非时间齐次马尔科夫链假设条件，我们假设没有新的信用分配。

② 对使用单因素高斯联结模型（one - factor Gaussian copula model）的内部评级法公式的详细推导，见 Vasicek（2002）。

附录 2　银行盈利能力模型

估计：用于压力测试方程的方法和结果

我们回归宏观经济和金融因素及以银行特有的因素下全球银行盈利能力［依据资产回报率（ROA）］。用 ROA 作为内生变量，使得我们可以暗含地考虑非利息收入（零售和金融服务费，交易收入等）和净利息收入（中介收入）两者的波动。盈利能力模型遵循动态面板估计方法。我们从 BAFI 数据库（法国监督数据库）提取 1993—2006 年的离散数据。模仿 Arellano 和 Bond［广义矩量法（GMM）估计］，利用滞后的内生变量和外生变量作为工具来消除残差的自相关性。

$$\pi_{it} = \underset{(3.03)}{0.16}\pi_{it-1} + \underset{(3.19)}{0.083}\Delta GDP_t + \underset{(3.47)}{0.01}s_t \cdot \Delta L_t - \underset{(-5.22)}{0.15}\kappa_{it} + \varepsilon_{it}$$

括号中的统计量为学生 t 检验值；

π_{it} 表示 i 银行在 t 时刻的年度资本回报率；

ΔGDP_t 是在 t 时刻 GDP 的年度增长率；

s_t 是年度无风险利率差价：t 时刻 10 年期 Obligations Assimilables du Tresor（OAT）3 个月欧元同业拆借率；

ΔL_t 是在 t 时刻私人部门年度信贷增长率；

κ_{it} 是 i 银行在 t 时刻的年度风险成本；

ε_{it} 是模型的干扰项。

加入一些额外的控制变量没有改变估计方程的稳定。

为了压力测试练习（对于中心的和压力的情景两者），利用法兰西银行的宏观经济模型模拟内生宏观变量（如 GDP 和贷款增长率、利率差价等）的预期结果（Mascotte）。

银行自身的信用风险由作为准备金比率的贷款损失表示。直接从信用风险模型（转移矩阵）中得到来源于压力情景预期的额外风险。

参考文献

[1] Avesani, R. , A. García Pascual and J. Li (2006), ‘A New Risk Indicator and Stress Testing Tool: a Multifactor Nth – to – Default CDS Basket’, *IMF Working Paper*, 105.

[2] Baghli, M. , V. Brunhes – Lesage, O. De Bandt, H. Fraisse and J. P. Villetel (2004), ‘Modèle d’ Analyse et de Prevision dela COnjoncture Trimes Triell E – Mascotte’, *Banque de France Working Paper*, 5.

[3] Bardos, M. (2006), ‘Banque de France Scores: Developments, Applications and Maintenances’, *Banque de France Monthly Bulletin Digest*, 151.

[4] De Bandt, O. and V. Oung (2004), ‘Assessment of Stress – tests Conducted on the French Banking System’, *Banque de France Financial Stability Review*, 5.

[5] Fabi, F. , S. Laviola and P. Marullo Reedtz (2004), ‘The Treatment of SMEs Loans in the New Basel Capital Accord: Some Evaluations’, *BNL Quarterly Review*, 228.

[6] March. Goodhart, C. A. E. , P. Sunirand and D. P. Tsomocos (2004), ‘A Model to Analyse Financial Fragility: Applications’, *Journal of Financial Stability*, 1, 1 – 30.

[7] Lehmann, H. and M. Manz (2006), ‘The Exposure of Swiss Banks to Macroeconomic Shocks: an Empirical Investigation’, *Swiss National Banks Working Papers*, 4.

[8] Merton, R. C. (1974), ‘On the Pricing of Corporate Debt: the Risk Structure of Interest Rates’, *Journal of Finance*, 29 (2), 449 – 470.

[9] Rouabah, A. (2006), 'La Sensibilité de l' Activité Bancaire aux chocs Macroéconomiques: une Analyse en Panel sur des Données des Banques Luxembourgeoises', *Banque Centrale du Luxembourg Cahier d'études*, 21.

[10] Vasicek, O. (2002), 'Loan Portfolio Value', *Risk*, December, 160 - 162.

[11] Virolainen, K. (2004), 'Macro Stress Testing with a Macroeconomic Credit Risk Model for Finland', *Bank of Finland Discussion Papers*, 18.

[12] Wei, J. Z. (2003), 'A Multi - factor Credit Migration Model for Sovereign and Corporate Debts', *Journal of International Money and Finance*, 22, 709 - 735.

[13] Wilson, T. C. (1997a), 'Portfolio Credit Risk I', *Risk*, 10 (9), 111 - 117. (1997b), 'Portfolio Credit Risk 2', *Risk*, 10 (10), 56 - 61.

第14章 欧盟新成员国压力测试

亚当·格朗高斯基
(Adam Głogowski)*

* 本章观点不代表波兰国家银行的官方观点。作者感谢玛塔·高拉杰乌斯卡对草稿版本有价值的评论。

14.1 导论

中欧和东欧（CEE）的金融系统有一些重要的共同特征，即都对金融稳定性的分析及压力测试的设计有一定程度的影响。欧盟新成员国（NMS）的金融系统以银行占主导地位，将银行作为金融稳定性分析的焦点。因此，宏观压力测试中很少包括非银行的金融机构。①

中欧和东欧银行系统在市场经济中运作的历史相对较短，并经历了深层次的结构性变化过程。这些变化包括私有化、当地金融市场的发展和产品范围的扩展。或许最大的变化发生在所有权结构上。该地区大部分国有化银行已经私有化并由外国投资者接管，这些投资者引进他们的技术和公司文化，这样一来明显地改变了许多银行的市场行为。同时，历史时间序列中找到的银行系统的情景也会受到重要的一次性事件的影响。在 20 世纪 90 年代后期捷克共和国和斯洛伐克银行系统遭遇难题后，两国的重组计划是这种结构性变化的例子。这些发展意味着符合现在金融体系形态的时间序列很短。

如前所述，新成员国的银行由大部分来自欧盟 15 国的国际银行集团所拥有。②这影响了新成员国银行的政策，使他们更多地强调当地市场的运作。更重要的是，这同时增加了在压力测试中是否并且如何将母公司的支持或溢出效应因素考虑在内的问题。由于国际银行集团通过子公司在新成员国进行经营，这些子公司参与了东道国

---

① 但是这一点在其他国家也是普遍的（见第 2 章）。捷克国家银行（CNB，2007）的方法是一个例外，其宏观压力测试包括保险公司和养老基金。

② 参见 Mérő and Valentinyi (2003)。

存款保证计划（而不是分支机构），所以当局对子公司在一个独立基础上的健康状况更感兴趣。①

自 20 世纪 90 年代后半期以来，大部分良性经济情况下，新成员国金融中介的迅速发展意味着特定金融产品如抵押贷款的性能已经不再受到整个经济周期的检验。这又一次降低了用于前瞻性分析的集合历史时间序列的实用性。因此，需要在前瞻性判断时使用替换的数据（如调查或微观水平数据）。

在一些国家，本国货币和高度发达经济市场之间的利率差异会刺激对借款者的外汇贷款（特别是瑞士法郎），比如房屋所有者。这在信用风险分析中又加入了其他维度。在浮动汇率机制的国家集团中，匈牙利和波兰的外汇（FX）贷款最突出，分别占非金融实体贷款中未偿还贷款的 60% 和 25%。通常来说，外汇抵押贷款被认为是金融稳定性的一个风险因素。

在中欧和东欧国家，数据可用性是一个普遍的问题。一些数据来源在发达国家有相对较长的运作历史（如信用登记），但在中欧和东欧仅仅是很短的时间。另外，房地产价格数据也在范围和质量上受到限制。

这一章阐述来自中欧和东欧中欧盟新成员国压力测试的经验。特别给出对波兰的关注，但讨论中也会包括其他国家的经验。这章表述新成员国中央银行采取的压力测试方法，包括测试信用风险、市场风险和流动性风险，以及在银行同业拆借市场中的传播。本章最后部分提出了新成员国对于未来压力测试挑战的若干想法。

---

① 在八个中欧和东欧新成员国，国外银行的子公司在银行市场中比其分支机构占有更大的市场份额。详细数据可参考如欧洲中央银行（2007）。

14.2　信用风险压力测试

新成员国信用风险压力测试从使用简单的模拟演变而来，这个模拟由早期金融部门评估规划练习的主干形成，并向日益复杂的宏观经济信用风险模型发展。这些模拟练习经常作为利用宏观计量经济学预测模型发生的压力情景的输入。为了解决分析信用风险历史集合数据的缺点（上面指出的），一些中央银行利用微观层面数据（例如房屋所有者财务调查）估计信用风险和进行压力测试。在这一章，三种类型的压力测试例子都是已经被评估的。

在 21 世纪初期，基于有关信用风险指标的发展而特别假设的模拟，得到早期金融部门评估规划测试的广泛使用。一个典型的压力情景是以贷款质量的较大历史变动为基础。[①]中欧和东欧中央银行选择它们中的一些作为最初金融系统压力测试的方法，并至今仍被持续使用。表 14.1 中描述了此类模拟的例子。

表 14.1　信用风险压力测试

国家	描　述
捷克共和国	• 不良贷款比率增加 3 个百分点 • 对房屋所有者或者对企业贷款的 10% ~40% 变为未偿还贷款
拉脱维亚	• 在 20% 选择的资产组合中的贷款（出口公司的贷款、国内市场公司的贷款、房地产贷款和住房贷款）变为不良贷款的假设下，计算资本充足率 • 银行到银行估计不良贷款增加能够使资本充足率降低到 8%

① 举例可以参见如国际国币基金组织（2001）。

续表

国家	描　述
波兰	• 计算由最大的三个公司（非金融机构）借款者破产及它们对资本充足影响的事件而产生的信用损失 • 银行到银行估计减值贷款的增加能够使资本充足率降低到 8% • 在以下假设条件下计算资本充足率：提高预期的损失以覆盖所有没有保证的减值贷款部分；抵押品价值额外降低 25% 和 50%
斯洛伐克	• 连续 2 或 5 个月历史上最大月度增幅 • 房屋不良贷款增加 4%，同时房地产抵押品价格下降 30% 或 50%

资料来源：CNB（2007）, Bank of Latvia（2007）, NBP（2008）, NBS（2007）。

这些模拟的共同特征是试图表达银行在吸收当前或者潜在减值贷款中带来损失能力方面的资本缓冲。认为它们是在没有说明冲击确切特征和概率的情况下对银行承担较大宏观经济冲击能力的测量。在一些例子中（如捷克共和国），冲击的规模以较大的历史变化为基础。这些在相似假设条件下定期获得的压力测试结果，作为金融稳定性分析的一部分，能够被认为是额外财务稳健性的指标。①当它们可能由于武断而受到批判（比如它们不属于宏观经济情景），它们附加的价值在于能够随着时间追踪银行应对相似冲击影响能力的变化。

特定模拟是基于模型的压力测试之间的一个中间步骤，是利用宏观经济变量信用风险指标的估计弹性进行的敏感性分析。立陶宛银行（2007）使用过这个方法。他们研究利率增加和房地产价格下降等几个情景对银行未偿还贷款和资本充足率的影响。通过利率、未偿还贷款、房地产部门增加值和房地产价格之间的相互弹性计算影响力。

斯洛文尼亚银行采用一个不同的方法模型化信用风险。Kavčič等人（2005）使用在单独企业贷款者等级上关于信用质量的数据。他们利用一个随机效果面板概率模型指定每个贷款者被分配到五个监督贷款质量等级其中之一的可能性。他们的模型相比较宏观经济

① 参见第 6 章。

指标，更关注公司层面的金融指标（短期负债的资产比例、自由流动现金的产生和销售额）。因此，这个模型被应用在关于公司财务健康指标改变定义的压力测试情景中 。Kavčič 等（2005）假定在短期负债比率增加和现金流产生下降冲击的条件下得出测试的结果。以历史分布为基础选择冲击，选取规模大小为两个标准差。结果表明，公司短期负债比率上升一个单位能增加银行投资组合中 200% 的坏账份额，而对现金流产生的恶化有较小的显著效果。

在中欧和东欧国家信用风险的计量经济学分析受到数据问题的限制。然而，中欧和东欧中央银行金融稳定性分析中的经验积累以及较长可用的时间序列表示，自 2005 年以来这个地区一些中央银行已经开始增加了基于信用风险计量经济模型的压力测试分析。

Jurča 和 Zeman（2008）讨论关于斯洛伐克有关数据可获取性和质量的挑战。他们的经验在中欧和东欧国家非常典型。他们使用 1995—2006 年贷款组合中未偿还贷款比率的综合数据作为信用风险的指标。这些数据的缺陷包括：在不良贷款定义上可调整的变化，包括采取国际金融报告标准（IFRS），在信贷增长强势时期对不良贷款比率下降的解释困难和缺乏不良贷款数量的信息。[①,②]

---

① 在 20 世纪 90 年代的过渡时期，在很多中欧和东欧国家不良贷款的定义由调整者设定，通常包括特别准备金最小的覆盖比率。这种规范的方法产生的动机在于缺乏银行系统信用风险估计和贷款评估的专业知识。例如，波兰国家银行介绍 1992 年的一个规定，定义四个贷款质量的分类：正常、次级标准、怀疑和损失，每一个等级最低准备金覆盖率设在未担保披露 0、20、50 和 100 个百分比。分类的设定是以每日拖欠数量和对贷款者财务状况的估计为基础。1992 年到 2006 年期间规定共实质性地修正了三次。最后一次允许银行使用 IFRS 鉴定减值贷款和计算损失的变化。

② 在中欧和东欧二级贷款市场近期开始相对发展——在波兰，这种市场仅在 2004—2005 年才出现，当时阻碍银行出售贷款的法律上和税收上的限制部分得到提升。在一些中欧和东欧国家缺乏二级贷款市场，意味着未偿还贷款积累在银行资产负债表中，形成某些人为的较高未偿还贷款比率。在波兰的例子中，由于法律的不确定性这种情况加重，关于资产表外流转长期、不可恢复和完全预防的未偿还贷款并把它们作为备忘项目。当二级贷款市场开始运作，一些银行会利用这个机会清理其资产负债表，尤其是降低未偿还贷款比率。对波兰案例更多的分析可以参考波兰国家银行（NBP，2007b，Box4）。

为了避免这些困难，他们也考虑使用替代的信用风险测量，比如使用斯洛伐卡国家银行的信贷登记计算出的违约率。但是他们发现这个数据的质量不充足，特别是早期信贷登记运行时期。此外，这些统计也由于管理的变化而受到扭曲，因为在信贷登记中用条例中设定的标准定义贷款的质量。反过来条例的变化引起大量贷款者在贷款质量等级之间流动，扭曲了转移频率的图像。

Jurča 和 Zeman（2008）在分析中遇到了其他的问题，发现在样本中的不良贷款比率系列是非平稳的。这个归因于在样本周期开始时的较高不良贷款比率，那个时候银行的资产负债表仍然表现出对经济过渡的重要影响。由于强劲的信贷增长和清除操作，形成了在随后的年份里不良贷款比率下降的趋势。[①]同时使用普通的回归分析和向量误差纠正模型（VECM）的方法，他们发现国内生产总值增长率、利率和汇率对贷款质量有重大的影响力。斯洛伐克国家银行（2007）使用它们的模型进行基于宏观经济变量冲击的压力测试。压力测试使用的情景是以 10 年期间内相关宏观经济因素的最大程度的不利变化为基础。压力测试的结果表明斯洛伐克银行非常容易受到汇率升值和经济增长减速的冲击。

压力测试方法的复杂性中另一个步骤是对通过宏观计量经济模型进行校准的宏观经济情景的使用。波兰国家银行（NBP，2008）使用这个方法，其压力测试框架包括信用风险成本和净利息收入。这两者都用独立银行数据的面板模型来模型化，用来最大化可用信息并考虑跨银行的差异。利用贷款减值准备比率作为因变量，分别对公司和房屋贷款的信用风险建立模型。

在压力测试中，利用 NBP 主要的货币政策模型模拟压力情景。

① 当获取的数据不能包括整个一个经济周期时，也会遇到这个问题。在观察一个较长时期内对实现信用风险测量（比如贷款组合中未偿还贷款的份额），非平稳性不是典型的，因为这些测量显著地展现了一个跟随经济周期但是滞后的循环模式。

模型中定义世界经济三年滞胀的压力情景为外生变量，以确保情景的内部一致性。[①]宏观计量模型的输出作为模型信用风险和净利息收入的输入，遍及整个情景中，并与信用增长假设条件同时允许对净收入、信用损失和资本充足率的推测。压力测试表明银行能够通过它们的收入吸收增加的贷款损失。

Jakubík 和 Heřmánek（2008）为捷克共和国提出了一个相对复杂的压力测试框架。他们的方法使用捷克国家银行的宏观计量模型的输出结果作为违约率和信用增长模型的输入，分别对房屋所有者和公司进行评估。利用向量误差纠正模型方法设计信用增长模型，通过单因素默顿模型设计违约率模型，而违约率是在不良贷款比率数量变化基础上计算出来的。在压力测试中，捷克国家银行（2007）利用这个框架考虑了三个情景：外部、内部需要冲击和汇率升值。这些冲击对信用增长的影响比对不良贷款的影响更显著。在所有情况下，银行在资本充足率没有显著下降时能够承担损失。

如果集合时间序列是仅有的可获得的数据来源，则很难考虑到在中欧和东欧国家信用风险模型中的一些方面。抵押贷款就是这个情况，对于欧和东欧国家来说，它还是一个比较新的产品（与它们的期限相比）。就波兰来说，抵押贷款的份额仅在 2002 年就开始快速增加。[②]由于抵押贷款的期限延长超过二十年，大部分贷款相当“年轻”。而且，在那个时期内该地区宏观经济情况比较良好。因此，可获得的估计抵押贷款绩效的数据既不能覆盖这个产品的整个生命周期，也不能覆盖整个经济周期。在经济低迷时，它们判断信用损失的能力受到限制。

---

① 波兰国家银行早期宏观压力测试中使用的宏观经济冲击情景包括一个石油价格冲击和一个由于当地获此贬值和较高经济发展减缓引起的市场动荡情景。

② 在波兰，房屋所有者贷款中房屋贷款所占的份额从 2001 年的 17.7% 增加到 2008 年 3 月的 47.7%。

在评估汇率变动和外币贷款信用风险之间的关系时仍存在一些问题。在波兰的例子中，以外币计的抵押贷款十分普遍，这类贷款比以本币计的抵押贷款一致地表现出更好的（和更稳定）的性能（见 NBP，2007a）。这在某种程度上归因于当外汇贷款变得受欢迎时汇率的走势：缺乏长期持续的贬值冲击和长期本币的升值趋势。在这种情况下，历史数据对外汇贷款的质量和汇率变动引起的贷款损失表现出较小的敏感度。①这种需要使用压力测试工具的情况更少地依赖于历史时间序列数据。

一个允许从没有通过经济周期测试的外汇贷款和 FX 贷款中获得风险的方法包含对微观层面数据的使用，如对于房屋持有者财务的调查。例如，在匈牙利和波兰就使用这种方法。在波兰，Zając czkowski 和 Żochowski（2007）使用从波兰中央统计办公室一年一次的房屋持有者调查中获得的数据。这些数据包括三万房屋持有者的收入和支出信息。他们利用这些数据计算负债房屋持有者的财务利润。②由于他们的数据没有包括更多关于房屋所有者债务结构的信息，他们不得不依据综合数据设定关于房屋所有者负债的利率、贷款期限和货币种类的假设。然而，他们能够进行模拟以研究利率增加和汇率降低时对房屋所有者财务利润的影响。③负的财务利润不等同于违约，但是它们被认定为具有很近的相互关系。④研究结果表明，拥有抵押

① 参见 Głogowski（2008）。

② 这个利润通常定义为房屋所有者支付债务服务支出和基本生活成本之后剩余的收入部分。

③ NBP（2008）指出基于这个数据组的价格研究引导了一个失业率增加的模拟。

④ 关于基本生活成本支出的假设几乎总是构成有经验的猜测，因为其很难评价当房屋所有者面临财务困难时调整他们支出组合的能力。这意味着收入利润率是近似的。然而，当面临违约时，一些房屋所有者能够通过出售他们的资产或者从金融系统以外（比如从家庭成员）借款来增加额外资金。在波兰的案例中，房屋所有者金融调查不包含房屋所有者拥有资产价值的信息。

贷款的房屋所有者在相对较好的财务状况下，对利率的冲击更加敏感。①②

波兰国家银行使用 Zajączkowski 和 Żochowski（2007）的模型获取汇率下跌（由世界市场上动荡的宏观经济情景造成）对贷款损失的影响。由于事实上在压力测试中使用的信用风险模型中没有确定汇率变动和贷款损失之间统计上显著的关系。把模拟的结果——负财务利润房屋持有者比例的增加和相关贷款损失的增加，加入到基本信用风险模型的输出中（见图 14.1）。

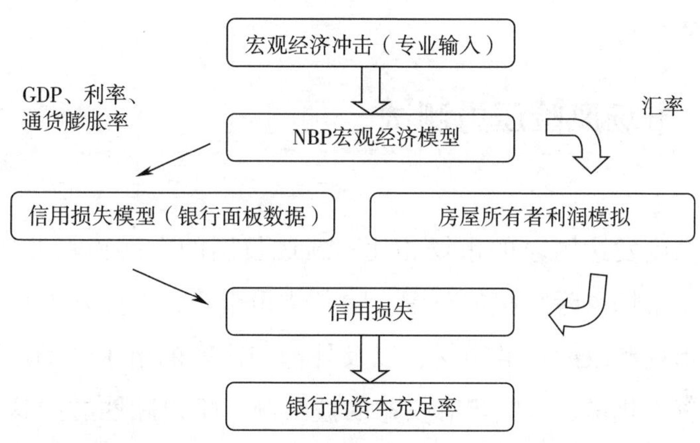

图 14.1　一个结合总量和微观水平模型的信用风险压力测试案例——波兰国家银行的方法

Holló 和 Papp（2007）采用了一种相似的方法，基于一个更小但更丰富的负债房屋所有者的资料库。他们使用匈牙利中央银行委托进行的一个对房屋所有者的财务调查所收集的数据。他们的数据包含房屋所有者的收入、债务特征以及偿还问题的信息。这允许他们

① 也就是说，具有负的财务利润的房屋所有者所占的比例在这一组中是最低的。

② 这同时也取决于实际上抵押贷款中掺入了浮动利率的事实。

在房屋所有者特征和财务边界的基础上，不仅分析财务利润，同时也评估违约可能性模型。他们研究一组金融冲击（利率和汇率的改变）和失业冲击对未偿还债务的影响。[①]加入对回收率额外的假设，他们也能够研究违约率的增加对匈牙利银行体系资本充足率的影响。他们发现由于在匈牙利外国货币贷款的普及（大部分是瑞士法郎），对国外利率和汇率变动的敏感度相比对国内利率变动的敏感度要大。即使当国内利率变动的冲击比国外利率变动的冲击大，这个结果仍然正确。匈牙利国民银行（MNB，2008）用这个结果作为一个工具评价宏观经济压力情景下对匈牙利银行体系的影响。

14.3 市场风险压力测试

和高度发达国家的市场相比，新成员国的金融市场非常简单，这缩小了市场风险承担的范围。除了货币市场，最成熟的市场通常是外汇市场和政府债券市场，以及外汇和汇率的衍生产品。当权益市场的资本化增加，银行对权益的披露倾向于边际性的。[②]这取决于中欧和东欧银行在投资银行行为上较低的重要性。它们对世界市场的披露似乎是有限的，通常它们在国际金融集团中的主要任务都集中在国内市场上。

中欧和东欧银行面临的最重要的市场风险类型是利率风险（主要来自贷款、存款和政府债券）和外汇风险。中欧和东欧国家政府采取的压力测试广泛地反映这种银行市场风险承担的结构，如表14.2中演示的例子。

---

① 定义为违约率（PD）的关系——贷款加权值到贷款账面价值。

② 在波兰，股票市场市值对GDP（仅考虑国内公司）的比率从2003年的16.6%增加到2007年的43.8%。

表 14.2　　市场风险压力测试

国家	利率风险压力测试	外汇风险压力测试
捷克共和国	• 收益率曲线向上移动 100 个或 200 个基点 • 在银行体系持续资本充足率在 8% 之下估计最大收益率曲线移动 • 对债务证券净利息收入和市场价值的影响	• 克朗贬值 15% 或 20%
匈牙利	• 外国货币收益率曲线上移 200 个基点，匈牙利货币福林收益率上移 500 个基点 • 对应用重新定价缺口数据估计利润的影响	• 福林贬值 30%
波兰	• 波兰兹罗提、欧元、美元、瑞士法郎的收益率曲线比预期利率变动高出两倍［由远期利率协议（FRA）报价推测］ • 对应用重新定价缺口数据估计的超过一年期净利息收入的影响	• 对敞开外汇头寸管理没有压力测试［只有公布的风险价值（VaR）分析］
斯洛伐克	• 收益率曲线上移 200 个或 500 个基点，对应用重新定价缺口数据估计的银行的影响（经济价值的变化） • 基本利率上移 200 个基点，利用机制模型估计的贷款和存款利率的变化；对超过一年的净利息收入的影响评估	• 与欧元相比克朗贬值和升值 15%，和其他基于历史协方差估计的货币相比汇率的变化 • 汇率多数不利的历史月度变化（来自独立银行的观点）

资料来源：CNB（2007），MNB（2007），NBP（2007b），NBS（2007）。

压力测试表明中欧和东欧银行对市场风险有较低的敏感度。银行对银行存折利率风险的披露是有限的，其中一大部分贷款采用浮动利率。外汇头寸通常是一致的，即使在一些国家银行中持有大量的外币贷款投资组合。利率的变化对利润和资本都会有影响，但是在以上提到的大部分压力测试情景中，冲击不会导致银行降到最小资本充足需求水平以下。

在波兰和匈牙利，外汇贷款是一些银行重要的资产种类，总的外汇头寸非常大。典型地银行有较大的资产负债表头寸以抵消不足的衍生品头寸。抵消外汇头寸最流行的工具是外汇掉期和交叉货币利率互换。[①]当这些工具允许银行对冲外汇风险并锁定外汇贷款的利润，它们将遭受展期风险。[②,③]在压力测试中这个风险很难量化，即难精确地确定需要在什么样的情况下当地银行不能更新它们的对冲。因此，到目前为止还没有压力测试考虑过这个风险。

14.4 流动性风险压力测试

因为数据的可获取问题，很少考虑流动性风险。已公布的压力测试通常依靠于在独立银行信用危机事件发生时对有关资产与负债行为的假设。

Balazs 和 More（2007）为匈牙利银行体系提出了一个这种压力测试的案例。他们提出“压力流动性指标”，并将其定义为在一个时期内银行能够支付客户存款现金的比率，假设在这个时期内银行除了可

---

① 或者更精确地说，合成远期。一个外汇掉期包含一个即期外汇交易复制一个外汇远期交易。

② 来自一个经济学观点，当地银行以当地货币按照当地同业拆借利率出借资金给非当地居民，同时以国外货币支付相关伦敦同业拆借利率（加一个溢价）借入资金。当地银行用外国货币贷款的接受的利率抵消伦敦同业拆借支出，通常实行与伦敦同业拆借利率绑定的浮动利率。中欧和东欧国家银行对冲它们外汇贷款资产组合的能力一定程度上取决于非居民部分对中欧和东欧货币的需求（例如对中欧和东欧政府债券的金融投资）。

③ 中欧和东欧国家银行使用的跨货币利率掉期，对冲它们外汇抵押贷款投资组合增加的头寸，典型的期限为三年或者五年，然而抵押贷款期限超过二十年。外汇掉期交易具有更短的期限（通常为三个月）。

出售有价证券组合以外，还失去了在银行同业拆借市场的资金，并没有外部的流动性资产来源。这个指标表示银行的流动资产和日常业务产生的现金流能够覆盖客户存款的份额。他们发现 2004—2007 年，匈牙利银行的平均“压力流动性指标”在 20% ~30% 的范围内浮动，但是在银行之间存在较大的差别。尽管贷款快速增长，也没有观察到显著的趋势。作者指出，银行积极地争取通过寻求长期资金支撑它们的流动资金的头寸。他们从分析中忽略了任何母行支持的可能性。基本原理是，他们想在独立的基础上研究匈牙利银行的减震能力，但也指出对子银行流动性的冲击可能是由母行的财务问题触发。因此，能把它们的情景看做是一个从母行向子银行冲击溢出的典型例子。

在以前讨论的章节中，流动性风险也有一个网络维度。银行同业存款市场是银行进行逐日流动性管理的一个重要的工具。一个银行在同业拆借市场负债的违约可能会造成损失，这个损失没有足够大以至于导致债权银行的破产，但是它能够耗尽银行的流动性缓冲。反过来这也能产生银行拆借市场上诱发性流动性违约的多米诺效应。Hałaj（2007）提出以波兰数据为基础的这类风险的初步分析。他采用 Elsinge 等人（2003）思想的网络模型，研究在波兰银行同业拆借市场上潜在的流动性多米诺效应。在他的模型中，如果一个银行不能覆盖与非银行部门（在模型中是随机的）操作及银行间出售流动国债而产生的净现金流出的增加，它可以不履行同业拆借市场的义务。模型假设银行只能向其他的在偿付债务之后流动性有剩余的国内银行出售有价证券。对波兰国家银行获取的历史数据为基础的参数进行蒙特卡罗模拟，Hałaj（2007）表明流动性风险的蔓延趋势非常小。这是由于很多银行持有国债的重要资产组合。需要注入用以阻止蔓延的平均流动性的费用大概为银行部门资产的 0. 05%。[①]这个

① 蔓延发生的条件。

结果仍有不确定性，尤其是在考虑与非银行客户业务操作中产生的现金流概率分布选择参数方面。

2005—2010 年贷款的迅速增长，使得一些银行市场资金的相关性增加，这表明在未来的岁月中流动性风险压力测试在金融稳定中的作用将更加重要。

14.5 压力测试中银行间传递

在压力测试中进行银行间传递分析的能力非常依赖于数据的可获取性。然而，对于在中央银行拥有银行同业披露数据的国家，这类分析包含在压力测试中。以下的例子集中研究银行同业披露能够承担债权银行信用损失和它们的资产头寸（归因于信用风险的转移）的影响。

斯洛伐克国家银行（2007）利用银行同业贷款和存款研究单个银行破产（“初级的违约”）的结果。由于在斯洛伐克银行体系资产负债表中相对较少的银行间交易的份额，这个影响是有限的，使得仅有的一小部分银行降至最小资产充足需求水平以下。

捷克国家银行（CNB，2006）增加一个相似的且更糟糕的情景，即假设每个银行最大的债务银行违约。捷克国家银行使用的另外一个修正是基于宏观经济情景把银行间传递的测试综合到压力测试当中。每一个银行最初违约的可能性取决于其考虑信用和市场风险冲击结果之后的资本充足率。银行间传递对资本充足率的平均影响很小，仅为能够解释资本充足率总共下降值的 10%。

波兰国家银行（2008）采用了相似的方法估计银行间传递风险的规模。在模拟中，每个独立银行最初违约的可能性取决于其资本充足率。通过观察银行的大小评估银行间传递的规模，这些银行受到

"第二次违约"及银行不能偿还的同业负债的价值的支配。利用蒙特卡罗模拟构建银行间传递导致损失的概率分布。银行间传递可能的规模很小，银行第二次违约的风险在波兰银行部门占 6% 的份额，而第二次违约导致的损失占资产的份额不到 0.1%。一个重要的警告是由于缺乏详细的数据，对外国银行的披露不能通过这个框架研究。

银行间传递的压力测试通常没有说明这个类型的风险，这在中欧和东欧国家是个严重问题。但是这个分析的准确性是有限的，因为银行同业披露变化迅速并且当局通常仅有月末数据的"快照"。

14.6　未来的挑战

新成员国银行系统压力测试最主要的挑战之一是涉及到一些国家由于当前快速的信贷增长和金融中介（特别是在房地产方面）的普遍增长带来的风险。这有几个结论。债务负担综合指标（比如房屋贷款对收入支出比例）的增加，不等同于独立贷款者水平测量的债务负担增加。[①]当逐渐增加的中介在一定程度上涉及对信用等级较低的客户贷款的增加，综合债务负担比率通常是较差的信用风险预报器。使用微观数据能够解决一些问题，但是它们的质量、时效性和覆盖范围比综合数据的情况要差一些。

在房地产部门快速信贷增长的另一个部分是在银行的风险状态中没有通过经济周期测试的产品角色的增加。这是对宏观压力测试感兴趣的调整者的一个挑战。信用市场上的相同特点也是对银行风险管理领域的一个挑战，比如内部资产充足评估、客户风险敏感性产品定价，或者是发展风险敏感内部价格转移机制。

---

① 关于这一分歧的分析见波兰国家银行（NBP，2007a）。

贷款增长中主要的一部分来自抵押贷款。这增加了房地产价格作为中欧和东欧银行系统风险因素的重要性。对抵押贷款、经济增长和房地产价格之间相互作用的定量理解，将会在经济低迷时对有关抵押贷款信用风险的评估变得越来越重要。到目前为止，房地产价格数据的质量和数量使得就这一点很难形成定量的结论。即使在这些数据可获取的地方，也很难解决由于相关贷款和其他基本因素的发展收敛过程的价格变动。提高这种能力对中欧和东欧当局是一个很重要的挑战。

另外一个挑战在于量化外国资金信用增长的影响，特别是在资金来源于当地银行的国外母行。外国资金增加了中欧和东欧银行在世界市场上对发展的披露，包括资金的成本和可获取性。直到2007—2008年国际金融危机，可以合理假设只要当地银行保持在健康的财务状况下足够长时间，它们能够得到世界市场上必要的资金。危机证明，与市场参与者预期相反，高度发达经济体的市场会受到流动性障碍和信用危机的感染。如此较高非线性事件很难包含在压力测试当中，因为它们相当于一次重大的制度转变。当局希望将它们纳入压力测试，将不得不与银行紧密合作以获取市场信息。

扮演资金来源角色的母行，提出了另一个在金融稳定分析和压力测试中的挑战。在正常市场状况下，从母行获取资金相对来说比较便宜（由于母行具有较高的等级）和稳定，有助于东道国金融系统的平稳运作。在金融危机时期，在东道国这个事实持续的与危机一样长久。如果发现危机来源于母行的国内经济，则母行支持子行的能力会受到破坏。次级贷款危机表明应该重视国际间有效的银行经验差别的可能性。母行的财务问题可能通过比如声誉风险对子行产生消极的影响。

前面段落中列出的挑战是在金融体系监管中所谓的东道国问题的例子。拥有中欧和东欧银行体系重要部分的国际金融集团，在某些情况下可以成为东道国金融体系支持的来源，在其他情况下则是世界经济冲击发生的传导渠道。在中欧和东欧当局进行的压力测试中，在假设没有母行支持的一个单独基础、忽略其拥有者的情况下，研究当地股份有限银行的稳定性。这有助于避免以从母公司获得支持的假设基础上得出过分乐观的结论。获取溢出效应（母行影响子行稳定的问题）更加困难。母行问题的结果依赖于其在危机情况下的政策（例如，母行对子行能提供什么程度的支持）、集团内部交易的规模和子行享有的独立程度。目前在压力测试中对这些影响的涉及十分有限。

尽管由于数据的问题导致了大部分的限制，新成员国的宏观压力测试的复杂性还在增加。结合金融体系的快速发展、国外投资者控制的股权结构以及外币资金重要性的增加，意味着在未来的很多年里压力测试仍然是一项挑战性的工作。

参考文献

[1] Balazs, T. and C. More (2007), 'How Resilient are Hungarian Banks to Liquidity Shocks?', *MNB Bulletin*, June.

[2] Bank of Latvia (2007), *Financial Stability Report*, *2006*.

[3] Bank of Lithuania (2007), *Financial Stability Review*, *2006*, June.

[4] Czech National Bank (2006), *Financial Stability Report*, *2005*.

[5] (2007), *Financial Stability Report*, *2006*.

[6] Elsinger, H., A. Lehar and M. Summer (2003), 'Risk Assessment for Banking Systems', *Vienna University Working Paper*.

[7] European Central Bank (2007), *EU Banking Structures*.

[8] Głogowski, A. (2008), 'Macroeconomic Determinants of Polish Banks' Loan Losses – Results of a Panel Data Study', *NBP Working*

Paper, 53.

[9] Hałaj, G. (2007), 'Assessing Liquidity Risk in Banking System', paper presented at *2008 Campus for Finance Research Conference*, Vallendar.

[10] Holló, D. and M. Papp (2007), 'Assessing Household Credit Risk: Evidence from a Household Survey', *MNB Occasional Paper*, 70, December.

[11] International Monetary Fund (2001), 'Republic of Poland: Financial System Stability Assessment', IMF Country Report, 01/67, June.

[12] Jakubík, P., and J. Heřmánek (2008), 'Stress Testing of the Czech Banking Sector', *IES Charles University Prague Working Paper*, 2.

[13] Jurča, P. and P. Zeman (2008), 'Macro Stress Testing of the Slovak Banking Sector', *NBS Working Paper*, 1.

[14] Kavčič, M., T. Košak, F. Ramšak and T. Šuler (2005), 'Macro Stress Tests for the Slovenian Banking System', *Bank of Slovenia Financial Stability Report*, June.

[15] Magyar Nemzeti Bank (2007), *Report on Financial Stability*, April.

[16] (2008), *Report on Financial Stability*, April.

[17] Mérő, K. and M. Valentinyi (2003), 'The Role of Foreign Banks in Five Central and Eastern European Countries', *MNB Working Paper*, 10.

[18] National Bank of Poland (2007a), *Financial Stability Report, 2006.*

[19] (2007b), *Financial Stability Review, first half of 2007.*

[20] (2008), *Financial Stability Report, 2008, June.*

[21] National Bank of Slovakia (2007), *Financial Stability Report, 2006.*

[22] Zając̦zkowski, S. and D. Żochowski (2007), 'Loan Service Burden of Households – istributions and Stress Tests', National Bank of Poland Financial Stability Report.

第15章 跨国宏观压力测试：欧盟的进展和未来的挑战

奥利·卡斯特伦（Olli Castren）
约翰·费尔（John Fell）
尼科·瓦尔西克斯（Nico Valckx）*

---

* 本章观点仅代表作者观点，并非欧洲央行的观点。

15.1　导论

正如前面几章介绍的，宏观压力测试已经成为金融稳定性测试工作的重要组成部分，而且正在被各国的央行采用。在欧盟，金融一体化的进程促使国家间金融系统的联系更加密切，在欧元区内尤为如此。尽管这种联系为跨国的宏观压力测试提供了很好的案例素材，但是这个领域的进展却很慢，原因主要有两个。第一，最重要的原因是缺乏国家间的、标准统一的、时间长度足够的数据来进行风险来源的定量评估[①]。第二个是制度上的原因，欧盟国家的金融监管法律会限制机构间的信息分享程度，从而跨国数据也会受到国家政策和法律条律的限制。

毫无疑问的是宏观压力测试时使用的风险定量化方法已经取得了显著进展。其中一个重要原因是商业银行非常重视有效的信用风险管理。关于银行间的跨国流动，明显存在着两种信用风险传播的途径：受到共有的（系统的）风险威胁和金融机构间资产负债表的联动关系。如果很多国家的金融机构同时受到大范围的或系统的冲击，或者一些银行在多个国家遭受风险，（common credit risk exposure）系统风险威胁就会成为银行系统遭受跨国感染的源头。而资产负债表的关联，也会成为国家银行系统遭受破坏的源头，不管遭受的是系统冲击还是个别性冲击。这些关联使得冲击可以通过银行间的拆借与回购市场在不同国家的银行体系中传播扩大。

本章首先简要介绍各国央行跨国信用风险压力测试领域所取得的进展。接下来将分别介绍两种信用风险的研究进展：由于向非金融部

---

① 参见第 6 章。

门贷款形成的信用风险和由于同业拆借形成的信用风险。本章并没有讨论某些测试压力的跨国传播的方法，比如建立在市场价格基础上的方法[①]。本章第二部分讨论的是欧洲进行跨国压力测试时所面临的挑战，这部分的研究主要得到了欧洲中央银行监管委员会的支持。

15.2 跨国信用风险压力测试

跨国信用风险压力的促成原因一般是不同国家的贷款者同时遭受系统性冲击，或者是不同国家的银行共有的一个大额贷款客户遭遇了系统性冲击。另外，由于批发市场在银行融资中所起的作用日益重要，在这样一个市场中，如果一个机构遭受个别性冲击，而且其受到的影响在整个市场蔓延，那么相关的信用风险的问题就会出现。所以从系统风险的角度来看，银行间市场的信用风险已经成为一个重大的问题。

15.2.1 跨国系统冲击分析

一、共同风险的识别与压力测试

一个集团可能会由于遭受冲击而崩溃，这将会威胁到一家银行的财务健康状况，或者影响其稳定核心业务的能力。如果几家银行同时把钱直接借给了一个大公司，那么不管是通过银行联合放贷，还是依靠延长信用周期分别对其贷款，这种集中性风险将直接带来

---

① 当银行间信用组合的相关关系很难测度时，可以使用建立在市场数据基础上的方法。比如，Hartmann 等人（2005）用股权价格的相互依存度估计银行间的外益程度（也就是系统风险）并评估银行对变通冲击反应的灵敏性（也就是系统风险）。Gropp 等人（2006）以及 Čihák 和 Ong（2007）通过银行违约距离的相互依存度间接的测度了跨国传播。

系统风险。

对单一客户的风险敞口有可能形成风险的扩散，这就是为什么负责监管金融稳定性的当局一般都会倡导对单一客户的比较大的风险敞口要进行充分的识别、监督和管理。[①] 对于单个的银行机构，经济资本的计算事关是否满足《巴塞尔协议》的第二条款，因此针对风险敞口的压力测试已经引起了足够的重视[②]。特别需要注意的是，在与标准化方法对立的 IRB 方法下，那些决定使用自己模型的银行需要用压力测试经济资本。巴塞尔委员会的研究表明，借款者越集中（也就是说银行贷款的对象中，某几个的借款者占了很大的比例），对于经济资本的影响越显著。

当几家银行因为有共同的风险敞口而面临跨国的财务压力时，这种风险敞口的实质将决定银行应当如何管理和测试这种风险。如果共同的风险敞口来源于联合放贷，那么参与到其中的银行一般会知道自己的风险敞口的大小，并会在此基础上进行压力测试。另外一种情况，如果这些银行给某个大客户贷款都是个体行为，它们无须知道这个客户向其他金融机构承担的信用责任，特别是当这个客户经常在几个国家进行借贷时尤为如此。在后一种情形中，很难度量跨国风险敞口的大小，如果要度量的话，就必须要求银行监管部门充分交换信息。这种共同风险敞口可以成为风险在不同国家的银行间进行扩散的重要渠道，所以应该充分交流共同风险敞口的信息以及个体银行压力测试的结果，这样才能更好地防范跨国金融危机。

二、通过横截面模型分析系统性冲击的影响

当我们可以得到银行或银行系统的信用质量指标的信息时，就

---

① 在此领域，欧洲央行银行监管委员会在 2005 年实施了一项调查，评估对单个客户大的个别风险敞口会不会成为欧洲银行稳定性的忧患。有关结论可以参见 ECB（2006）。

② 参见第 2 章与第 5 章。

可以使用计量方法测量出横截面维度上的金融压力。在这种背景下，一种常见的跨国金融压力测试模型是在某个银行或某个国家的层面，用几个相同的变量描述贷款信用质量的发展情况。这些变量的周期性动态规律，可以用宏观风险因素进行解释，而这些宏观风险因素也可能受到不同压力情景的制约。

对于回归模型中被解释变量的选择有两种方案。第一，是利用大量银行危机案例的数据，这种数据给出的是 0 - 1 变量构成的时间序列：发生危机或者没有危机发生。第二，还可以采用测度型数据组成的时间序列，比如银行贷款坏账、贷款损失、客户破产以及其他一些指标比如贷款损失准备金等。但是，跨国的经验研究常常会因为国内样本间的异质性而受到困扰。所以，被解释变量常常采用的是离散型的某一次性危机的数据。如果样本量足够大，可以容许两值数据有足够的波动，可以采用 Probit 或者是 Lobit 的估计方法。在解释变量方面，国内生产总值或者是 GDP 增加量、利率是解释贷款损失准备金时的重要解释变量。近期《巴塞尔协议》和国际会计准则关于银行贷款损失的规定，鼓励对于顺周期风险进行研究，其中也可以看到 GDP 和利率的重要性。

如果采用这种方法，有很多研究经济周期和银行稳定性的文献可以参考，尤其是在单一国家层面。这些研究一般与国际货币基金组织的金融部门评估计划有关[①]。为了反映跨国的情况，通常使用横

---

① 在欧洲，Salas 和 Saurina（2002）在 1985—1997 年西班牙商业储蓄银行的样本基础上，分析了问题贷款与经济周期的关系。Pain（2003），Arpa 等（2001）和 Quagliariello（2007）分别考察了英国、奥地利和意大利经济周期对于贷款损失条款的影响。Marcucci 和 Quagliariello（2008）采用向量自回归模型（VaR），分析了意大利违约率的周期结构。Demuynck（2004）和 Martin（2005）研究了法国贷款坏账与 GDP、GDP 增长率和信用规模之间的关系。Glogowski（2006）和 Bethlendi（2006）利用面板数据分析了波兰和匈牙利宏观经济过程和贷款损失条款之间的联系。Van den End 等人（2006）用荷兰零售商和批发商的倒闭风险分析宏观金融风险对银行贷款组合信用风险的影响。关于 IMF 实施的压力测试可以参见第 16 章。

截面或者面板的估计方法①。

三、共同冲击对于大型金融机构的影响分析

还有一种方法可以用来分析跨国联系，就是把单个银行的信用风险压力测试模型应用到在金融系统中起到重要作用的金融机构中，这种金融机构的重要性是由一系列公允的指标决定的。在进行一段时期金融系统稳定性的分析时，可以根据一些事前确定的指标，采用聚类分析等统计方法识别出最重要的金融机构。

比如说，欧洲央行用这样方法对一些大型银行进行一段时期内的金融稳定性评估，这些银行的情况将受到密切注意②。值得一提的是，这些银行不一定是通常所谓的重要金融机构。事实上，这些银行规模和业务决定了它们的重要性。它们的倒闭或者经营困难很可能对于各种金融中介、金融市场的顺利运行以及其他金融机构的运行形成一种不好的前兆——尽管不一定是严重危机的预兆。假设这些银行中的某一个出现了问题会对欧元区的其他国家的金融系统形成一种预兆，而且在金融活动中，这些银行的规模以及重要性都是可以获知的，那么就可以对这些银行开展跨国的压力测试。

估计欧元区潜在的金融系统风险的第一步是对 LCBGs 的贷款组合进行压力测试。事实上，银行信用风险洞口的信息通常是公开的，而且非常详细，这将有效地减轻工作负担。第二步是评估单个的

---

① 举一个多国实证分析的例子，Pesola（2005）在九个欧洲国家（比利时、丹麦、芬兰、德国、希腊、挪威、西班牙、瑞典和英国）研究了宏观经济冲击在解释银行贷款损失与贷款总额之间比例时的作用。在欧盟银行，Valckx（2003）以 1979—2001 年，15 家欧洲银行作为样本，考察了贷款损失条款。欧洲中央银行（2005）用 15 个成熟经济体 1980 年至 2001 年的数据对一个实证模型进行估计。分析发现，冷淡的经济活动、国内信用的高速增长、房地产价格的高涨、银行系统的低利润率和低流动性都是金融危机主要指标。

② 参见 ECB（2006d；2007a）。

LCBGs 的信用组合风险在不同的情境下会有怎么样的变化，这些情境包括重要宏观金融变量的变化冲击和银行借款者违约概率的变化[①]。这些条件的违约概率可以当做银行信用组合模型的输入变量，从而计算出冲击对 LCBGs 中单个银行信用风险指标的影响。[②] 这种分析的横截面性体现在两个方面：第一是情境的设置，这些情境一般是一些横截面的元素；第二是上文所提到的机构的清偿能力。这两者是影响整个跨国金融体系稳定性的重要因素。如果存在共同贷款风险敞口的话，那么若干 LCBGs 会同时承担金融压力。

为了更清楚的分析一组银行比如 LCBGs 之间外溢的程度，可以使用诸如银行稳定性指数等方法。[③] 这种方法考虑到了银行违约概率的相关系数随着时间变化的关系，也就是说，在一家银行出现问题的情况下（比如，因为信用组合遭到个别性冲击），这种指标可以反映出其他银行的可能性。将这些大型银行违约的联合概率考虑进来，可以在一种给定的情形下充分反映相关关系的动态变化，从而提高了压力测试的信息量。

15.2.2 资产负债表方法：用网络模型进行跨国压力测试

在一个一体化的金融系统中，比如欧元区，跨国银行的资金流动既是金融机构重要的资金来源也是私人部门重要的资金来源。同时，在紧缩时期，银行资金的跨国流动网络又是危机从一家银行向整个体系扩散的渠道。所以，对于这种相互关联的压力测试是跨国压力测试的重要组成部分。

对于银行资金流动网络传播性的分析主要分为两个步骤。第一

① 参见 ECB（2007b）。
② 参见 ECB（2007c）。
③ 参见 Segoviano 等（2006）和 Goodhart 和 Segoviano（2008）。

步是确定所涉及银行两两之间的风险敞口。第二步是设置一种合适的算法，模拟一家或几家银行出现的压力是如何通过两两之间的风险敞口进行传播的。

这种方法的常见问题是作为重要输入变量的双边风险敞口矩阵不容易获知，至少进行跨国测试时如此。文献中提供了三种方法来避开这个问题并推断双边风险敞口矩阵。[①]

第一，双边风险敞口矩阵可以通过熵的最大化进行估计[②]。这种方法已经在很多国家的银行系统中得到运用（参见 15.3.3）。因为这种方法考虑了银行间各种期限的风险敞口，它特别适用于评估某家银行的倒闭对其他银行清偿能力的影响。

第二，可以使用结算系统分析方法。[③] 尽管这些方法在识别结算系统隔夜操作数据方面十分精确，但是它们不能被用来分析更长期限的业务。所以，这种方法更适合用于评估与短期银行间市场相关的传播，特别是估计短期流动性冲击如何扩散。

第三，为了在国家层面具体分析跨国风险敞口，可以通过国际清算银行披露的跨国交易申报建立跨国的银行流动网络。图 15.1 展示了这样一种由一些欧盟国家以及美国构成的网络。[④]

通过观察系统中净债权与债务的总流动，可以发现只有英国债务头寸很小，但是就总流动来说，却是一个重要的参与者，这在图上可以清楚地反映出来。这说明，英国在欧盟处于金融交易中心的地位。德国略逊一筹，下面是法国与荷兰，这些国家也是欧盟银行

---

① 参见第 11 章和第 12 章。

② 参见 Upper 和 Worms（2004）。

③ 参见 Furfine（1999）。Beyerler 等（2006）采用这种方法对美国联储电信的实时清算系统的银行间支付流动的拓扑结构进行了分析。他们发现网络中存在每天着少量的“强流动”，75% 的支付流动发生在 0.1% 的机构间。而且，大多数银行与其他银行的联系很少，但有少数的中枢银行有上千的关联。很明显，要想通过防止扰动通过网络传播从而阻止系统性危机，识别出这些重要的中枢机构，并对它们的流动性和清偿能力密切监视便显得非常重要。

④ 参见 ECB（2008）。

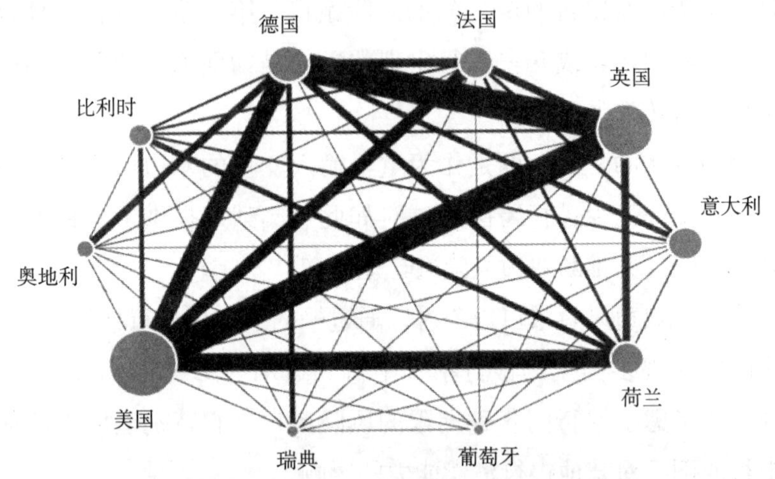

注：回路的大小和线的精细与每个国家债务债权的总量成比例关系。

资料来源：BIS 和 ECB 的计算。

图 15.1 部分欧盟国家和美国的跨国银行总流量（债务加债权）

系统的重要中枢，因为它们拥有大量的债权债务。从图形中还可以看出在总量意义上，美国是欧盟国家金融交易的重要对手方；但是这隐藏了一个事实，那就是美国对很多欧洲国家有较大的净债务头寸。

一旦通过上述一些方法确定了跨国双边风险敞口，就可以用模拟的方法进行压力测试。在这种情况下，一种典型的模拟方法是假定网络中的一家银行违约，将很可能侵蚀其他银行的资本。[①] 这个过程可以一直重复下去，直到没有新的银行倒闭。

图 15.2 是对扩大欧元区用跨国银行流动网络的方法进行压力测试的结果。

---

① 更具体地，如果违约损失（LGD）与其他银行对倒闭银行风险敞口的乘积超过了其他银行的资本（或者是评估缓冲资本），那么扩散就会发生。银行的评估缓冲资本信息很容易从公开的数据库中获取。

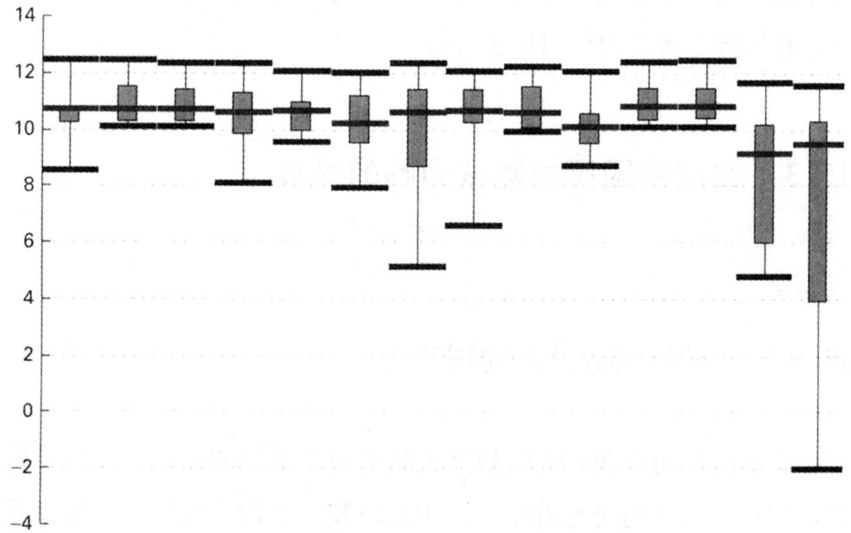

资料来源：BIS、IMF 和 ECB。

图 15.2 某一个自跨国银行流动网络中的国家银行倒闭后，各国银行系统的资本比率（总资本比率，%；监管最低要求 =8%）

更具体地，图 15.2 上展示的是，当横轴上的一个国家不能向其对手方履行承诺时，每一个欧元区国家银行系统的总清偿比率受到的影响是如何分布的。①

从置信区间中可以发现两个重要结论。第一，当一个国家的银行倒闭时，体系中的其他银行的资本比率很少会降到 8% 也就是监管临界值以下，这说明对于其他银行，一个银行倒闭带来的冲击是可控的；第二，图形再次证明了大型国际金融中心对于欧元区金融系统的重要性。如果问题发生在英国，或者尤其是在美国，那么尽管

① 模拟中，假定大部分的跨国风险敞口是抵押，所以因为一个对手方的倒闭，其他国家的银行遭受的最大损失是跨国风险敞口总量的 40%。另外，第二轮的效果也被考虑进来，这意味着受到初始银行牵连而破产的银行，将会引发更多的危机。进一步假定银行间的信用损失直接影响银行系统的资本，也就是说，不存在可以减少影响的缓冲利润。

资本比率的中位数还维持在规定的最小值以上，但是一些银行系统在这种情况下将会遭遇到极端的损失。

15.3 欧洲跨国压力测试面临的挑战

15.3.1 如何界定欧洲的跨国活动

金融机构与金融系统的相互关联有很多不同的原因。之前分析的欧洲跨国金融的研究着眼于跨国银行实证上的重要性，这主要是通过分析“外部扩张”（通过外国分支或下属机构从事跨国活动）或者通过分析“内部集聚”（外国银行在东道国设立的程度）实现的。例如欧洲银行结构报告（ECB，2006a）和 Schoenmaker 和 Oosterloo（2005）。报告利用银行层面的数据表现了欧盟银行系统持续的国际化过程[①]。在 2003 年至 2005 年间，银行在海外的分支和下属机构（外部扩张）的资产占总资产的平均百分比从 24% 上升到 38%。从欧盟最大的三十家银行的资产、收益和雇员来看，Schoenmaker 和 Oosterloo（2005）得到了相同的结论。但是，不同国家在外部扩张方面的差别还是很大的。从资产的角度来看，大国的世界性银行向外扩张的意愿更强。另外，“内部集聚”也在增长。2005 年底，在欧盟，外国银行分支机构和下属机构的市场份额达到 26%（ECB，2006a）。可以看出国家间的差别非常明显。新成员国（NMS）的银

① 通过 mapping exercise 收集得到欧盟 46 家主要银行的数据（占据了欧盟银行部门大约 57% 的总资产）。另外，欧盟银行结构报告中披露国家层面的加总，这可以从各国央行找到。后面一个数据库更完整的覆盖到了各种银行，但是包括外国银行分支和下属机构的资产。所以，只有内部集聚而没有外部扩张。

行部门常常有着很高的外资成分（2005年的平均水平为67%）。

前面提及的这两项研究提供了依据金融活动类型进行拆分的方法。ECB（2006a）告诉我们欧元区范围内跨国同业拆借和存款占总流通量的份额，从1999年起到2005年已经上升了将近35%。利用早一些的时间序列，Schoenmaker和Oosterloo（2005）发现了同业拆借在欧洲不同国家的显著差异。他们认为，这种差异可以用国内同业拆借市场的规模解释。（因为当地存在更多的同业机构，所以大的市场往往伴随着比较低的跨国业务份额）。根据ECB（2006a）的研究，跨国活动中非银行机构的债券已经从25%翻番至50%。

15.3.2　建立相互关联模型面临的现有条例和制度障碍

在一些欧盟国家，风险传播的指标在一些国家被证明是比较重要的，Upper和Worms（2004）的银行间扩散模型也收到了很好的效果。对于最恶劣情形下的模拟显示，在比利时的银行间市场中，占总资产5%以下的小银行容易受到危机扩散的影响；而在德国，这个数字是15%。总的来说，扩散的程度取决于倒闭银行的损失程度。除了德国以外（Upper和Worms，2004），模型还被应用到比利时（Degryse和Nguyen，2004），奥地利（Boss等2004），英国（Wells，2004），葡萄牙（Cocco等2005）和波兰（Halaj，2007）。这其中的一些研究也考虑了风险敞口的数据（Wells，2004；Degryse和Nguyen，2004）、本国银行的海外风险敞口（Degryse和Nguyen，2004；Van Lelyveld和Liedorp，2006），还有将实际数据与估计数据的比较（Mistrulli，2007）。

不仅如此，有非正式的证据表明奥地利、比利时、丹麦、德国、意大利、荷兰、葡萄牙和英国的央行还曾经使用支付的数据研究这个问题，正如Furfine（1999）。比如，针对意大利的结算体系，Angelini 等（1996）借助 1992 年 1 月起的数据研究发现只有 4% 的参与者有足够的规模可以引发系统性危机，清算系统中的平均货币损失只占每日资金流量的 3%。在英国，Millard 和 Polenghi（2004）对 2002 年 3 月至 2003 年 3 月的数据研究发现，大多数不安全的隔夜贷款交易发生在十三分之四的结算者中间，但是经营倒闭并不会对这个隔夜同业贷款市场造成很大的影响。在葡萄牙，Farinha 和 Gaspar（2007）发现自 1999 年以来，在隔夜市场上，与葡萄牙银行发生的交易占总交易的比例很小而且在下降。他们的研究还表明大银行与小银行间的层次联系是不存在的，并且说明大银行跨国交易的对手方更富裕也更活跃。

但不幸的是，在跨国相互联系方面还没有建立起一个综合的模型，这主要是因为数据的限制和制度的障碍。如果可以找到欧盟银行中一个有代表性的银行间收支的数据样本，则对于研究前景有很大的帮助。但是，数据限制和模型的挑战（包括在国家层面），使得我们不得不认为建立一个跨国的银行间联系的模型成本太高或根本不可能实现。Upper（2007）说明只有找到信用注册的数据，才可以精确估计银行间的联系。但是，即使这样，还是应该有所警惕，因为这些数据可能只涉及那些超过阀值的风险敞口，只报告信用警戒线而不是实际的风险敞口，或者会把表外项目排除出去①。当使用银行间借贷总量时，洞口的数值会向完全是债权的情况偏移，尽管实际上小的风险敞口根本就不存在，这是因为关系借贷使得对手方受到局限。事实上，Mistrulli（2007）的研究表明对于意大利的银行系统来说，与利用实际双边风险敞口的方法相比，用熵最大化的方法，正如 Upper 和 Worms（2004）所使用的方法，会低估传播的风险。不仅如此，大部分关于银行间联系的文献在某个个别性冲击对于系

① 不是所有中央都会披露银行间的风险敞口的。参见第 6 章。

统中其他银行的影响时，都把重点放在了冲击对于单个银行的影响，而实际上，冲击普遍存在自相关性且还与银行间的传播有互动关系。

一些制度因素也会阻碍对于欧盟银行间跨国联系的深入研究。这在某种程度上与欧盟成员国之间的监管、规定和会计框架的差别有关。比如，一些国家中央银行像欧洲央行一样不能获取重要的信息和信用登记，所以不能够整合单个银行层面的银行间借贷或收支数据。更具体的来说，为了在跨国的背景下操作 Upper 和 Worms（2004）的模型，需要从银行获取它们国内的以及跨国的银行间的总资产和总负债，并且按国家与对手方进行分类汇总。这些数据一般是不可得的或者在使用时受到保密限制。事实上，正如 Fonteyne 和 van der Vossen（2007）所说，跨国金融集团的信息分散在各种国家监管机构中，所以没有一个单独的监管者可以清楚地了解金融集团内部和金融集团间的所有风险。但是，由于最近欧盟主要跨国银行机构监管者的相互引见，可以加强总体信息在高层间的交流。一种近似的处理方法是使用 ECB 关于货币和金融机构（MFI）之间的跨国贷款数据，推算出银行跨国风险敞口。但是，这样的加总有一个强加的假设，那就是一个国家内所有的银行都有着相同的地理分布，这会导致不精确的结果。另外在 Furfine（1999）的案例中，数据限制和保密问题阻碍了国内和跨国支付系统数据的使用。

15.3.3　变化中的银行格局与压力的放大

在过去几年间，欧洲银行业务的格局发生了很大的变化，这是因为受到了金融一体化的影响，这些影响主要包括对货币市场一体化和结算系统一体化的影响（第一目标和第二目标）、跨国银行业务的加强、欧洲货币统一的觉醒和欧元的引入。在 20 世纪 80 年代后期，发生金融自由化和金融现代化进程。这一进程侧重独立欧洲市场计划，计划允许包括金融服务在内的服务业的自由条款，允许资本在欧盟国家间自由流动。由此引发了金融部门跨国并购（M&A）的热潮，许多跨国金融服务条款也应运而生。比如，20 世纪 90 年代晚期，大约只有 10% 的银行部门的并购是跨国并购。到 2005 年的时候，这一数字上升到 25% 左右。欧盟居民持有的外部资产占 GDP 的比例水平从 1993 年的 30% 左右激增至 2006 年的 80% 。在最近几年的强势扩张之后，跨国欧元区成员在银行债权人中所占的比例略微超过 50% 。另外，银行间的交易也扮演了重要的跨国角色，占据了大约 30% 的比例，而且呈现明显的上升趋势，尽管这一部分是由于集团内部交易日益增长的重要性决定的。这些发展已经改变了欧洲金融体系内冲击扩散的可能性。比如，跨国并购改变了银行间的关联方式，随着银行扩张进入新的地域，跨国并购也改变了这些银行长期的风险状况。如果中国银行集团继续成长而且在不同的国家采用相同的标准和策略，那么欧盟国家之间日渐统一的定价策略和更大程度的金融一体化，可能会变得更加明显。最终，国家之间银行业务市场的界限可能会变得更加模糊，这会从本质上改变银行所面临的风险。特别地，如果共同的风险敞口和部门的风险敞口与国内冲击相反，那么它们可能会以一种相似的方式发挥更加重要的作用，正如共同的因素正越来越对欧盟国家的股市和经济周期起到决定性作用。不仅如此，大型跨国银行的盛行可能会使欧盟在风险传播和套利面前变得更加脆弱。而且，银行关键功能的集中化比如流动性和风险管理以及管理控制的集中化，会使对于分支和下属机构的评估变得更加困难。

在这个情境下，最新的研究表明欧盟范围内的宏观经济冲击和银行业务的个别冲击会非常严重，也表明自从统一之后，某些风险已经提高，同时会导致更大的扩散风险。比如 Dercressin（2006）发现对欧洲最大的 100 家银行来说，资产负债表和收益指标的改善并不是以国家为中心形成集聚。另外，欧洲中央银行研究发现的证据表明引入欧元以后跨国扩散可能正在加剧。

15.3.4　欧洲央行关于建模挑战的最新进展

正如在本章中介绍的，两种跨国关联可以被识别出来：资产负债表的关联和对系统性风险敞口的关联。如果个别性冲击在不同欧盟成员国的金融机构之间进行传播，尤其是通过银行间货币市场和回购市场进行传播（参见 15.2 节），那么跨国资产负债表的关联会导致风险在欧盟银行部门内直接扩散。另外，跨国所有权联系可能成为扩散的一种，因为这种所有权会导致集团内部的风险敞口。比如，外国分支和下属机构可能会在资本和流动性方面依赖母银行，但是母银行有可能会因为参与其他欧盟国家的业务而遭受损失。如果广泛的系统冲击对不同欧盟国家形成了相似的影响，那么跨国共同风险敞口会导致欧盟银行部门内的间接扩散。

ESCB 银行监管委员会最近从实证和建模的视角，探索了建立跨国风险扩散模型所面临的挑战。从这个角度来看，最大的挑战在于缺乏所有欧盟成员国间可比的、有足够时间跨度和频率的数据。

跨国所有权关联可以从银行的年报以及诸如 Bureau van Dijk（Bvd）Bankscope（银行下属结构）和收购数据的外部数据源中找到。正如 15.3.1 中提到的，欧洲中央银行采用了对大型国际欧盟银行采取半年期间隔的数据采样（ECB，2007a）。应用此类信息，可以紧密联系“国家对”，这些“国家对”更容易在对方银行部门崩溃时受到传染。这些信息还可以用来对某个银行或国家受到冲击之后对其他国家银行以及金融机构的溢出效应进行定量化。

跨国共同风险敞口可以很容易进行压力测试，比如通过计算银行或整个银行部门对重要国家借款人的信用风险敞口。一种建模的方法是将信用风险敞口加权的 GDP 增长率作为输入变量，建立一个关于银行或银行部门贷款损失准备金、违约率或坏账水平的模型。正如 15.2.1 提及的，很多研究发现经济周期对坏账贷款损失准备金水平有负面的作用。运用外国风险洞口加权的宏观指标可以将外国的风险因素考虑进来，并解释贷款损失或其他信用风险指标，而信用风险至今仍是欧洲银行主要的风险来源。举例来说，运用面板回归的方法估计关于一个欧盟银行部门（欧盟 25 国，除了卢森堡）的贷款损失准备金模型（LLP）：

$$LLP = F(LLP_{-1}, \text{WGDP}, \text{interest rate}, \Delta\text{credit})$$

其中，WGDP 表示加权的 GDP 增长率，interest rate 是短期利率，Δcredit 是国内信用的总增长率。

表 15.1 给出了长期中，GDP 每下降 1%，贷款损失准备金比率会上升 0.4%。短期利率的这种滞后的变化也非常明显，这表明利率的上涨降低了借款者的还贷能力。根据这一结果，我们可以对 GDP 年增长率放缓 1%，2% 和 3% 的情况分别进行一个简单的压力测试。在最恶劣的情况下，对利润的平均影响是 34%，对总资本的平均影响是 11%（见表 15.2）。

表 15.1　　贷款损失准备金动态面板估计

LLP_{-1}	0.39 (5.77)
WGDP	−0.15 (−3.37)
$WGDP_{-1}$	−0.24 (−3.49)
Δcredit	0.12 (2.94)
Interest rate (lagged)	0.14 (2.96)
Autocorrelation order 1	z = −1.41
Autocorrelation order 2	z = −0.42
Sargan test [prob = 0.68]	$\chi^2_{(22)} = 18.44$

注：模型使用了 Arellano – Bond 固定效应估计量，并建立在 24 个欧盟国家 1993 年到 2005 年间 119 个逐年的观察值的样本基础上。

表 15.2　　　　WGDP 下降的敏感性测试

% 利润	-1%	-2%	-3%
加权值	11.3	22.7	34.0
最小值	2.0	4.0	6.0
Maximum	16.2	32.3	48.5
% 资本			
加权值	3.5	7.0	10.6
最小值	0.3	0.7	1.0
最大值	4.8	9.6	14.4

注：在 WGDP 压力下超额准备金的影响是以占总利润百分比的形式给出。

这种测试使我们基于欧洲国家数据得到一些宏观压力测试的结论。第一，即使是要获得相对直接和可比的欧盟范围内的数据也并不容易。在大多数国家，贷款损失准备金的时间序列始于 20 世纪 90 年代中期，而新的欧盟成员国则始于 2000 年以后，并不存在欧盟层面的总 NPL 数据。很短的时间间隔意味着无法考虑潜在的不同的结构。比如，通过分割样本这样的做法，可能会使得结果不那么可信。另一个问题是数据频率，因为大约三分之一的欧盟国家只提供第一年的贷款损失准备金的数据。如果要实时监控金融稳定性，需要更高频率的信息。

最后，这种方法下的压力测试和情境分析都是很片面的均衡训练。它要求其他条件保持不变，而且与其他变量独立。但是，这个问题仍然可以解决，比如在贷款损失准备金模型的基础上添加一个宏观卫星模型。

15.4　结论

本章介绍了现存的跨国压力测试的方法和惯例。考虑到它对于银行经营的重要性，在过去的几年中，压力测试的信用风险引起了很多关注，但同时，有关金融风险扩散的文献也推动了对于市场风险的溢出的分析。但值得注意的是，尽管焦点集中在少数几个重要的风险因素之上，很多文献仍然在跨国背景下分析了其他的风险因素，比如流动性风险和对手方风险。但是，合适数据资料的问题仍旧阻碍了跨国压力测试的发展。更大程度的获取定量或定性的监管信息，特别是大型欧盟银行的监管信息，可以克服本章所述的跨国风险敞口分析上的困难。尽管《巴塞尔协议Ⅱ》中的第三支柱（Pillar III）可以在个体机构的层面改善情况，但是只有得到重要监管当局的合作，才能对共同贷款和网络风险的敞口形成合理的认知。正如 Fonteyne 和 Van der Vossen（2007）所说，欧洲保密制度可以取代当前国家内部的保密制度，包括所有相关当局和欧洲中央银行在内都是如此，这种制度下，对数据进行合理的保护，但是应当容许信息在相关机构之间可以自由流通。这样，就可以使用这些数据进行跨国压力测试，在欧盟的层面对金融稳定性进行监管，并最终奠定一个危机管理与危机解决的基础。

参考文献

[1] Angelini, P., G. Maresca and D. Russo (1996), 'Systemic Risk in the Netting System', *Journal of Banking and Finance*, 20 (5), 853-868.

[2] Arpa, M., I. Giulini, A. Ittner and F. Pauer (2001), 'The Influence of Macroeconomic Developments on Austrian Banks: Implications for Banking Supervision', *BIS Paper*, 1.

[3] Bethlendi, A. (2006), 'Provisioning Practice of Hungarian banks', *MNB Occasional Paper*, 56.

[4] Beyeler, W., R. Glass, M. Bech and K. Soramaki (2006), 'Congestion and Cascades in Payment Systems', *FRB of New York Staff Report*, 259.

[5] Boss, M., H. Elsinger, S. Thurner and M. Summer (2004), 'Network Topology of the Interbank Market', *Quantitative Finance*, 4, 1 – 8.

[6] Č ihák, M. and L. Ong (2007), 'Estimating Spillover Risk Among Large EU banks', *IMF Working Paper*, 267.

[7] Cocco, J., F. Gomes and N. Martins (2005), 'Lending Relationships in the Interbank Market', *London Business School Working Paper*.

[8] Decressin, J. (2006), 'A Bank Business Correlation Perspective on Pan – European Supervision', *Euro Area Policies – Selected Issues*, *IMF Country Report*, 288.

[9] Degryse, H. and G. Nguyen (2004), 'Interbank Exposures: an Empirical Examination of Systemic Risk in the Belgian Interbank Market', *NBB Working Paper*, 43.

[10] Demuynck, J. (2004), *Un Modèle d'Évolution des Créances Douteuses dans le Cadre du FSAPFMI*, Secrétariat Général de la Commission Bancaire – Banque de France mimeo.

[11] ECB (2005), 'Indicators of Financial Distress in Mature Economies', *Financial Stability Review*, June, 126 – 131.

[12] ECB (2006a), *EU Banking Structures*, October.

[13] ECB (2006b), 'Country – level Macro Stress Testing Practices', *Financial Stability Review*, June, 147 – 154.

[14] ECB (2006c), 'Survey on EU Banks' Large Exposures on Single – name Corporates', *Financial Stability Review*, June, 102 – 104.

[15] ECB (2006d), 'Identifying Large and Complex Banking Groups for Financial System Stability', *Financial Stability Review*, December,

131 – 139.

[16] ECB (2007a), 'Identifying Large and Complex Banking Groups for Financial System Stability', *Financial Stability Review*, December, 98 – 99.

[17] ECB (2007b), 'Global Macro – financial Developments and Expected Corporate Sector Default Frequencies in the Euro Area', *Financial Stability Review*, June, 152 – 158.

[18] ECB (2007c), 'Assessing Portfolio Credit Risk in a Sample of EU Large and Complex Banking Groups', *Financial Stability Review*, June, 159 – 165.

[19] ECB (2008), 'Analysing the Topology of the EU Cross – border Banking Flows Network', *Financial Stability Review*, June, 108 – 109.

[20] Farinha, L. and V. Gaspar (2007), 'Portuguese Banks in the Euro Area Market for Daily Funds', *Bank of Portugal Economic Bulletin*, 13 (1), 65 – 78.

[21] Fonteyne, W. and W. van der Vossen (2007), 'Financial Integration and Stability', in J. Decressin, H. Faruqee and W. Fonteyne (eds.), *Integrating Europe's Financial Markets*, International Monetary Fund, 199 – 237.

[22] Furfine, C. (1999), 'The Microstructure of the Federal Funds Market', *Financial Markets, Institutions and Instruments*, 8, 24 – 44.

[23] Głogowski, A. (2006), *Determinants of Polish Banks' Loan Losses – a Panel Investigation*, National Bank of Poland, mimeo.

[24] Goodhart, C. and M. Segoviano (2008), 'Banking Stability Index', *IMF Working Paper*, forthcoming.

[25] Gropp, R., M. Lo Duca and J. Vesala (2006), 'Cross – border Bank Contagion in Europe', *ECB Working Paper*, 662.

[26] Halaj, G. (2007), 'Contagion Effect in Banking System – Measures Based on Randomised Loss Scenarios', *Financial Markets and Institutions*, 6, 69–80.

[27] Hartmann, P., S. Straetmans and C. de Vries (2005), 'Banking System Stability: a Cross – Atlantic Perspective', in M. Carey and R. Stulz (eds.), *Risks of Financial Institutions*, National Bureau of Economic Research Conference Report, University of Chicago Press, XI, 655.

[28] Marcucci, J. and M. Quagliariello (2008), 'Is Bank Portfolio Riskiness Procyclical? Evidence from Italy using a Vector Autoregression', *Journal of International Financial Market, Institutions & Money*, 18, 46–63.

[29] Martin, C. (2005), *A NPL's Model for Stress – tests on the French Banking System*, Secrétariat Général de la Commission Bancaire – Banque de France mimeo.

[30] Millard, S. and M. Polenghi (2004), 'The Relationship Between the Overnight Interbank Unsecured Loan Market and the CHAPS Sterling System', *Bank of England Quarterly Bulletin*, Spring, 42–47.

[31] Mistrulli, P. (2007), 'Interbank Lending Patterns and Financial Contagion', *Bank of Italy Working Paper*, 641.

[32] Pain, D. (2003), 'The Provisioning Experience of the Major UK Banks: a Small Panel Investigation', *Bank of England Working Paper*, 177.

[33] Pesola, J. (2005), 'Banking Fragility and Distress: an Econometric Study of Macroeconomic Determinants', *Bank of Finland Discussion Paper*, 13.

[34] Quagliariello, M. (2007), 'Banks' Riskiness over the Business Cycle: a Panel Analysis on Italian Intermediaries', *Applied Financial*

Economics, 17 (2).

[35] Salas, V. and J. Saurina (2002), 'Credit Risk in Two Institutional Settings: Spanish Commercial and Saving Banks', *Journal of Financial Services Research*, 22, 3.

[36] Schoenmaker D. and S. Oosterloo (2005), 'Financial Supervision in an Integrating Europe: Measuring Cross – border Externalities', *International Finance*, 8 (1), 1 –27.

[37] Segoviano, M., B. Hofmann and C. Goodhart (2006), 'Default, Credit Growth, and Asset Prices', *IMF Working Paper*, 223.

[38] Upper, C. (2007), 'Using Counterfactual Simulations to Assess the Danger of Contagion in Interbank Markets', *BIS Working Paper*, 234.

[39] Upper, C. and A. Worms (2004), 'Estimating Bilateral Exposures in the German Interbank Market: Is There a Danger of Contagion?', *European Economic Review*, 48 (4), 827 –849.

[40] Valckx, N. (2003), *What Determines Loan Loss Provisioning in the EU?* ECB mimeo.

[41] Van den End, J. W., M. Hoeberichts and M. Tabbae (2006), 'Modelling Scenario Analysis and Macro Stress – testing', *DNB Working Paper*, 119.

[42] Van Lelyveld, I. and F. Liedorp (2006), 'Interbank Contagion in the Dutch Banking Sector: A Sensitivity Analysis', *International Journal of Central Banking*, 2 (2), 99 –133.

[43] Wells, S. (2004), 'Financial Interlinkages in the United Kingdom's Interbank Market and the Risk of Contagion', *Bank of England Working Paper*, 230.

第16章 国际货币基金组织的压力测试

玛瑞娜·莫雷蒂（Marina Moretti）
斯蒂芬妮·斯托尔兹（Stéphanie Stolz）
马克·斯温伯恩（Mark Swinburne）*

---

* 本章观点仅代表作者观点，并非国际货币基金组织的观点。

16.1　导论

近十年，国际货币基金组织一直在使用压力测试，以确定各机构之间可能破坏一个国家金融体系稳定的脆弱性因素。压力测试通常作为一个由国际货币基金组织和世界银行联合建立的计划——金融部门评估规划的一部分。自计划于1999年成立以来，金融部门评估规划已成为成员国金融事务中基金参与的基本要素。已经加入或正在加入的成员国已达120多个，其中三分之二是国际货币基金组织的成员。金融部门评估规划再评估（即对第一次评估的更新）也正在进行中，已经完成或正在更新金融部门评估规划有40多个。有些压力测试表格在这些评估中已经普及，其中训练项目的难易程度在相关宏观模型的补充下从十分简单到极其复杂。

作为定期磋商的一部分，第四条团队也开始进行压力测试，反映出金融部门与基金监察的进一步融合。① 这还是比较初期的阶段。考虑到第四条监察范围的广泛性，这样的练习将只发生在一部分国家内，并成为一种有限的超乎金融部门评估规划承受能力范围的趋势。但随着时间的推移，它的运动方向似乎很清楚。相反，它是由快速扩张的兴趣促进，并为权利当局在越来越多的国家中实施宏观压力测试提供了机会。

对压力测试的技术支持是基金工作的另一个重要领域，且已在近年来不断扩大。当局经常要求提供对金融部门评估规划的技术援

① 国际货币基金组织协定第四条规定，各成员国承诺进行合作，以促进全球汇率体系的稳定，特别是致力于实施其内外政策以保持行为的一致性。第四条还规定了基金组织有义务“监督各成员遵守第四条规定的相关义务”，它通过第四条磋商和报告会（一般每年一次）来实现。

助，以改善他们的压力测试方法和接受应用技术的支持。国际货币基金组织还与多家中央银行和监管机构进行了非正式的合作，比如关于压力测试的相关问题的合作。例如与欧洲中央银行和德意志银行的关于创新压力测试方法的合作正在进行中。

与实体工作同时进行的是研究关于压力测试技术发展的方法。这一工作方案的目的是为了提高正在国家权力机构执行的压力测试的质量。大部分工作的重点是采用不同的分析角度，更好地考虑宏观金融联系。如果可行，则以此作为交叉检查的结果。从基金内部和外部的不同方法反馈，对于寻找国际货币基金组织进一步开发和应用的更加有效的方法发挥着关键的作用。

最后，国际货币基金组织一直作为一个枢纽，促进宏观压力测试，并促进各国中央银行在此领域的合作。比如，2006 年，国际货币基金组织发起了关于高级压力测试技术的专家论坛。在压力测试方面处于领先水平的监管机构和中央银行大约每隔一年半举行一次这样的会议。①

本章重点探讨了国际货币基金组织在金融部门评估规划中进行更全面的压力测试的经验。16. 2 节提供了金融部门评估规划的背景和宏观压力测试在其中扮演的角色；16. 3 节介绍了在金融部门评估规划中进行压力测试的方法的演变，以及什么是现在应用比较普遍的做法，至少是现在正在先进的经济体系中应用的方法；最后，16. 4 节论述了在金融部门评估规划中进行宏观压力测试未来发展的主要优势和挑战。附件概述了在欧洲金融部门评估规划中进行压力测试的做法。

---

① 第一次专家论坛于 2006 年 5 月在国际货币基金组织总部举行；第二次于 2007 年 11 月由荷兰银行举办；第三次于 2009 年 5 月由德意志联邦银行在柏林举办。国际货币基金组织还参加了活跃在这一领域的对外工作组和方案，如巴塞尔银行监管委员会，德意志联邦银行的压力测试电子平台，以及伦敦政治经济学院金融市场研究中心的监管与金融稳定项目。

16.2　背景：金融部门评估规划概况

金融部门评估规划的宏观目标是帮助加强和深化金融体系，增强企业抵御潜在金融危机的能力。在一个国家机构和标准制定机构专家的支持下，该方案的工作旨在确定一国金融体系的优势和弱点；确定怎样管理风险的主要来源；确定该部门的发展和技术支持需求；并帮助政策反应得到优先处理。该计划旨在将金融系统作为一个整体而非个别机构进行评估，强调预防和缓解危机，而不是解决危机。

金融部门评估规划的一个重要特征，或者说是定义性的特征，就是它努力采取一个比较广泛的、全面的角度考量系统层面的风险和脆弱性。这意味着不仅包括主要的结构、体制、市场特征和金融部门的活动，而且包括金融部门运行的财政政策框架，特别是防范金融部门风险的经营优势和劣势，以及这些又如何反过来影响金融部门的行为。[①]

这也意味着运用一系列的定量和定性工具和方法来获得一个重要的问题。比如，国际标准和金融部门相关准则的正式评估，是一个在质量方面的重要工具，但不一定总是最合适的（或者节约成本的）解决政策问题的方式。

同样地，压力测试在金融部门评估规划中是一个重要的但并非唯一的量化工具。若干指标也被用来作为分析金融体系健康性和稳定性的基础。其中包括金融稳健性指标（FSIs），也就是说，汇总个别银行机构和它们的非银行客户的数据，和它们的机构运行的市场代表性指标，并在可行和可用的范围内，汇总以市场为基础的、来

---

① 请见国际货币基金组织——世界银行（2005）。

自不同的价格和波动措施的资本市场工具数据。[①] 资产负债表的总和（宏观，部门）和（监督或其他的）早期预警系统的分析，亦用于金融部门评估规划中。

16.3 金融部门评估规划中的压力测试[②]

在这种电算化的方法之下，有一点非常重要的原则，在迭代的过程中，压力测试实际上是金融部门评估规划中的重要工具，但需要其他定量方法以及定性化方法的补充。Bunn 等人（2005）曾对此有过简明的表述。

没有哪个单一的模型可以完全反映出对金融系统造成损坏的各种渠道。因此，在更为广泛的对金融稳定性威胁的宏观分析中，压力测试模型只是一种补充，而非替代品。

所以，金融部门评估规划中进行压力测试，不能把估计量视为精确值。相反，压力测试最大的益处在于分析过程本身，正是在这一过程中，金融部门评估规划小组以及构建压力测试的官方部门可以发现金融系统中的潜在弱点。压力测试在这些问题上是一个很好的交流工具，同时也是很有用的学习经验。

金融部门评估规划压力测试过程通常也会对国家有更加长远的影响，它在进行压力测试之后的很长时间内都可以对金融稳定性进行评估。特别需要说明的是，它可以促使政策制定者进一步强化在相关领域的能力，因为它是更广泛的构建金融稳定性评估模型过程中的重要组成部分。[③] 这些过程的实现以前可以得到国际货币基金组

---

① 详见第6章。

② 这一节主要是参考了 Blaschke 等人（2001），Jones 等人（2004）和 Čihák（2007）。

③ 参见国际货币基金组织的独立评估办公室报告（2006）。

织的技术支持，也就是将所有的模型和过程构建好，以便当局进行经常性的、更加频繁的压力测试。

金融部门评估规划压力测试因国家的具体环境不同而不同，这种不同的环境可能是不同类型的潜在弱点，或者是风险因素具体的本质、范围和冲击大小不同。伴随着压力测试方法本身的发展，一系列的方法方案随之产生。[①] 在这其中，金融部门评估规划压力测试中的一些良好实践性的基本原则被逐步发展起来并持续进化着。

16.3.1　压力测试方法

金融部门评估规划中的压力测试有很多种，但目标都是从系统层面检查潜在的弱点。[②]

在第一个层面，这可以是一系列的敏感性分析，这种分析可以从理论上临时解决测试中单一风险因素的影响；也可以是一种在不同情境下的分析，这种分析可以以一种内部一致的方式将多个风险因素的变化考虑在内。

在第二个层面，金融部门评估规划压力测试可以是从下到上的，通过个体的金融机构执行；也可以是从上到下的，通过着眼于整个金融系统稳定性的组织机构执行。这样的组织机构通常包括中央银行、金融监管者或者是国际货币基金组织。

在第三个层面，金融部门评估规划压力测试可以一个银行一个银行的进行，对独立的金融机构自身的资产组合进行操作；也可以是在加总的层面上进行，这需要建立一个系统范围内的加总模型；当然最终的重点是要进行系统层面的分析。

---

①　参见本章的附表，表中总结了欧盟国家金融部门评估规划压力测试的实践情况，实践的重点是对欧洲整个区域进行最新最广泛的金融部门评估规划压力测试。

②　参见第2章。

第一，考虑到国际货币基金组织的侧重点以及比较优势，金融部门评估规划压力测试毋庸置疑地将会越来越强调对于不利的宏观经济情形的设定，以及这些情形对金融机构信用和金融系统稳定性的影响。对于这种宏观情形的设定，也就是识别出那些遭受冲击的宏观风险因素，是金融部门评估规划压力测试过程的关键步骤，不管测试是一个银行一个银行的进行，还是在加总的层面上进行。

第二，因为金融部门评估规划压力测试本质上是用于解决来自共同冲击的风险问题，其要点在于用同样的风险冲击所有的金融机构，不管测试是一个银行一个银行的进行，还是在加总的层面上进行。①

第三，要对系统的稳定性进行分析，不能只看系统层面的加总值和平均值，还需要了解这些加总和平均背后的分布的特征，因为风险敞口和其他弱点的集中性可能会被看似良性的加总值掩盖。所以，不管宏观情形设定是多么的完整且内部统一，某种形式的一个银行一个银行的测试对于金融部门评估规划来说是很重要的。实际上，对于金融部门评估规划来说，进行纯粹的加总的测试的优点在于，提供了一种补充性的分析，特别是作为一种局部性方式，对逐个银行的测试结果进行交叉检验，这符合不过分依赖某一种单一模型的原则。

就情形与冲击的标准，金融部门评估规划压力测试的基本原则是冲击可以“极端但要可行”，在不同的环境下，在某个特殊的案例下这种原则会有不同的体现。②

---

① 也就是说，在一个压力测试中，同样的冲击施加到一系列的机构上。

② 参见第4章。

16.3.2　压力测试经验

如前所述，从项目开始至今，金融部门评估规划压力测试方法和过程在很多方面已经有了显著的进步，正如表 16.1 总结的那样。①

表 16.1　欧洲金融部门评估规划压力测试方法的发展（占同期各国实施此规划的所有项目的百分比）

	2000—2002	2003—2005	2006—2007[b]
情景分析法	64	95	82
扩散分析[a]	11	38	55
保险部门实施压力测试	25	37	9

注：a. 包括跨国扩散与银行间的扩散。

b. 包括大比例的欠发达国家。

数据来源：Čihák（2007）以及国际货币基金组织工作人员测定。

下面一些问题需要引起注意。

首先，多数金融部门评估规划进行的是单一因素的敏感性分析，但这些方法已经从核心方法转化成对于其他方法的补充，比如说，通过偏导数研究多因素情形。相反，最近的金融部门评估规划越来越多地包含明确的宏观情形分析，而且对于不同的本质和复杂程度进行了分类。

其次，测试越来越多的将各个级别的国家当局包含在内，这体现在方法确定、情形设定、冲击设定等问题上与金融部门评估规划小组的协调与沟通中，也体现在测试的协调和对测试结果的分析中（附表 16.A2）。它还越来越多地直接包含了金融机构，至少在高级

① 附表 16.A1 列举了金融部门评估规划中的欧洲国家。调查针对的是欧洲国家，因为欧洲是金融部门评估规划涉及最广泛的大陆。

系统中是如此的。逐个机构的分析使用的是银行自己对于情形和冲击影响的模型、分析和判断。

再次，就风险来说，银行间的扩散被越来越多的考虑进压力测试，以检验更深入的、间接的共同风险冲击的效应。通常这是建立在国内银行间货币市场的风险敞口矩阵的基础上。

最后，非银行金融机构也被越来越多的考虑进金融部门评估规划压力测试中，这主要包括保险公司以及一小部分养老基金（见附表16. A3）。最常见的情况是，非银行金融机构与银行金融机构分别进行测试，但在一些情况下，跨部门的大型集团级别的测试也会出现。

16. 3. 3 金融部门评估规划压力测试中考虑的风险

金融部门评估规划压力测试考虑了很多不同的风险，包括信用风险、市场风险（利率、汇率、波动性、权益、房地产和其他资产价格风险）、流动性风险和扩散风险。

一、信用风险

信用风险是金融部门评估规划压力测试的重点，主要体现在很多国家信用风险是银行风险的主要来源，这点也被压力测试本身所证实。同时，不管在金融部门评估规划压力测试的背景下，还是在更广泛的背景下，它也是一种需要重点评估和管理的风险。

一种早期的典型的金融部门评估规划压力测试方法至今还在很多初级的系统中使用，或者作为单一因素敏感性分析被使用（见附表16. A4）。在这些简单的检验中，银行的资产负债表直接遭受冲击，也就是说冲击直接作用于贷款坏账（NPLs）或者限制条例，但是与宏观模型的联系并没有明确的包含在模型中。典型的测试会对以下两种情况进行评估：第一，银行收紧了限制条款，也就是说其全部或部分资产中贷款的质量变差了；第二，大型贷款人违约（集中性风险）。NPL迁移和贷款重新分类的分析是单个因素敏感性分析的组成部分，并依然是金融部门评估规划压力测试的重要部分。

更高级的方法越来越建立在贷款偿还数据和回归（单一方程、结构性和向量回归）的基础上。一种典型的压力测试对NPL或者贷款损失准备金进行建模，将其设定成一个以很多宏观变量为自变量的函数①。越来越多的模型使用违约概率和违约损失率的成熟的分析方法。比如，奥地利的金融部门评估规划将违约率设定为宏观变量的函数（见附表16. A4）。金融部门评估规划小级或者当局可以借助监管数据在违约率升高的情况下进行自上而下的压力测试；升高的违约率也可以作为银行测试的输入变量，以便它们用内部模型自下而上计算出预期损失。同时，对自下而上与自上而下两种方法所得的结果进行分析和讨论也很有意义。

在高级方法中，又包含两种值得注意的国际货币基金组织使用的方法。

第一种是资产组合信用风险模型，它建立在CreditRisk+的基础上，CreditRisk+整合了PDs和LGDs，并刻画了与宏观因素的特殊关联。② 模型的应用需要有负债者或者加总的监管数据。因为这种方法使用的基本输入变量与《巴塞尔协议Ⅱ》内部评级方法的要求相同，所以它可以成为金融监管者衡量信用风险的重要参照系。这个模型已经被应用到金融部门评估规划中（比如说在欧洲以及希腊）；也被应用到技术支持中；它还被很多管理机构采用，其中包括欧洲央行、阿根廷央行、冰岛央行、葡萄牙央行以及中国、哥斯达黎加、哥伦

---

① 有时会对家庭和企业的资产组合分别建模，或者在数据允许的情况下，可以将企业部门进一步划分。第9章中有这样的例子。

② 参见Avesani等人（2006）。

比亚、摩洛哥的银行监管机构。

第二种是非参数方法，解决标准宏观压力测试面临的两种约束：风险变量的时间跨度短；缺乏违约信息。它整合了三种定量化的工具：（1）条件违约概率（CoPoD），它测度的是短时间内的违约风险；（2）一致信息多变量密度优化（CIMDO），它测度的是资产组合信用风险；（3）CIMDO－copula，它测度的是数据约束下的违约依赖性。[①] 这种宏观压力测试的框架既可以研究冲击对于个体银行的影响，也可以研究冲击对于系统的影响。[②] 特别地，这种方法可以更好地定量刻画出宏观冲击对于单个银行经济资本和银行体系经济资本的影响，而不会受到时间序列过短的影响，也不会受到银行间资产相关性随经济周期变化的影响。比如，丹麦和立陶宛就使用了这种模型。输入变量与《巴塞尔协议Ⅱ》的 IRB 相一致。

贷款安全性还可以通过企业部门的数据（比如，杠杆与利息保障倍数）以及家庭数据与宏观变量相关联。这种方法考虑了企业和家庭部门偿债能力的特点。但是，所需要的微观数据的时间序列通常是不可得的。处理微观数据同样也会花费大量时间。所以，这些方法还没有在金融部门评估规划中使用。

金融部门评估规划中信用风险情形的设定很大程度上是依赖于国家的具体环境以及数据的可得性。传统机械化的算法中，对于 NPLs 或者是限制条款的冲击通常是特定的，或者是建立在银行系统历史数据的基础上，或者是建立在跨国数据的基础上。在更加高级的方法中，情形的设定更一般化，并且涉及了一系列宏观变量，比如 GDP、利率和汇率。依据国家的情况，这些情形可以通过宏观经济模型（多数是央行的模型）、国际货币基金组织的宏观经济框架和

---

① 参见 Segoviano（2006a，2006b，2008）。

② 参见 Segoviano 和 Padilla（2006）以及 Segoviano 和 Goodhart（2008）。这个框架可以用来计算银行系统的稳定性，也可以计算流动性风险和对手方风险的指标。

国家或可比较国家的历史数据进行测定。这些情景一般会既包括不严重的情形，也会包括危机情形；既会包括国内的冲击，也会包括外部的冲击。其他具体的问题在涉及到的时候再加以讨论，比如跨国借贷（比如奥地利和西班牙），外国货币贷款（比如克罗地亚），国家风险敞口（比如卢森堡），以及集中贷款（比如荷兰和俄罗斯），或者是对具体部门的分析（比如白俄罗斯的农业，芬兰的信息通信技术）。

二、市场风险

市场风险对于金融部门评估规划的影响较小，部分原因是它的短期性，但也反映了银行对于这种风险普遍管理较好。有很多不同的方法可以对市场风险进行分析。在利率风险分析中，一些金融部门评估规划关注重新定价和期限的缺口，其他的金融部门评估规划关注持久期等的风险价值（见附表 16. A5）。在汇率风险分析中，测试主要集中于净头寸和 VaR（见附表 16. A6）。

市场风险冲击是指一些重要变量发生特定的、假设的或者是历史性的变化。就利率来说，这可能是收益率曲线的平移，也可能是曲线变陡或变平（见附表 16. A7）。就汇率冲击来说，这可能包括的是特定的贬值或者是历史上的大幅贬值或升值（见附表 16. A8）。其他一些风险也在必要时被测试，包括权益和房地产价格风险、商品价格风险、期权价差风险，以及对于竞争利差幅度的风险影响（见附表 16. A9）。

三、流动性风险

对于流动性风险的压力测试已经成为近年来金融部门评估规划的重要组成部分（见附表 16. A10）。这些压力测试假定存款和同业拆借出现冲击，通常会包含一个跨境的情形分析，分析当出现外国的投资者或母银行停止对国内银行支持的情形。除此之外，一些金融部门评估规划还能通过假定拟流动性资产的减损收紧市场流动性。这种冲击通常是建立在历史数据的基础上（比如克罗地亚、法国），但是通常会有特定性的假设（比如奥地利），这是因为可得的时间序列不包含明显的流动性紧缩。压力测试的结果通常会以流动性比率变化量的形式公布出来，这一比率可以是监管的比率，也可以是设定的比率。一些金融部门评估规划会给出银行丧失流动性所需天数。这些着眼于市场流动性的金融部门评估规划，有时也会定量刻画出流动性冲击对于银行资本充足率（CAR）的影响。

四、扩散风险

对扩散风险进行压力测试是为了完善对于面临共同风险的单一金融机构的压力测试。如前所述，这种压力测试在金融部门评估规划中已经变得非常常见（见附表 16. A10）。这些测试通常着眼于纯粹的扩散，也就是说，它们是评估一家银行（随机）的倒闭是否会对其他银行的资本充足率构成实质性影响。这种测试通常会做多次迭代，因为由扩散引发的危机会向其他银行继续扩散，进而会导致更多的倒闭。通常使用银行间国内无抵押净风险敞口鉴定这种扩散渠道（比如，比利时、克罗地亚）。

尽管这种纯粹的扩散分析是很有用的，它并不能反映最初危机发生的可能性。所以，一些金融部门评估规划分析在同一时间内影响整个系统的因素触发银行间的扩散。这样，压力测试的结果可以作为扩散分析的输入变量，从而定量刻画出接下来的多米诺效应。这种联系宏观变量的扩散分析方法与简单的扩散测试是相似的，但是它只能在一个较弱的系统中进行，并且把最初触发扩散的倒闭发生可能性也考虑在内。这种方法在波兰、俄罗斯和奥地利都有应用。[①]

16.4　金融部门评估规划压力测试的前景

随着金融部门评估规划的进展，金融部门评估规划中进行了很多的重新估值（更新），如何进一步改进金融部门评估规划的成分成为新的问题。这其中，分析方法如何改进的问题比较狭窄，但有关压力测试过程的问题就要宽泛很多。

16.4.1　方法论的进展

首先来看方法论，IMF 似乎像其他压力测试者一样想进一步发展信用风险模型。这包括对 PDs 和 LGDs 分布的具体建模，也包括对银行间和资产组合间的相关性建模，以更好地在系统层面反映信用风险。但是，还有很多其他需要改进的地方，或者至少有很多压力测试需要面临的挑战。[②]

在风险种类方面，对于流动性风险的进一步研究有着充分的保障，可以通过对现有的融资和市场（资产）流动性风险的扩展实现，也可以通过整合表外集中风险实现（比如，过多的信用被授予的单一的对手方）。另外，对于市场风险、信用风险和流动性风险的联合分析也有待加强。通常来说，不同风险对于银行资本的影响是分开进行分析的，然后，再进行加总，但这种方法可能是不正确的，因为 VaR 指标是不可加的。信用风险、市场风险和流动性风险之间的

---

① 参见第12章。

② 参见第3章。

相关性可以在几个层面上进行分析。第一，应当加强对于间接信用风险（关键市场价格变化对银行账面价值的影响）和相关联的市场风险（可交易的账面）影响的联合分析。第二，应当进行更广泛的情形设定，直接将融资和市场流动性收缩（流动性危机）以及正常宏观影响均考虑在内（以便冲击可以成为一场更全面的“风暴”）。

此外，对于扩散的压力测试也需要进一步改进。一种可以探索的形式是支付和清算体系中的共同风险敞口，这也是一些央行所采用的分析方法。另一种形式是考虑可能的流动性风险扩散，尤其是历史上有过类似情形的。还有另一种可以考虑的问题是用极端值理论（EVT）检验机构相关性，并以之作为扩散压力测试的基础。[①] 也需要在金融部门评估规划压力测试进行全面考虑跨国传播渠道，包括金融机构之间的跨国境传播。[②]

可以通过或有求偿权的方法（CCA）进行情景分析。CCA 的方法整合了资产负债表和市场信息以及广泛采用的用以建立风险调整资产负债表的金融方法。通过一个因子模型找出引起金融机构资产变化的国内外要素，可以将宏观冲击与信用风险指标联系在一起。这种方法在金融机构中可以推广（只要它们在深度足够的市场上发行债券）。当偿债人的详细信息不可知时，这种方法尤其有用。智利的一篇工作论文上曾经使用过 CCA 方法，期待这种方法将来会在金融部门评估规划中得到发展。[③]

尽管保险公司和大型跨国金融集团的压力测试可能会变得更加普遍，有一个问题亟待解决，那就是金融部门评估规划压力测试应当如何将非银行金融机构直接包含在定量化的压力测试分析

---

① 这要检定机构向违约的极端的负向移动的相关性，从而得到一个类似于银行间风险敞口的机构间的矩阵。近期的一个 EVT 分析与压力测试没有关系，可以参见 Chan Lau 等人（2007）和 Cihák 和 Ong（2007）。

② 参见第 7 章。

③ 参见 Gray 和 Walsh（2008）。

当中。

挑战还存在于在压力情形下如何对不同参与者的反应进行建模。尽管有时把货币政策的反映函数嵌套在宏观压力测试的方程中，但是金融机构的反应方程又该如何处理呢？另外，这些反应会削弱冲击对单个机构的影响，不过如果允许共同反应、羊群效应、减价销售的存在，从系统层面看，效果也许会恰好相反。

纯粹从建模的角度看，行为关系中潜在的非线性和结构转换会严重影响压力测试的可信度。① 这个问题实际上在我们进行的所有压力测试中都是存在的，但是对其潜在的指示效果非常重要。一个常见的金融部门评估规划的例子是对盯住汇率制的国家受到货币贬值影响进行建模。如果缺少过去汇率波动性的数据，那么该国过去的汇率时间序列也没有用处。但是，其他国家的经验以及专家判断在这种测试中可以起到关键的作用。很多学者试图对非线性关系进行更加清晰的建模，但是这一领域进展还十分有限。

最后，像其他章节提到的那样，第二轮反馈效应应当被考虑进定量模型中（第二轮反馈效应是指从金融机构向宏观环境的反馈）。这种模型通常会变得非常复杂。这方面的文献很新，但还是有很多论文探讨了可能的反馈循环。②

16.4.2 其他方面的进展

随着金融部门评估规划整体的发展，产生了很多广泛且重要的问题。第一，FSAPs 需要进一步整合压力测试和其他定量化分析方法。这包括提高 FSIs 的可得性，这也是近来 IMF 正在进行的一项关

① 关于这个挑战与其他挑战的更多讨论，参见 CGFS（2000，2005）和 Sorge（2004）。

② 例子可以参见 Aspachs 等（2006），Segoviano 等（2006），Goodhart 等（2008a，2008b），Gonzalez Hermosillo 和 Segoviano（2008），Maechler 和 Tieman（2008）。

于构建“协调编制训练”的工作。另外，不仅在方法上更是在承认不同国家 FSIs 需要不同解读的基础上，进一步确定 FSIs 的参照系。最后，要更广泛的使用基于市场的指标和分析，将它们作为对压力测试分析的完善，如果可以的话，直接反映到压力测试当中。

第二，当前广泛接受的惯例产生了一个问题：金融部门评估规划压力测试是不是应当被标准化？更准确地说，应当如何寻找压力测试时国家间一致性和案例与案例之间连续性的平衡点？金融部门评估规划压力测试者达成的共识是尽管更大的一致性很吸引人，但是将不同国家面临的冲击及其规模进行标准化实际上并没有带来真正意义上的一致性，因为不同国家体系下的性质、活动内容、和潜在弱点是不同的：看似完成的标准化可能是一种误区。这意味着，在富有弹性的框架下，在很多惯例下可能对金融部门评估规划压力测试进行了过度的标准化。这个领域已经有了初步的进展，并且一个针对小的、复杂程度不高的金融系统的可行模式也已经开发出来。①

在展望这个领域的进展时，我们还要考虑到宏观压力测试本身就是一个正在发展的新领域。在这个背景下，本来就存在着一种此消彼长的制衡关系，一方面希望得到分析的强健性和精确性，包括用多种方法检查一致性；另一方面，资源成本、计算负荷还有数据可得性也不容忽视。

那些成本中的一些是启动性成本，而不是过程中的成本，随着宏观压力测试者为划定可行性边界作出的不断努力，这种此消彼长的制衡正在削弱。但是这种此消彼长的关系没有消失，特别是金融部门评估规划压力测试者会继续面对它。要实现有效的管理，我们必须要继续保持政策制定者与学者之间的紧密交流。

---

① 参见 IMF – World Bank（2005）和 Cihák（2007）。

附表　欧洲金融部门评估规划的压力测试[①]

附表 16. A1

	金融部门评估规划	更新
奥地利	2003 年	2007 年
白俄罗斯	2004 年	
比利时	2004 年	
波黑	2005 年	
保加利亚	2001 年	
克罗地亚	2001 年	2007 年
捷克共和国	2000 年	
丹麦	2005 年	
爱沙尼亚	2000 年	
芬兰	2001 年	
法国	2004 年	
德国	2003 年	
希腊	2005 年	
匈牙利	2000 年	2005 年
冰岛	2000 年	
爱尔兰	2000 年	2006 年
以色列	2000 年	
意大利	2004 年	
拉脱维亚	2001 年	2007 年
立陶宛	2001 年	2007 年
卢森堡	2001 年	
马其顿	2003 年	

① 附表更新了 Čihák（2007）的附录 III。它包括了在 2000 年至 2007 年间进行的金融部门评估规划。

续表

	金融部门评估规划	更新
马耳他	2002 年	
摩尔多瓦	2004 年	2007 年
黑山	2006 年	
荷兰	2003 年	
挪威	2004 年	
波兰	2000 年	2006 年
葡萄牙	2005 年	
罗马尼亚	2003 年	
俄罗斯联邦	2002 年	2007 年
塞尔维亚	2005 年	
斯洛伐克	2002 年	2006 年
斯洛文尼亚	2000 年	2003 年
西班牙	2005 年	
瑞典	2001 年	
瑞士	2001 年	2006 年
乌克兰	2002 年	
英国	2002 年	

附表 16. A2　谁对欧洲金融部门评估规划的压力测试进行了计算

金融部门评估规划		
监管部门/中央银行		奥地利（2003 年，2007 年），比利时（2004 年），丹麦（2005 年），爱沙尼亚（2000 年），芬兰（2004 年），德国（2003 年），匈牙利（2005 年），爱尔兰（2000 年，2006 年），以色列（2000 年），意大利（2004 年），拉脱维亚（2007 年），立陶宛（2007 年），马耳他（2002 年），摩尔多瓦（2007 年），荷兰（2003 年），挪威（2004 年），葡萄牙（2005 年），俄罗斯（2007 年），斯洛伐克（2007 年），西班牙（2005 年），瑞典（2001 年），瑞士（2001 年，2006 年），英国（2002 年）

续表

金融部门评估规划		
金融部门评估规划小组		白俄罗斯（2004 年），比利时（2004 年），波黑（2005 年），克罗地亚（2001 年，2007 年），捷克共和国（2000 年），丹麦（2005 年），爱沙尼亚（2000 年），匈牙利（2000 年），冰岛（2000 年），爱尔兰（2000 年），以色列（2000 年），拉脱维亚（2001 年，2007 年），立陶宛（2001 年，2007 年），马其顿（2003），摩尔多瓦（2004 年，2007 年），黑山（2006 年），挪威（2004 年），波兰（2000 年，2006 年），葡萄牙（2005 年），罗马尼亚（2003 年），俄罗斯（2002 年），塞尔维亚（2005 年），斯洛伐克（2002 年，2007 年），斯洛文尼亚（2000 年），西班牙（2005 年），乌克兰（2002 年），英国（2002 年）
金融机构		奥地利（2007 年），比利时（2004 年），丹麦（2005），爱沙尼亚（2000 年），芬兰（2004 年），德国（2003 年），希腊（2005 年），爱尔兰（2000 年，2006 年），以色列（2000 年），意大利（2004 年），立陶宛（2007 年），卢森堡（2001 年），马耳他（2002 年），荷兰（2003 年），挪威（2004 年），葡萄牙（2005 年），俄罗斯（2007 年），西班牙（2005 年），瑞士（2006 年），英国（2002 年）

注：正如表中反映的那样，一些金融部门评估规划中，计算是由多方完成的。

附表 16. A3　欧洲金融部门评估规划压力测试涵盖的机构

涵盖机构	金融部门评估规划
所有银行（逐家银行）	白俄罗斯（2004 年），比利时（2004 年），克罗地亚（2007 年），意大利（2004 年），拉脱维亚（2007 年），立陶宛（2001 年），摩尔多瓦（2004 年，2007 年），黑山（2006 年），波兰（2006 年），俄罗斯（2007 年），斯洛伐克（2007 年），斯洛文尼亚（2003 年），瑞士（2006 年），乌克兰（2002 年）

续表

涵盖机构	金融部门评估规划
大型/系统性的重要银行（逐家银行）	奥地利（2003，2007），比利时（2004 年），波黑（2005 年），克罗地亚（2001 年），捷克共和国（2000 年），丹麦（2005），爱沙尼亚（2000 年），芬兰（2001 年），法国（2004 年），德国（2003 年），希腊（2005 年），匈牙利（2005 年），冰岛（2000 年），爱尔兰（2000，2006），以色列（2000 年），意大利（2004 年 a），拉脱维亚（2001 年），立陶宛（2007 年），卢森堡（2001 年），马耳他（2002 年），荷兰（2003 年），挪威（2004 年），波兰（2000 年），罗马尼亚（2003 年），俄罗斯（2002 年，2007 年 b），塞尔维亚（2005 年），斯洛伐克（2002 年），斯洛文尼亚（2000 年），西班牙（2005 年），瑞典（2001 年），瑞士（2001 年，2007 年 b），英国（2002 年）
保险公司	比利时（2004 年），丹麦（2005 年），芬兰（2001 年），法国（2004 年），意大利（2004 年），荷兰（2003 年），挪威（2004 年），葡萄牙（2005 年），西班牙（2005 年），瑞典（2001 年），瑞士（2006 年），英国（2002 年）
养老基金	荷兰（2003 年），英国（2002 年）
按揭银行	爱尔兰（2006 年）

注：a. 自上而下的压力测试。

b. 自下而上的压力测试。

附表 16. A4　　欧洲金融部门评估规划信用风险建模方法

信用风险建模方法	金融部门评估规划
不良贷款，限制性条款：历史或宏观数据回归	奥地利（2003 年），捷克共和国（2000 年），法国（2004 年），冰岛（2000 年），爱尔兰（2006 年），以色列（2000 年），罗马尼亚（2003 年），俄罗斯（2002 年），瑞典（2001 年）

续表

信用风险建模方法	金融部门评估规划
不良贷款，限制性条款：特定值法	白俄罗斯（2004 年），波黑（2005 年），保加利亚（2001 年），克罗地亚（2001 年，2007 年），法国（2004 年），匈牙利（2000 年，2005 年），爱尔兰（2000 年），以色列（2000 年），拉脱维亚（2001 年，2007 年），立陶宛（2001 年），马其顿（2003 年），马耳他（2002 年），摩尔多瓦（2004 年，2007 年），黑山（2006 年），波兰（2000 年，2006 年），俄罗斯（2007 年），塞尔维亚（2005 年），斯洛伐克（2002 年，2007 年），斯洛文尼亚（2000 年，2003 年），瑞士（2001 年），乌克兰（2002 年）
基于历史观察值或回归的违约概率冲击	奥地利（2003 年，2007 年），比利时（2004 年），丹麦（2005 年），希腊（2005 年），立陶宛（2007 年），卢森堡（2001 年），俄罗斯（2002 年），西班牙（2005）
基于特定值的违约概率冲击	德国（2003 年），意大利（2004 年），荷兰（2003 年），挪威（2004 年），英国（2002 年）
基于回归的对于利润的冲击	瑞士（2006 年）
对跨国贷款的分析	奥地利（2003 年，2007 年），西班牙（2005 年）
对外汇贷款的分析	奥地利（2003 年，2007 年），克罗地亚（2001 年，2007 年）
对贷款集中度的分析	希腊（2005 年），拉脱维亚（2007 年），马耳他（2002），摩尔多瓦（2007 年），黑山（2006 年），荷兰（2003 年），波兰（2006 年），俄罗斯（2002 年，2007 年），塞尔维亚（2005 年）
对部门冲击的分析	白俄罗斯（2004 年），芬兰（2001 年），希腊（2005 年），拉脱维亚（2007 年），摩尔多瓦（2007 年）
LTV 比率，按揭违约率的分析	克罗地亚（2001 年），瑞典

附表 16. A5　欧洲金融部门评估规划利率风险建模方法

利率风险建模	金融部门评估规划
重新定价与期限缺口分析	奥地利（2003 年，2007 年），白俄罗斯（2004 年），比利时（2004 年），克罗地亚（2001 年，2007 年），捷克共和国（2000 年），希腊（2005 年），匈牙利（2000 年，2005 年），爱尔兰（2006 年），意大利（2004 年），拉脱维亚（2007 年），立陶宛（2001 年，2007 年），马其顿（2003 年），马耳他（2002），摩尔多瓦（2004 年，2007 年），黑山（2006 年），波兰（2000 年，2006 年），罗马尼亚（2003 年），俄罗斯（2002 年，2007 年），塞尔维亚（2005 年），乌克兰（2002 年）
久期	比利时（2004 年），希腊（2005 年），冰岛（2000 年），爱尔兰（2006 年），以色列（2000 年），意大利（2004 年），拉脱维亚（2001 年，2007 年），挪威（2004 年），波兰（2006 年），斯洛伐克（2002 年，2007 年），瑞士（2001 年）
VaR 在险价值	丹麦（2005 年），芬兰（2004 年），德国（2003 年），以色列（2000 年），意大利（2004 年），荷兰（2003 年），瑞士（2006 年），英国（2002 年）
其他（比如，资产负债表的净现值的变化量，银行资本市场价值的变化量，回归，模拟）	奥地利（2007 年），挪威（2004 年），瑞典（2001 年）

附表 16. A6　欧洲金融部门评估规划汇率风险建模方法

汇率风险建模方法	金融部门评估规划
对净头寸的敏感性分析	奥地利（2003 年，2007 年），白俄罗斯（2004 年），比利时（2004 年），保加利亚（2001 年），克罗地亚（2001 年，2007 年），捷克共和国（2000 年），匈牙利（2000 年，2005 年），冰岛（2000 年），爱尔兰（2006 年），拉脱维亚（2001 年，2007 年），立陶宛（2001 年，2007 年），马其顿（2003 年），马耳他（2002 年），摩尔多瓦（2004 年，2007 年），黑山（2006 年），挪威（2004 年），波兰（2000 年，2006 年），罗马尼亚（2003 年），俄罗斯（2002 年，2007 年），塞尔维亚（2005 年），斯洛伐克（2002 年，2007 年），斯洛文尼亚（2000 年，2003 年），瑞典（2001 年），瑞士（2001 年），乌克兰（2002 年）
VaR 在险价值	法国（2004 年），德国（2003 年），以色列（2000 年），荷兰（2003 年），瑞士（2006 年），英国（2002 年）

附表 16. A7　　欧洲金融部门评估规划利率冲击

使用的利率情形	冲击大小的示例
• 特定或假设的利率上升	• 三个月期变化 3 倍标准差
• 收益率曲线的平行移动	• 50% ~100% 的增长
• 收益率曲线变平或变陡	• 名义利率翻 3 倍
• 历史利率增加	• 100 个基点对利率的冲击
• 巴塞尔委员会修订资本协定纳入市场风险	• 100 个基点对美元利率的冲击同时有 300 个基点的冲击作用在本身的利率上
	• 300 个基点的增长
	• 3 个月、3 个月到 1 年、1 年期以上的利率分别提高 +500，+200，+0（0，+200，+500）个基点

附表 16. A8　　欧洲金融部门评估规划汇率冲击

使用的利率情形	冲击大小的示例
• 特定或假设的贬值	• 20% ~50% 的贬值
	• 30% 的贬值
• 历史上汇率的大幅变化	• 10% 的贬值
	• 20% 的贬值/升值
	• 40% 的贬值/升值

附表 16. A9　欧洲金融部门评估规划对其他市场风险建模

风险建模方法	金融部门评估规划
对主要股指的冲击	奥地利（2003 年，2007 年），比利时（2004 年），克罗地亚（2007 年），芬兰（2001 年），法国（2004 年），德国（2003 年），希腊（2005 年），以色列（2000 年），意大利（2004 年），拉脱维亚（2001 年，2007 年），立陶宛（2001 年，2007 年），马耳他（2002 年），荷兰（2003 年），挪威（2004 年），俄罗斯（2007 年），斯洛伐克（2002 年），瑞士（2006 年），英国（2002 年）

续表

风险建模方法	金融部门评估规划
价差风险	希腊（2005年），俄罗斯（2007年），瑞士（2006年）
期权隐含的波动性风险	奥地利（2007年）
房价冲击	爱尔兰（2006年），立陶宛（2007年），荷兰（2003年），挪威（2004年），斯洛伐克（2007年），乌克兰（2002年），英国（2002年）
商品价格	芬兰（2001）
竞争风险（附加利率）	立陶宛（2001年），斯洛文尼亚（2000年，2003年）

附表 16. A10　欧洲金融部门评估规划对流动性风险和扩散风险建模

风险建模方法	金融部门评估规划
流动性风险（流动性发生特定下降）	奥地利（2003年，2007年），白俄罗斯（2004年），比利时（2004年），波黑（2005年），克罗地亚（2007年），德国（2003年），希腊（2005年），爱尔兰（2006年），意大利（2004年），拉脱维亚（2007年），立陶宛（2001年），黑山（2006年），荷兰（2003），波兰（2006年），俄罗斯（2002年，2007年），斯洛伐克（2007年），西班牙（2005年），瑞士（2006年），乌克兰（2002年），英国（2002年）
流动性风险（历史冲击）	克罗地亚（2001年），法国（2004年），立陶宛（2007年），摩尔多瓦（2007年）
银行间扩散	奥地利（2003年，2007年），比利时（2004年），克罗地亚（2007年），希腊（2005年），卢森堡（2001年），荷兰（2003年），罗马尼亚（2003年），英国（2002年）

参考文献

[1] Aspachs, O., C. A. E. Goodhart, M. Segoviano Basurto, D. Tsomocos and L. Zicchino (2006), 'Searching for a Metric for Financial Stability', *LSE Financial Markets Group Special Paper Series*, 167.

[2] Avesani, R., K. Liu, A. Mirestean and J. Salvati (2006), 'Review and Implementation of Credit Risk Models of the Financial Sector Assessment Program (FSAP)', *IMF Working Paper*, 06/134.

[3] Blaschke, W., M. Jones, G. Majnoni and S. Martinez Peria (2001), 'Stress Testing of Financial Systems: An Overview of Issues, Methodologies, and FSAP Experiences', *IMF Working Paper*, 01/88.

[4] Bunn, P., A. Cunningham and M. Drehmann (2005), 'Stress Testing as a Tool for Assessing Systemic Risks', *Bank of England Financial Stability Review*, June, 116 – 126.

[5] Chan – Lau, J. A., M. Srobona and L. L. Ong (2007), 'Contagion Risk in the International Banking System and Implications for London as a Global Financial Center', *IMF Working Paper*, 07/74.

[6] Čihák, M. (2006), 'How do Central Banks Write on Financial Stability?', *IMF Working Paper*, 06/163. (2007), 'Introduction to Applied Stress Testing', *IMF Working Paper*, 07/59.

[7] Čihák, M. and L. L. Ong (2007), 'Estimating Spillover Risk among Large EU Banks', *IMF Working Paper*, 07/267.

[8] Committee on the Global Financial System (2000), *Stress Testing by Large Financial Institutions: Current Practice and Aggregation Issues*, Basel.

[9] (2005), *Stress Testing at Major Financial Institutions: Survey Results and Practice*, Basel.

[10] Drehmann, M. (2005), 'A Market Based Macro Stress Test for the Corporate Credit Exposures of UK Banks', Paper presented at the *Basel Committee Workshop on Banking and Financial Stability*, Vienna, April.

[11] Gonzalez – Hermosillo, B. and M. Segoviano Basurto (2008), 'Global Financial Stability and Macro – Financial Linkages', *IMF Working Paper*, forthcoming.

[12] Goodhart, C. A. E., B. Hofmann and M. Segoviano Basurto (2008a), 'Bank Regulation and Macroeconomic Fluctuations', in X. Freixas, P. Hartmann and C. Mayer (eds.), *Handbook of European Financial Markets and Institutions*, 690 – 720.

[13] Goodhart, C. A. E., M. Segoviano Basurto and D. Tsomocos (2008b), 'Measuring Financial Stability', *IMF Working Paper*, forthcoming.

[14] Gray, D. and J. P. Walsh (2008), 'Model for Stress – testing with a Contingent Claims Model of the Chilean Banking System', *IMF Working Paper*, 08/89.

[15] Independent Evaluation Office (2006), *Report on the Evaluation of the Financial Sector Assessment Program*, IMF, Washington DC.

[16] International Monetary Fund and the World Bank (2005), *Financial Sector Assessment – A Handbook*, Washington DC.

[17] Jones, M., P. Hilbers and G. Slack (2004), 'Stress Testing Financial Systems: What to Do when the Governor Calls', *IMF Working Paper*, 04/127.

[18] Maechler, A. and A. Tieman (2008), 'The Real Effects of Financial Sector Risk', *IMF Working Paper*, forthcoming.

[19] Segoviano Basurto, M. (2006a), 'The Conditional Probability of Default Methodology', *LSE Financial Markets Group Discussion Paper*,

558.

[20] Segoviano Basurto, M. (2006b), ‘The Consistent Information Multivariate Density Optimising Methodology’, *LSE Financial Markets Group Discussion Paper*, 557.

[21] Segoviano Basurto, M. (2008), ‘CIMDO – Copula: Robust Estimation of Default Dependence with Data Restrictions’, *IMF Working Paper*, forthcoming.

[22] Segoviano Basurto, M. and C. A. E. Goodhart (2008), ‘Banking Stability Index’, *IMF Working Paper*, forthcoming.

[23] Segoviano Basurto, M., C. A. E. Goodhart and B. Hofmann (2006), ‘Default, Credit Growth, and Asset Prices’, *IMF Working Paper*, 06/223.

[24] Segoviano Basurto, M. and P. Padilla (2006), ‘Portfolio Credit Risk and Macroeconomic Shocks: Applications to Stress Testing under Data – restricted Environments’, *IMF Working Paper*, 06/283.

[25] Sorge, M. (2004), ‘Stress – testing Financial Systems: an Overview of Current Methodologies’, *BIS Working Paper*, 165.

结 语

马里奥·匡格里亚瑞安鲁

(Mario Quagliariello)*

* 意大利银行。这些观点仅是作者的观点，而不一定是意大利银行的观点。

如果相同的故事已经给读者带来了愉悦，那么作者应当感谢匿名审稿人还要感谢参与修订者。但如果我们只是使读者感到厌倦，可以肯定的是，这不是作者的本意。

亚历山德罗·曼佐尼《约婚夫妇》1840－2

在过去几年间，宏观压力测试取得了很大的进展，已经成为银行监管部门和央行评估金融稳定性的一种重要工具。正如本书第二部分展示的那样，综合压力测试方法的应用以及量化方法的发展将促使当局推动这个领域的不断进步。

虽然进展十分令人欣喜，但是挑战依然存在，既有数量挑战，也有数据限制方面的挑战，还有测试结果实用性方面的挑战。在结语中，我无法将所有遗留问题一一列出。这些问题在前面的章节中已经详细讨论过了。在这里，我想再次强调我认为在将来的研究中需要解决的首要问题。

关于方法论，第一个可以改善的地方就是冲击的测度和情境的设置。尽管这种情境应当是极端且可能出现的，但是“极端且可能出现”的界定却并不明晰。压力的情境定义很大程度上还是由分析者主观给出，这是很常见的现象但其实并不合理。毕竟，对于灾难事件发生概率的估计是人们在有限信息的条件下做出的一种判断。但是，客观性与可信性对于压力测试来说是至关重要的，当测试结果要向公众披露或供当局参考时尤为如此。在这种情况下，引入可能性的标准或是对情境发生可能性阀值的确定就显得十分重要。正如前面的章节中介绍的那样，高级统计方法在这里可以派上用场。

另外，情境设置需要建立在一段比较长的时间内，这是因为个别性冲击需要时间生成，冲击引起的扰动也需要很长的时间延续，对于某些风险尤为如此。但是，时间的拉长使得“其他条件保持不变”的假设不再合理，特别是市场参与者对于冲击不做反应的假设。原则上，当冲击发生时，压力测试应当给出其他中介机构、储蓄者以及当局的反应。一些压力测试已经涵盖了货币当局的反应，在一些情境中，有些模型也试图捕捉其他市场参与者的反应，但是这一方面的研究还有待加强。从另一方面来说，模型还需要实用化，要避免使用过分复杂的模型完成策略模拟。专业人士尽管可以让模型更健全，但这同时会降低模型的可用性。合理的处理方法是在避免模型过度复杂的前提下，提高模型对动态风险的捕捉能力。其余的局限性可以通过谨慎的结果讨论和潜在假设的公开交流实现。

另一个需要认真考虑的是不同类型风险之间的关系。除少数案例以外，大部分压力测试要么就是对风险逐一分析，要么是假设风险之间相互独立。但事实上，风险并不是不相关的而且会相互影响，在压力存在的情况下尤为如此。在 2007—2008 年，金融危机已经表明了这种相互作用的力量：信用、市场和流动性风险相互加强，进而会打击整个经济。

本书给出了一些非常精彩的压力测试案例，这些案例中的方法将不同种类风险的协同作用考虑进来。但是，这个领域还有很大的提升空间。信用风险和利率风险之间的相互影响更容易建模，但是流动性风险很少被分析到，这是因为考虑流动性风险意味着要考虑储蓄者和其他中介机构等的行为反应。如果能够把银行在宏观冲击条件下运营的概率考虑进来将增强说服力，但是这会使得模型不够直接。况且，在压力存在的情况下，风险间的相关关系并不稳定也很难度量。

压力测试还应该把跨国层面的金融稳定考虑进来。某一个国家遭受的冲击会很容易也很突然的影响到其他地区。近年来，国际巨头在金融市场中的地位显著增强。尽管中介机构之间、国家之间、市场之间的溢出效应很难测度，但是理想的模型不应该抛弃这些跨国联系和跨国扩散。

本书中的各种应用已经表明，数据是压力测试的关键。压力测试模拟一般都会非常依赖数据和很多其他种类的信息，从金融和货币总量信息到市场指标信息，从单个银行的信息到结构信息。

数据不可得带来的首要挑战就是“黑天鹅问题”。极端的冲击就像黑天鹅一样，不容易通过观察和推断发现。大量统计数据的推断所要面临的最大障碍就是缺乏在压力时期的关键变量数据。由于缺乏数据，计量模型不得不假设正常时期的线性关系，但事实上在危机时期这种关系很难成立。

其次，压力测试假定变量间的关系不会随时间变化，这意味着分析使用的时间序列是高度一致的。不幸的是，大部分的时间序列都有结构问题，在不考虑模型的精确程度和分析师的专业性情况下，这会削弱整个模拟的可信程度。

再次，一些新的风险的讨论或者是起定量化时需要的新的输入变量，引发了新的数据问题。比如说，银行最经常遇到的信用风险，正越来越多的用违约概率、违约损失和违约风险敞口衡量，但是这些长期数据很难找到。不仅如此，尽管宏观变量比较可信，但是微观数据的质量、时间跨度和覆盖面都很成问题。

挑战是存在的，但压力测试的确已经成为金融稳定性评估的重要工具，也有效的完善了历史分析的手段。正如本书想要表达的那样，压力测试可以帮助当局更好的鉴别出对于金融稳定的威胁，评估银行部门受到冲击的可能性，还可以指导预防措施。

不仅如此，压力测试结果的公开可以向市场揭示重大风险，增强信任度。但是当局应当在风险揭示与引起恐慌之间谨慎权衡。尽管当局披露金融稳定性分析的结果是好的，但可以想象如果压力测试的结果不好，这种揭露会饱受争议。事实上，考虑到市场参与者的反应，对于现存弱点和可能引发的冲击的担忧会自我实现。

这种风险应该通过充分沟通的方法避免，包括对压力测试功能的通俗解释和警惕。压力测试的方法应当透明、健全、可重复，测试结果的受众群体还应该明白，这是在最恶劣的情况下做的模拟，不能视为对未来灾难的预测。

另一个应当充分交流的问题就是压力测试的可信度，包括经济假设、统计方法、定量判断和报告机制。事实上，压力测试的最终目的是让市场参与者采取反向措施降低危机发生的可能性或危机发生的影响。这就要求测试结果是可能实际发生的。如果测试结果很难真实发生，那么它的警示作用将不复存在。这意味着发现的补救措施会不够及时。

最后一点，压力测试总会含有主观成分。尽管模型的风险可以控制，数据问题也可以解决，主观性的问题却不可避免。从这个意义上来说，我也认为与其说压力测试是一门科学，不如说它是一门艺术。但我不会过分强调这一点。最终的使用者应该避免对于准确性产生错觉：一组结果的参考价值往往比看似准确的结果更高。

压力测试还并不完善，使用者应当在了解测试方法潜在和内在缺点的基础上进行压力测试，这样才能收到金融稳定性评估的最好效果。虽然所得到的结果并不能视为一个万无一失的推断，压力测试还是有助于我们更深的理解金融系统可能受到的威胁，从而保证金融稳定性。

译者后记

这几天正是临近高考的日子，周围充斥着考试的压力。学生要紧张备考，银行也不例外，只不过银行面临的是关系到整个金融体系安危的“银行压力测试”。

据国际货币基金组织估计，2008 年国际金融危机给全球银行造成了 4.1 万亿美元的损失，其中美国损失 2.71 万亿美元，欧洲 1.19 万亿美元，日本 0.15 万亿美元。

如此严重的后果，促使西方国家寻求更好的银行监管理论和实践。银行压力测试就是近年来兴起的官方监管与银行内控相结合的一套理论与方法。银行压力测试是指将某一银行置于假设可能出现的极端情形下，如利率骤升 200 个基本点，货币升值或贬值 20%，股价暴跌 25%、房价下跌 30% 等异常的市场变化，然后测试该银行能否经受得住这种剧烈变化。

银行压力测试并不是什么新概念。早在 1999 年，美联储出台了大型银行资本充足率的相关政策并提出压力测试初步方案，但当时并不强制执行。直到《巴塞尔协议Ⅱ》出台以后，美联储原则上强制要求前十名的银行执行《巴塞尔协议Ⅱ》，而排名较低的银行则自愿执行，其强度远不及欧洲。进入 2008 年，由于国际金融危机给全球经济与金融带来严重的创伤，美联储备开始对重点商业银行就压力测试进行考核。目前，中小型银行甚至保险公司也日益重视压力测试，主动自行研究开发自己的压力测试模型。

银行压力测试基本上可视为标准化测试。自 2009 年美联储对大型银行进行了压力测试，目的是检验银行在经历极端的衰退或冲击后是否还能保持在 5% 或以上的一级资本充足率。2011 年末，美联储将压力测试标准化，并把这个测试制度化，每年对大型银行例行检查，并不断扩大范围。美联储每年在感恩节和圣诞节之间公布“试题”，次年 1 月上旬从被测试银行回收测试报告，3 月下旬张榜公布银行年度压力测试结果。

美联储给每家银行出具同样的标准化的表格，要求银行提供每一个产品在每一个具体细分类的风险敞口。首年压力测试主要考察的三个指标为：GDP 增长率、失业率和房价波动幅度，在以后这些年中，又逐步增加了道琼斯指数、利率变动和 CPI 指数变动等。情景假设主要有基准情景、银行自主设定的压力情景以及美联储设定的监管压力情景。而且对每个产品的各个细节都有着非常具体的设定，最大程度上减少了不同银行对压力测试场景的设定上的区别对待。美联储在 2014 年银行压力测试模型中，假设极端不利的经济环境为：2015 年美国经济规模剧烈收缩了 4.75%，导致股市崩溃，市值跌去 50%，失业率峰值达到 11.25%，同时欧洲经济衰退，新兴市场的经济增长放缓。在 2016 年压力测试指南中，考虑到目前全球已经有 5 大央行实行负利率，假设三月期美国国债将从 2016 年第二季度开始进入负利率，然后降至 -0.5%，并一直延续到 2019 年第一季度。通过标准化测试，美联储可以对各银行的各个产品的风险和对该产品进行假设的承压场景下的收入以及损失的预测能力做出客观比较。

参与测试的银行从首批 19 家扩展到目前的 31 家银行。只有及格银行才能获得股票回购或派息的“许可证”。如果测试不及格，银行将来何时回购股票、发放多少高层红利、奖金多少等都要受到严格限制。花旗银行2012年“不及格”、2014年再次“不及格”。美联储声明中表示：“花旗银行虽然在过去几年里在整体的风险管理和内部控制上取得了长足的进步，但是其2014年的压力测试还是暴露出很多不足之处，包括监管机构以前多次提醒但是没有得到足够改进的问题。这些资本规划中的不足之处包括缺乏对其假设中承压场景下收入以及损失的预测能力，以及缺乏对风险敞口进行充分认识的能力等。”尽管花旗银行CEO迈克·考伯特（Michael Corbat）对美联储决定深感失望，但将继续与美联储紧密合作，理解担忧、改进工作。这说明美联储对压力测试是严肃认真的。其效果也是十分显著，正如美联储前副主席、世界银行前首席经济学院斯坦利·费希尔（Stanley Fischer）在2014年所言：“若美联储没有在2009年初快速进行压力测试，迫使银行业充实资本，美国经济不会有今天这种局面；欧洲仍有必要做我们做的。”

在2015年的测试中，31家银行全部通过测试。几乎所有银行都高于最低资本充足率要求，大型金融机构应对极端不利经济环境的能力整体增强，这些金融机构资产状况比金融危机时期普遍得到改善。这说明 美国“银行压力测试”是成功的。

我国金融监管部门对银行压力测试是非常重视的。早在2007年，银监会印发了《商业银行压力测试指引》的通知（银监发〔2007〕91号），2014年印发了《商业银行压力测试指引》的通知（2014修订）（银监发〔2014〕49号），并明确提出商业银行董事会应当承担压力测试管理的最终责任，银监会定期组织商业银行按照统一要求开展压力测试，并可独立开展压力测试，以评估单个银行和银行体系的稳健水平。

目前，我国宏观经济运行处于增长速度换挡期、结构调整阵痛期、前期刺激政策消化期“三期叠加”阶段，产能过剩问题严重、金融风险上升。银监会发布的2016年第一季度主要监管指标数据显示，第一季度末银行业金融机构境内外本外币资产总额为 208.6 万亿元，同比增长 16.7%。商业银行不良贷款余额 13921 亿元，较上季末增加 1177 亿元，季度增长率 9.23%；商业银行不良贷款率 1.75%，较上季末上升 0.07 个百分点。信贷资产质量总体可控，但金融风险值得重视。希望读者能借鉴书中的“银行压力测试”的理论与方法，为提升金融风险管理水平获得助益。

在翻译过程中，张宇飞、刘鹏、白雅娟、胡杰、杨玉雯、董温彦、魏飞、冯晓菲、刘强、蔡睿、陈梦灵提供了很多帮助，不少同学以银行压力测试为题完成他们的硕士毕业学位论文。在此对他们的帮助表示诚挚的感谢。

马明

2016 年 5 月 20 日